世界名人传记丛书

世界名人传记丛书

维多利亚女王传

〔英〕里敦·斯特莱切　著
卞之琳　译

商務印書館
SINCE 1897 The Commercial Press
2019 年·北京

Lytton Strachey

QUEEN VICTORIA

Harcourt, Brace & Co.

New York, 1921

据哈考特和布雷斯出版公司 1921 年版译出

维多利亚女王

(1819—1901)

世界名人传记丛书
新 版 说 明

本馆出版名人传记渊源有自。上世纪初林纾所译传记可谓木铎启路，民国期间又编纂而成“英文世界名人传记”丛书，其后接续翻译出版传记数十种。及至二十世纪九十年代，汇涓成流，结集出版“世界名人传记丛书”，广为传布。

此次重新规划出版，在总结经验的基础上续写经典、重开新篇。丛书原多偏重学术思想领域，新版系统规划、分门别类，力求在新时代条件下赋予作品新价值、新理念、新精神。丛书分为政治军事、思想文化、文学艺术、科学发明以及除上述领域之外的综合类，共计五大类，以不同的封面颜色加以区分。

丛书所选人物均为各时代、各国家、各民族的名流巨擘，他们的业绩和思想深刻影响了世界历史进程，甚至塑造了世界格局和人类文明。所选传记或运笔于人物生平事迹，或着墨于智识求索，均为内容翔实、见识独到之作。读者于其中既能近观历史、反思现实，又能领悟人生、汲取力量。

我们相信名人传记的永恒魅力将为新时代的文化注入生机和活力。我们也期待能得到译界学界一如既往的支持，使此套丛书的出版日臻完善。

商务印书馆编辑部

2012年12月

中译本重印前言

里敦·斯特莱切（Giles Lytton Strachey，1880—1932）所著《维多利亚女王传》（*Queen Victoria*）写在六十多年前（出版于1921年），现在还没有被人遗忘，我的译本完成于五十年前（1935年），现在还辱承新知旧好不时提说，出版社相约重印，亦已有年，如今更殷切催促，我只好忙里偷闲，见缝插针，匆匆校订一遍，聊以塞责，也就不得不作一点说明。

近十年来，英美学术界对于斯特莱切生前所属的布卢姆斯布里（Bloomsbury）文社及其主干维吉妮亚·伍尔孚的研究与资料整理，转趋活跃。去年它的小说家成员摩根·福斯特（Edward Morgan Forster）最后一部长篇小说《印度行》被改编成电影上映了，轰动一时。斯特莱切开现代传记文学先河的著作，特别是这部臻于成熟的代表作，必然也会在现代文学史上，以至今后读书人手里，继续放光。近年来国内传记文学表现了兴旺的趋势，文学翻译以及文学翻译研究有了蓬勃的开展。海内外时机的交汇也就使我生平这个第一部专书的试译文，也是我生平仅有的一部传记文学的译本，沾了光，托了福，及时得到了译者自己修订一下，小补艺术良心的机会。

二十世纪只剩最后四分之一了。依我落伍的眼光看来，两次世界大战期间、期内以至期前后若干年，可能还算是本世纪资本主义世界文学史上的鼎盛时期。当时，十年代、二十年代、三十年代以至四十年代初，优秀作品，竞放异彩，不少成就经得起时间的考验，似乎超过了后起的诸多时髦作家更标新立异的作品。

英国十九世纪，主要是维多利亚时代后期，占统治地位的道统，到二十世纪受到了一部分不甘心颓废的“精神贵族”的新挑战，应运而兴起了一种“拆台”（debunking）文学。所谓“拆台”，也无非揭虚表、破迷信、屏滥调，并无造反的意思。文风一变，主要在二十年代，打开了相当繁荣的新局面，也就此呼彼应，成为西方所谓“现代派”一个新阶段的组成部分。

伦敦布卢姆斯布里这个住宅区是这种繁荣的一个典型小中心。那里的伍尔孚和贝尔（Clive Bell）连襟家，每星期四集聚了少数名士，开明，脱俗，不仅有作家、艺术家，还有思想家、经济学家，尽管倾向不尽相同，形成了一个汇合点。早先，老一代小说家亨利·詹姆士偶尔光顾；后来，初享盛誉的诗人艾略特、初出茅庐的小说家衣修午德也间或出入门下。斯特莱切是其中唯一的现代传记文学家。

斯特莱切恰就是以首先好像跟维多利亚时代名人开玩笑起家。他的第一本传记文学集《维多利亚朝名人传》，1918 年出版，一举成名，使他成为欧洲现代新传记文学的先导。在这前后，他写过一本法国文学史论小书和几本传评小书，1928 年出版《伊丽莎白和艾瑟克思》，原似乎想写得烂漫一点，终失却平衡，有违他自己写传记的本色。他生平所著数量不多，而以《维多利亚女王传》分量最重，最恰到好处，该是他造极的作品。

他在这本传记里，透过维多利亚女王本人及其左右大人物的王袍朝服，揭示真实面目，公私相衬，亦庄亦谐，谨严而饶有情趣，富于生活气息。

关于这一点，斯特莱切在这本传记里也就表露了他对传记写作的看法。书里写到配王死后，维多利亚女王要臣下为她挚爱的丈夫一再立传，出了几本皇皇巨著，表彰他尽善尽美，问世后并未产生她所预期的效果。“……世人见陈列出来给他们赞叹的人物倒像是道德故事书里的糖英雄，而不像有血有肉的同类，耸一耸肩，一笑，或是轻薄的一哼，掉头而去了。然而在这一点上，世人同维多利亚都有所失。因为实际上亚尔培是远非世人所梦想及的有趣人物。仿佛出于一种离奇的捉弄，一个毫无瑕疵的蜡像硬被维多利亚的恩爱镶嵌进了一般人的想象，而蜡像所表现的人物本身……却消失得无影无踪了。”（第七章第三节末尾）他写这本传记，就作了相反的尝试，根据大量资料，精加汰洗，巧为剪裁，使出了生花妙笔。结果这本书不只是大可参考的历史传记，而更是大可欣赏的传记文学。

我最初注意到这本书，是读了梁遇春（秋心）写的一篇评介长文。斯特莱切死于 1932 年 1 月，梁在当年 6 月也病故了，大约只活到前者的一半年龄。这篇遗稿，现在查出，发表在十月一日出版的《新月》第四卷第三期上。编者，显然是还在教我课的老师叶公超，在文后说，这篇文章难能可贵，水平超过了当时英、法、美几种著名文学期刊上发表的纪念专论。梁文里提到的一件小事：总不免带调侃笔调的这本书，刚刚出版，维多利亚的“孙子（乔治五世）看了之后，也深为感动，立刻写信请他到宫里去赴宴，他却回了一封措辞婉转的短简，敬谢陛下的恩典，可是不幸得很——他已经买好船票，打算到意大利去旅行，所以还是请陛下原谅吧。”我当时就想，斯特莱切，虽不是酒仙，也有我国古文士“天子呼来不上船”的太白遗风。后来在 1934 年秋后，经也曾教过我课的余上沅介绍给中华文化基金会胡适主持的编译委员会特约译书，我就想起了这本书。所谓“特约”，倒也自由，译者自定选题，只是在我这种受第三级稿酬待遇的年轻人场合，多一道先拿出译文样品送审的手续。成约后我把原注（主要是出处简名）和参考书目全名译出了，为中国读者的便利起见，不仅加了一些注，还编制了“皇室世系图”、“萨克思·科堡世系图”以及维多利亚朝“历任首相表”。译事因旁的工作关系，不能集中进行，拖延到 1935 年 3 月底，就去日本京都闲住赶译，当年夏天回北平交稿。叶公超原答应为译本写序，我就请他写了直接送编译委员会，我自己去济南教书一学年，也就没有再管交出了的这部译稿。1936年底我在青岛译完自选的另一本书（纪德的长篇小说），次年初回北平小住，又交了稿（这部译稿后来完全被丢失了），就离开北平，南下江、浙（当时上海属江苏省）转悠，自由写作与翻译，到夏天在继续为编译委员会译书的时候，“七七事变”发生，接着平津沦陷。不久，我接到在胡适手下为编译委员会办事的一位原北京大学同学的一封信，告以编译委员会结束，没有讲如何处理译稿，却说了一句“树倒猢狲散矣”。写信者可能另有含义，我对“猢狲”二字却非常反感。以后，我在内地各处，后方前方，辗转了二三年，于1940年夏天到昆明，不记得哪一位朋友告诉我《维多利亚女王传》译本已在迁到香港的商务印书馆出版，并把他买到的一本送给了我。我见书被印得截头去尾，不见可能是叶公超原没有写交的序文倒也罢了，书后的参考书目全名、世系图、历任首相表等附录，全没有了，非常扫兴。当时我也无心读这本译书。而抗战胜利后，迁回上海的商务印书馆把这本译书又出了几版，却从没有找我联系，送我一本。我后来在海内外流寓中，直到“文化大革命”后，几次承友好相赠，丢失了又在旧书店另外买到了送我。现在我手头的一本是1947年3月的第3版。

最近我把旧译本匆匆通读一遍，并找到美国初版本（Harcourt, Brace & Co.，1921；我记得原先是根据英国好像是Chalto & Windus版翻译的），草草校看一下，发现被错排而不易看出处不少，也有自己的不少疏忽处，现在略加修订。中国语言，三十年代到今，也已有变化，在这里大致都不改了；有些现在看来已并不需要的译注也没有加以删除，音译名也没有照今日通用译名统一修改，只有一些不常见的人地名，都用括弧注出了原文。没有参考书目，从原注出处，无从知道原书全名，不得不重新补译附后。至于原书本没有的“世系图”等，现在也没有工夫补做了，好在这样对于一般读者也并无大碍。

这本书（包括参考书目）在最初试译阶段，我曾请教过一些师友。女王丈夫（Prince Consort），中国过去并没有相当的名称，译成“配王”，好像是叶公超为我的恰切创造。有些地方也曾请教过师辈孙大雨先生以及一些可惜已经记不清的其他师友。数十年来我依然没有学过德文，现在补译参考书目，有几个德文书名重新就近请教了杨一之同志。经过校订，译文欠妥处，想总难免，出版后又得麻烦方家指正。现在也不记得哪位朋友送给我而尚存手头的这本书，纸张陈旧发脆，而我又就在书上作了修订，这会给编辑部和排字间同志带来不少麻烦。凡此种种，我只有在此志谢和预先志谢。

卞之琳

1985 年 5 月 23 日，7 月 23 日

给

维吉妮亚·伍尔孚

（VIRGINIA WOOLF）

著者声明

本书内所述及之重要事实根据及出处均于注内指出。参考书全名则见于本书末附录之参考书目。著者感谢大英博物馆董事会特许参考格累维尔回忆录手稿未曾印行之若干部分。

目　录

第一章　前事

一

1817年11月6日，夏洛蒂公主死了。公主是摄政王[①]的独女，英国王位的继承人。她那短促的一生实在算不得幸福。生性易冲动，反复无常，热切。她一生渴望过自由，而从未得到过自由。她在激烈的家庭纠纷中生长成人，早年就离开了声名狼藉的怪僻的母亲，[②]归声名狼藉的自私的父亲去照料。当她17岁的时候，他决定把她嫁给奥伦治公子，[③]她起初同意了，可是，突然爱上了普鲁士的奥古思都公子，[④]乃决意破除婚约。这不是她第一次谈恋爱，她以前曾经和一位赫司大尉秘密通过信。奥古思都公子早已结过婚，娶了门户不相当的女子，可是她不知道，他也不告诉她。她对奥伦治公子的交涉正在迁延中，同盟各国的元首——那是1814年6月——到伦敦来庆祝他们的胜利了。[⑤]其中，在俄国沙皇[⑥]的随员中，有位年轻漂亮的萨克思·科堡[⑦]的利欧波公子。[⑧]他试过几次，想引起公主的注意，可是她心不在此，漫不留意。次月摄政王发觉他的女儿和奥古思都公子秘密相会，突然出来干涉了，辞退了她的侍从，判她严禁在温色园里。[⑨]“万能的上帝赐我耐心吧！”她这样号叫，在愤恼的苦痛中跪下地来，于是又直跳起来，奔下后楼梯，跑到街上，唤住一辆路过的马车，坐了向白思渥特[⑩]她母亲家里逃去。她被发觉了，追上了，终于听从了她的叔父约克（York）与塞塞克思（Sussex）二公爵、白鲁谟[11]以及索利兹布里主教[12]的劝告，在早上两点钟回到了卡尔登府。[13]她从此幽禁在温色，但是奥伦治公子却没有下文了。奥古思都公子也不露面了。机会终于让给萨克思·科堡的利欧波公子（Prince Leopold of Saxe-Courburg）独享了。[14]

这位公子很聪明，会哄摄政王，使大臣们感服，又和公主的另一位叔父肯德公爵（Duke of Kent）[15]交上朋友。借公爵从中作合，他能够和公主私通款曲，于是她乃宣称她的幸福少不了他了。滑铁卢战后，当他在巴黎的时候，公爵的副官隔海峡来回带信。1816 年 1 月，他被邀至英国，5 月婚典就举行了。[16]

利欧波公子的性格同他那位夫人的大相径庭。一个日尔曼小诸侯的幼子，他当时是 26 岁；他曾经参加反抗拿破仑的战争，出过风头；又在"维也纳会议"显露过不少外交的技能；[17]他现在要试一试身手，来驯服一位浮躁的公主。态度冷静，有礼，谈吐安详，举止谨慎，他不久把身边那个野性难驯的、急躁的、慷慨大度的小东西管住了。他觉得她有许多地方他不能赞同。她嘲弄，她顿脚，她高声大笑；她几乎一点也没有身为公主者特别需要的那种自制力；她的举止很叫人讨厌。对于举止，他是一个极好的鉴别家，因为他，如他在许多年后对他甥女说的，曾经出入过欧洲第一流的交际场，实在是"法国人所谓 de la fleur des pois〔头面局中人〕"。家庭中不断的发生龃龉，但是每一次吵闹总是一样的收场。像一个穿着短裙的顽童似的站在他面前，挺胸凸肚，两手叉在背后，两颊通红，目光炯炯，她最后总是说他要她怎样做，她就情愿怎样做了。"你愿意怎样，我一定照办，"她总是说。"我要你怎样并不是为我自己，"他照例回答；"我每次勉强你做些什么事情，我自信都是为了你的利益，为了你的好处。"[18]

与这对皇家夫妇驻节在艾修附近的克莱里蒙[19]家中的有一个年轻的日尔曼医生，克利思清·腓特烈·史多克玛。他是科堡一个小官员的儿子，以军医的地位参加战争以后，就在家乡行医。就在这里他遇着利欧波公子，公子赏识了他的本领，在他结婚的时候，把他带到英国当他的私人医士。一个奇异的命运等候着这个年轻人；将来为他贮留的礼物是很多——很多而且种类不一——势力、权柄、神秘、不幸、一颗哀伤的心。在克莱里蒙，他的地位是很低的；可是公主喜欢他，叫他"史多基"，和他在走廊里跳跳闹闹。体质上是消化不良者，气质上是忧郁者，他有时候却也会活泼，在科堡向以隽才著称。他也有美德，对于这对皇家眷属颇有夸词。"我的主人"，他在日记中说，"是全球五大洲所有的丈夫中最好的丈夫；他的夫人对他也怀有极大的爱情，其大只有英国国债可以相比。"不久他又显出另一种品性——渲染他一生的一种品性——谨慎的机敏。当1817年春天，公主有喜了，他被聘为她的侍医之一，他有见识，婉谢了。他明白他的同僚会妒忌他，他的意见也许不会被采纳的，而万一出了什么错呢，当然是这个外国医生挨骂。不久，他果然认为用粗食和不断的放血来对付这位不幸的公主，是一个大错；他把公子拉过一边，恳求他把这意见转达给那些英国医生；可是没有用处。时髦的使身体消瘦的治疗法继续了好几个月。11月5日，晚上9点钟，经过了五十多个钟头的阵痛，公主产下了一个死了的男孩子。半夜里她筋疲力尽，支持不住了。到那时候，史多克玛终于答应去看她了，他走进去一看，她显然是快死了，医生们却还正在用酒来灌她。她一把揪住了他的手，紧握着不放。"他们把我灌醉了，"她说。过了一会儿，他离开她，到了隔壁的房间里，猛听得她大声叫"史多基！史多基！"他奔回去的时候，她的喉咙里已经发出了临终的痰响。她拚命地滚来滚去；于是突然间两腿一伸，完事了。

公子一连看护了许多个钟头，此刻已经走出房间去作数分钟的休息；史多克玛只好去告诉他说他的夫人死了。起初他还不相信出了事。到她的房间去的时候，他半路倒在一张椅子上，任史多克玛跪在他旁边：这完全是一个梦；这是不可能的。最后，在床边，他也跪下了，吻那双冷手。接着站起来悲叹着，“现在我全然孤零了。答应我永远不离开我吧，”他投到史多克玛的怀里去。[20]

二

克莱里蒙的悲剧立刻造成一种最紊乱的局面。皇家的万花筒突然转动了，谁也不知道新花样将如何安排。王位的承继问题，原先似乎是已经圆满解决了，现在变成了一个迫切的疑团。

乔治第三还在，年迈，疯癫，住在温色，完全不理解世事。他的七个儿子中，最年轻的也在中年以上，没有一个有正出的子女。前途因此很难说。摄政王呢，晚近他已经没有法子束腰围，长了一身的横肉，[21]即使他和夫人离婚了重结婚吧，生子女也似乎很不可能。除了肯德公爵，他得分开讲，其他各弟兄，按长幼排列是约克、克莱伦司(Clarence)、肯褒伦（Comberland)、塞塞克思和剑桥五公爵；他们的地位和希望有约略一述的必要。约克公爵，他过去对于克拉克夫人和军队的放浪行为[22]曾使他陷入难境，现在把他的日子一半过在伦敦，一半过在乡下一所很大、布置得很奢华、住起来却非常不舒服的别墅里，在那里他专事赛马，玩纸牌，看不正当小说。他在弟兄中所以显著者为的是这一种缘由：他们中——我们听一位资格极充足的观察者如此说——只有他有绅士的情趣。他早已娶了普鲁士的大公主，一位不大睡觉，老是有许多狗、鹦鹉、猴子围绕在身边的妇人。[23]他们没有子女。克莱伦司公爵无声无臭，同女演员约但夫人[24]在蒲谢园[25]里住了许多年。她给他生了一大群子女，实际上他好像已经同她结了婚了，但他突然同她分离，要娶尉坎小姐，一位富有财产的怪女人，她却不愿意理他。不久约但夫人在苦境里死在巴黎。[26]肯褒伦公爵也许是英国最不孚众望的人了。丑得讨厌，歪了一只眼睛，他在私下是又暴躁又凶狠，在政治上是一个激烈的反动派，后来竟被人怀疑到谋害他的仆从，结过一段极败坏名声的私情。[27]他晚近娶了一位日尔曼公主，[28]可是结婚以后还没有生过孩子。塞塞克思公爵稍有文学嗜好，喜欢搜藏书籍。[29]他曾经娶过奥古思达·墨累小姐，[30]她给他生了两个孩子，可是他们的婚姻，在"皇室婚姻条例"之下，已被宣告无效。[31]奥古思达小姐死后，他娶塞西丽亚·巴根夫人，[32]她改姓恩德乌特（Underwood）；可是这个婚姻也被宣告无效。关于剑桥公爵，弟兄中最幼的，大家都不大熟悉。他住在汉诺威，[33]戴金色的假发，爱饶舌，不大安定，没有结过婚。[34]

七个儿子以外，乔治第三有五个还健在的女儿。其中，两个——符腾堡王后[35]与格罗斯忒公爵夫人[36]——结过婚而没有孩子。三位没有结过婚的公主——奥古思达、伊利莎白和索菲亚——都已经年过四十。

三

乔治第三的第四个儿子是爱德华·肯德公爵。他现在已经50岁了——一个又高又胖、精力充足的人，黧黑的皮肤，蓬松的眉毛，头顶上秃一块，所有的头发全仔细的染成亮晶晶的一片黑。他的衣服非常整洁，全副外貌上有一种死板的样子，并不和他的性格不相称。他早年的生活是在军队里过的——在直布罗陀，在加拿大，在西印度群岛——在军事训练的影响之下，他起初变成了一个纪律家，最后变成了一个"马抵奈"。[37]1802年，被派到直布罗陀一支骚动的驻屯军里去恢复秩序，因为措置得过分严厉，他被召回来，他活动的生涯也就完结了。从此以后，他把日子过在整顿家务，为许多手下人的事情忙碌，作时钟的设计，竭力想法把财务理好，因为他，虽然如一个深知他的人说，"réglé comme du papier à musique"〔像五线谱一样的井井有条〕，虽然一年有二万四千镑收入，他负了无法偿还的重债。他同他的弟兄们大多吵过架，尤其是同摄政王，所以他加入政治上的反对党，成为辉格党[38]的一个台柱，那是再自然不过了。

他的政见究竟如何，大有可疑的余地；人家常常说他是一个自由主义者，甚至于是一个过激主义者；要是我们相信罗伯特·欧文[39]的话呢，他是一个必然论的社会主义者。他和欧文——社会主义与合作运动的机敏、易欺、豪侠、顽固、显赫、荒谬的创始者——两人间的关系是又稀奇又特殊。他说过他曾经到新拉那克[40]参观过欧文的纱厂，他确乎在欧文的一次公开集会上当过主席；他同他亲密地通过信；他甚至于（欧文对我们作保证说是这样的）死后还从“灵界”里回来鼓励地上的欧文信徒呢。欧文说：“我当特为举述故肯德公爵（他早先告诉我们说他所进的灵界里是没有爵位的）在天之灵的关怀之情，殿下不仅想使一阶级、一派、一党，或任何一国得到好处，而且想使后世全人类都受到裨益哩。”“他同我精神上的来往是再美妙不过了，”他又说，“有一定时间；这个英灵从不曾有一次不确守他所指定的时刻。”可是欧文是一种多血质人。[41]他把哲斐孙总统[42]、梅特涅和拿破仑也算在他的信徒之内；所以肯德公爵的见解，究竟如何，总还有几分可疑。然而关于另一种事情却没有什么可疑的；殿下屡次向罗伯特·欧文借过几笔大小不同的款子，从没有偿还的，前后合计约有数百镑。[43]

夏洛蒂公主死后，为了种种的缘由，肯德公爵应当结婚，这一点显然是很重要了。从国家的观点来看，皇家断嗣似乎使这一个行动成为应尽的义务了；从公爵的观点来看呢，采取这一个行动也似乎大有便宜可占。当作一件为公的义务，为顾全王位的继承而结婚，当然是应得一个知恩的国家的爱戴。以前约克公爵结婚的时候，他得到一笔一年二万五千镑的授产。[44]为什么肯德公爵就不该希望一个相同的数目呢？然而事情不十分简单。还有克莱伦司公爵要顾到；他是哥哥，倘若他结婚呢，当然有优先的请求权。再从另一方面来讲，倘若肯德公爵结婚呢，有一点很重要，应该记得，就是他势必作一个重大的牺牲：一个女人连累到了。

公爵把这种种都仔细地考虑着，在他的侄女死后一个月光景，恰巧到了布鲁塞尔，听说克里斐先生[45]也正在那里。克里斐先生是辉格党领袖人物的密友，而且是一个积习成癖的饶舌家；公爵想到把他对于目前的局面的意见，传达给国内的政界，没有更好的径路了。显然他没有想到克里斐先生是恶毒的，会作日记的。所以他用了小小的托辞，把他请来了，接着就是一席重要的谈话。

提过了公主的死，摄政王离婚的似难成事实，约克公爵的没有孩子，克莱伦司公爵结婚的可能性，公爵便谈到他自己的地位。"如果克莱伦司公爵不结婚，"他说，"第二个皇子就轮到我自己，虽然我确信我什么时候都预备服从国家对于我的命令，当我一想到成亲是我的义务的时候，上帝才知道我要作怎样的牺牲。圣罗朗夫人（Madame St. Laurent）和我同居到现在已经有二十七年了：我们是同年生的，同到过各处，同受过一切困难，你不难想象，克里斐先生，和她分离，我将如何痛苦。你设身处地来感觉一下看——设想你和克里斐夫人分离了。……至于圣罗朗夫人自己呢，我断言如果我逼不得已而结婚了，我真不知道她会变成什么样子哩；她的感情早已为了这件事那么激动了。"公爵继续讲述如何有一天早上，在夏洛蒂公主死后一二日，《时事晨报》[46]上登了一段记载，暗示他结婚的可能性。他在早餐的时候接到报纸，同信件在一起，"我照例把报纸扔给桌子对面的圣罗朗夫人，开始拆信看了。刚看了一会儿，我忽然注意到圣罗朗夫人的喉咙里发出一种奇怪的声音，又是一阵强烈的痉挛。有一会儿工夫，我为她的安全怀了极大的忧虑；等她好了，我追问她受了什么打击，她就指《时事晨报》上那一段文字。"

公爵接着把题目转到克莱伦司公爵的身上来了。"克莱伦司公爵是我的哥哥，只要他愿意，当然有权利结婚，我无论如何不干涉他。

如果他愿意做国王——结婚，生孩子，可怜的——愿上帝帮助他！让他那么办去吧。至于我自己——我是一个没有野心的人——但愿能永远像现在一样……今年的复活节，你知道，来得很早。[47]——是3月22日。如果克莱伦司公爵在节前不采取任何行动，我一定得找个借口来说服圣罗朗夫人，让我到英国去几天。一到了那里，我就容易同朋友们商量我可以采取什么适当的行动。如果克莱伦司公爵在那个时期以前一点也不进行结婚的事情，那无疑是我的义务了，我自己对于这事情要采取适当的处置。”关于这事情，公爵说，有两个名字已经提到过了——巴登[48]的公主和萨克思·科堡的公主两人中，他以为，后者也许好一点，从利欧波公子在英国很得人心的情形上着想；可是在采取任何旁的行动以前，我希望着，期待着圣罗朗夫人得到公平的处置。“她是良家妇女，”他解释，“从没有当过戏子，我是第一而且唯一和她同居过的人。她的无私心也足以和她的贞节媲美了。她初跟我的时候，我给她一百镑一年。这个数目后来增加到四百镑，最后增加到一千镑；可是我的债务使我不得不牺牲一大部分进款的时候，圣罗朗夫人坚持把她的进款仍然减缩到四百镑一年。假如圣罗朗夫人回去同她的朋友们过日子，她必须有一个足以得到他们尊敬的独立生活。我并不要求多少，可是相当数目的仆人和一辆马车是必要的条件。”至于他自己的授产呢，公爵说他期望约克公爵的结婚能视为前例。“那是为了继承王位的结婚，”他说，“纯粹为了这个缘故，除他所有各款外，规定了二万五千镑的进款。若有同等待遇，我也就满意了，不再据1792年与现在之间钱价不同为理由而有所要求。至于我债务的偿付，”公爵归结说，“我并不觉得大。恰恰相反，倒是国家负了我大债哩。”讲到这里，钟响了，似乎使公爵想起了一个约会；他站起来，克里斐先生便走了。

谁能把这样一个声言保守秘密呢？克里斐先生绝不是这样一个人。他赶快走去告诉威灵敦公爵，[49]公爵非常高兴，写了一篇长报告给塞乎敦爵爷（Lord Sefton），爵爷接信的时候“很凑巧”，正当一个外科医生在探察他的膀胱来诊断他有没有结石。塞乎敦爵爷在回信里说：“他看见手术一过我就哈哈大笑，他非常惊讶，我从没有见过一个人比他还惊讶得厉害哩。没有什么比爱德华皇子的光明磊落更出色了。弄得我们不知道哪一点最值得钦佩——是他对于圣罗朗夫人爱恋的体贴入微呢，是他对于克莱伦司公爵感情的高尚可风呢，还是他在金钱上的毫无私心。”[50]

结果是弟兄两个都决定结婚。肯德公爵，舍巴登的公主而取萨克思·科堡的公主，1818 年 5 月 29 日同她结婚了。6 月 11 日，克莱伦司公爵也照样来一套，娶了萨克思·买宁根[51]大公的一个女儿。可是他们对于经济上的期望是失败了；因为政府虽然提议增加他们的年金，连同肯褒伦公爵的，那几个提议通不过下议院。这一点威灵敦公爵不以为奇。“该死！”他说，“这里大有道理可说。他们是我们想象得出的挂在任何政府的脖子上的最浑蛋的磨石。他们已经侮辱了——直接侮辱了——三分之二的英国绅士，他们在下议院里报复，那有什么奇怪呢？这是他们唯一的机会，我以为，该死！他们利用得很正当。”[52]

然而国会终于把肯德公爵的年金增加了六千镑。

圣罗朗夫人的下文却没有见。

四

肯德公爵新夫人，维多利亚·玛丽·罗意莎（Victoria Mary Louisa）是萨克思·科堡·沙尔斐耳（Saxe-Cobourg-Sarfeld）大公法朗西斯（Francis）的女儿，利欧波公子的姊姊。这一家来历很古，是威丁（Wettin）大宗室的一支，威丁宗室从十一世纪起统治了易北河上的迈森边境。[53]十五世纪中全宗室的领土分归业尔培和厄奈思二支：从第一支传下了萨克森尼的选帝侯[54]和国王；第二支统治条林吉亚，[55]又分成五支，萨克思·科堡公国是其中的一支。这个公国很小，只有六万光景的居民，可是享有独立和自主的权利。在法国大革命以后那些纷乱的年间，国事乃大受影响。大公习于豪侈，门下广收当法国势力进逼的时候往东逃过日尔曼来的亡命者。其中有莱宁根[56]大公，一个年长的花花公子，他在摩塞耳河[57]上的领土已经被法国人占据了，可是他得了西弗兰哥尼亚[58]的亚摩巴赫（Amorbach）领地作为补偿。1803 年，他娶了维多利亚公主，那时候她只有 17 岁。三年以后法朗西斯大公国破身亡了。拿破仑的钉耙推过了萨克思·科堡。公国被法国人占据了，大公家族沦为乞丐，几成饿莩。同时亚摩巴赫小邦亦受尽过来过去的法国、俄国、奥国军队的蹂躏。境内许多年简直没有一头牛，也没有青草足以饲一群鹅，一代以后插足到欧洲大半皇室里的这一家，当年竟有这样的惨况。拿破仑的钉耙的确完成了它的工作了；种子已经下了；收成足以叫拿破仑吃惊。利欧波公子 15 岁的时候就不得不自己谋生，后来自己打出了一条路，同英国王位的继承人结了婚。莱宁根大公夫人，在亚摩巴赫跟穷困、军需的征发、无用的丈夫奋斗着，发展了一种独立的性格，一种坚强的意志，那在后来很不相同的环境里会大有用处。1814 年，她的丈夫死了，留给她两个孩子，和公国的摄政职。在她的弟弟同夏洛蒂公主结婚以后，曾有过把她配给肯德公爵的提议；可是她谢绝了，理由是照料孩子和治理领土两件事使她不愿有旁的牵挂。然而夏洛蒂公主的死把情形改变了；肯德公爵重申前议的时候，她就答应了。她是 32 岁了——矮而胖，棕色的眼睛和头发，玫瑰色的面颊，快活，会说话，喜欢盛装艳服，穿沙沙作响的绸缎和鲜艳的丝绒。[59]

她有自足的性质，当然是幸运的；因为她命里注定一生中有许多事情得忍受呢。她的第二次结婚，前途很渺茫，起初似乎多半是艰难与不安的源头。公爵宣称他还是太穷，不能住在英国，只好很拘泥的在比利时与德意志各地走动，戴一顶整洁的军帽，检阅军队，巡视兵营，同时一般英国名流，取睨视的态度，威灵敦公爵授他以“伍长”的尊号。“该死!”威灵敦公爵对克里斐先生说：“你可知道他的姊妹们叫他做什么吗？该死！她们叫他做约瑟夫·煞弗思!”[60]有一次在伐仑西恩[61]举行检阅和大宴会，公爵夫人带一个又老又丑的侍嫔到场了，威灵敦公爵很受窘。“哪一个倒霉的去陪那位侍嫔呢?”他不断地问；可是最后他想到了一个办法。“该死！弗利曼忒耳。[62]给我找市长来，让他去陪。”于是伐仑西恩市长被带来应急了，于是我们从克里斐先生听到：“他是一个能手。”过了不多几天，在布鲁塞尔，克里斐先生自己也受了一点不幸的经验。有一个军事学校得视察——在早餐以前。人齐集了；什么都十分满意；可是肯德公爵继续考查每一个细节，问了一个琐屑的问题又问一个琐屑的问题，延长了那么久，弄得克里斐先生再也忍不住了，对他旁边的人低声说他饿坏了。威灵敦公爵听到了，非常高兴。“我劝你，”他说，“每逢你同皇家人早上出发，尤其同‘伍长’，总得先用早餐。”他同他的幕僚恰好是已经先事预防了，于是当王爷的询问在滔滔不绝中，这个伟人，时时指克里斐先生说笑取乐，“Voilà le monsieur qui n'a pas dejeuné!”〔这位是没有吃早餐的先生!〕[63]

最后他在亚摩巴赫安顿下来了，度日如年。府第小，地方枯瘠；最后连制造时钟也觉得厌倦了。他沉思着——因为他虽然虔诚，亦不无迷信的气质——从前直布罗陀一个吉卜赛人的预言，说是他得受许多损失，许多魔障，说是他会死于安乐，说是他有一个独女，将来一定做大女王。不久以后，显然是快有孩子了：公爵决定要孩子生在英国，路费不够，可是他的决心，万难打消。无论如何，他宣称，他的孩子总得是生在英国的。雇了一辆马车，公爵自己上了车夫座。里面是公爵夫人，她的女儿菲娴多拉（Feodora)，一个14岁的女孩子，以及使女、保姆、膝犬、金丝雀。他们开走了——经过日尔曼，经过法国：严正的公爵，心平气和，精力弥满的公爵夫人，对于坏的路、便宜的旅馆，都满不在乎。海峡渡过了，伦敦平安到达了。当局在垦星敦宫里准备了一套房间；1819 年 5 月 24 日，一个女孩子在那里诞生了。[64]

附　注

① 摄政王即当时的太子（Prince of Wales）乔治，亦即 1820 年后的乔治第四。因乔治第三年迈疯癫，乔治于 1811 年开始摄政。

② 夏洛蒂公主的母亲即嘉洛莱因（Caroline Amelia Elizabeth），于 1795 年嫁乔治，乔治本另有所欢，与嘉洛莱因结婚原出于不得已，故夫妇不睦，于 1796 年生夏洛蒂公主后即行分居，乔治登极后即发生著名的离婚案。

③ 奥伦治公子（Prince of Orange，1792—1849），即 1840 年后的尼德兰（Netherlands）国王威廉第二。

④ 奥古思都公子（Prince Augactous），腓特烈大王（Frederick the Great）的侄儿，生于 1779 年，死于 1843 年。

⑤ 1814 年 3 月同盟各国军队占巴黎，4 月拿破仑第一次退位。

⑥ 俄国沙皇即亚力山大第一。

⑦ 参阅本章第四节。

⑧ 1830 年比利时脱离尼德兰，1831 年利欧波被选为比利时国王。

⑨ 温色（Windsor）位于泰晤士河边，东距伦敦 23 英里。温色堡为主宫，温色园在堡外，设有离宫。

⑩ 白思渥特（Bayswater）系伦敦之一区，在垦星敦园之北。

⑪ 白鲁谟（Baron Brougham and Vaux，1778—1868），著名政治家，演说家，法律学家，1802 年与哲斐利（Francis Jefferey）等创办《爱丁堡评论》（the Edinburgh Review），拥护辉格党，1810 年进国会，1820 年嘉洛莱因皇后离婚案中为嘉洛莱因皇后辩护人，大得民心，1830 年至 1834 年间为英国首相。

⑫ 索利兹布里主教（Bishop of Salisbury）。约翰·斐雪（John Fisher，1748—1825），曾奉乔治第三命监督夏洛蒂公主的教育。

⑬ 卡尔登府（Carleton House）旧址在今滑铁卢方场（Waterloo）附近，当时为摄政王府。

⑭ 见格累维尔，第二卷，第 326 至 328 页；史多克玛，第一章，第 86 页；纳以忒，第一卷，第十五至十八章及附录，第二卷，第一章。（原注）

⑮　参阅第三章。

⑯　见格雷，第384页，第386至388页；《书信集》，第二卷，第40页。（原注）

⑰　见格雷，第375至386页。（原注）

⑱　见《书信集》，第一卷，第216页，222至223页；第二卷，第39至40页；史多克玛，第87至90页。（原注）

⑲　艾修（Esher）一村落，在伦敦西南十六英里，克莱里蒙，一府第，1768年克莱武（Lord Clive）所建。

⑳　见史多克玛，传略，及第三章。（原注）

㉑　见克里斐，第一卷，第264页，第272页："亲王已经把肚子放松了，现在直挂到膝头上了；要不然他可说是不错哩"，第279页。（原注）

㉒　克拉克夫人（Mrs. Clarke，1776—1852），名玛丽·安（Mary Anne），与约克公来往时，公爵正当总司令，部下有买通夫人以求擢升者，公爵因此事受国会检举，曾一度辞总司令职。

㉓　见格累维尔，第一卷，第5至7页。（原注）译者按：公主名腓特烈嘉（Frederica Charlotte Ulrica Catherina），1767年生，腓特烈·威廉第二的长女。

㉔　约但夫人（Mrs. Jordan，1762—1816），名多乐绥（Dorothy or Dorothea），系当时著名演员，1790年起与克莱伦司公爵同居，前后共生子女10人，1811年分离，据说夫人颇能谅解公爵，宣称因经济无办法，不得不然，世人对夫人大有好评，自后夫人移居法国，据说"她从早到夜，躺在沙发上叹气，等英国来的消息。1816年7月3日，打发人取信，听人说一封也没有，她便倒在沙发上，啜泣了一会，死了。"

㉕　蒲谢园（Bushey Park）在米德耳塞克司（Middlesex）泰晤士河上。

㉖　见格累维尔，第四卷，第2页。（原注）

㉗　见史多克玛，第95页；克里斐，第一卷，第148页；格累维尔，第一卷，第228页；黎也文，第183至184页。（原注）

㉘　公主即梅格棱堡·斯武累立支（Mecklenburg-Strelitz）公国的腓特烈嘉（Frederica Caroline Sophia Alexandrina），1815年嫁肯褒伦公爵。

㉙　见克劳福，第24页。（原注）译者按：塞塞克司公爵搜集书本据说有五万册之多，内圣经一项有一千种版本。

㉚　墨累小姐（Lady Augusta Murray），邓慕亚（Dunmore）第四伯爵的次女，1793年与塞塞克司公爵在意大利结婚。

㉛　1772年"皇室婚姻条例"规定皇上的子息未先征得皇上的同意，不得擅订婚约。

㉜ 巴根夫人（Lady Cecilia Buggin）系亚兰伯爵（Earl of Arran）的第九女，乔治·巴根爵士（Sir George Buggin）的寡妇。

㉝ 剑桥公爵当时正充汉诺威总督。

㉞ 见克劳福，第 81 页，第 113 页。（原注）译者按：坎布立兹公爵 1818 年 5 月 7 日娶赫司·加塞尔（Hesse-Cassel）的奥古思达公主（Princess Augusta Wilhemina Louisa）。

㉟ 符腾堡（Würtemberg）王，腓特烈第一，生于 1754 年，卒于 1816 年。

㊱ 格罗思忒（Gloucester）公爵，威廉（William Frederick），生于 1776 年，卒于 1834 年。

㊲ “马抵奈”（Martinet）本系法王路易十四部下一军官名，治军以严厉著称，后世称严格的纪律家为“马抵奈”，含轻蔑意。

㊳ “辉格党”（Whigs）即后日之自由党。

㊴ 欧文（Owen，1771—1858）19 岁时当曼契斯特（Manchester）一工厂经理，1800 年，成为新拉那克各纱厂主人，对于工人生活有种种改革，如规定每日工作十小时半制，设立工人子弟学校等，1824 年至美国购地实验其学说，大失败，1827 年回英国继续以著述讲演宣扬其主义，从者颇多。

㊵ 新拉那克，拉那克郡（Lanarkshire）一小村，以奥文实验社会主义著名。

㊶ 多血质的人意谓事事抱乐观的人。

㊷ 哲斐孙（Jefferson，1743—1826），美国第三任总统。

㊸ 见史多克玛，第 112 至 113 页；《书信集》，第一卷，第 8 页；克劳福，第 27 至 30 页；欧文，第 193 至 194 页，第 197 至 198 页，第 199 页，第 229 页。（原注）

㊹ 所谓授产（settlement）即由国会批准政府授与一人，供某种特殊用度，如结婚养育子女等之年金。

㊺ 克里斐（1768—1838，名多麦斯 Thomas），辉格党人，1802 年进国会，后曾任东印度管辖枢密院（Board of Control）秘书等职，生平与辉格党领袖人物过从甚密，所遗《克里斐杂录》（Creevey Papers，Sir Herbert Maxwell 编，1904 年出版，半为日记，半为函件），为研究当时政治社会生活者之重要参考材料。

㊻ The Morning Chronicle 创刊于 1769 年，继续至九十余年后停刊。

㊼ 复活节系 3 月 21 日（或后此一日）起月圆后第一星期日，并非固定日期，故有迟早之别。

㊽ 巴登（Baden），德意志南部，莱因河东岸一大公国。

㊾　威灵敦公爵当时正任同盟各国驻法国的占领军总司令职。

㊿　见克里斐，第一卷，第267至271页。(原注)

51　萨克思·买宁根（Saxe-Meiningen）公国，在德意志中部，沿条林吉亚森林自西迄东，成一半月形。公主名亚黛莱德（Adelaide），大公乔治（George Frederick Charles）的长女。

52　见克里斐，第一卷，第276至277页。(原注)

53　迈森（Meissen）边境，原系第十世纪初环绕迈森堡一带地区，后日渐扩大而成萨克森尼选帝侯国，以至王国。

54　选帝侯（electers）即从12世纪至1806年神圣罗马帝国解散止，享有选帝权之诸侯。

55　条林吉亚（Thuringia）位于德意志中部，哈兹山（Harz），沙耳河（Saale），弗兰哥尼亚之间。

56　莱宁根（Leiningen）公国建立于1779年，至1806年被并。

57　摩塞耳河发源于亚尔萨斯·洛林（Alsace-Lorraine）之佛日山（Vosges），于科不林士（Coblenz）附近入莱因河。

58　西佛兰哥尼亚（Lower Franconia）地当曼河（Main）流域，西自莱因河，东迄波希米亚。

59　见《书信集》，第一卷，第1至3页；格雷，第373至381页；克劳福，第30至34页；史多克玛，第113页。(原注)

60　约瑟夫·煞佛思（Joseph Sarface），薛立敦（Sheridan）《造谣学校》（School for Scandal）剧中恶毒的伪君子。

61　伐仑西恩（Valenciennes），法国北部一城市，位于洪代耳河（Rhondelle）与史克耳特河（Schelde）合流处。

62　佛利曼忒耳（Freemantle，1766—1850），名亨利，早年入军队，后充威灵敦公爵部员，历任枢密顾问（Privy-Councilor）皇家司库及温色副园林官（Deputy-ranger）等职。

63　见克里斐，第一卷，第282至284页。(原注)

64　见克劳福，第25页，第37至38页。(原注)

第二章　童年

一

这个孩子生在这样不甚显赫的环境里，不大引起人注意。她的命运自无先见的道理。克莱伦司公爵夫人，两个月以前已经生了一个女儿；的确，这个婴儿差不多立刻就死的；可是公爵夫人再做母亲，看样子是很可能的；果然又见诸事实了。不但如此，肯德公爵夫人还年轻，公爵很强健；大概不久以后总会有一个弟弟跟着来夺去这个小公主继承王位的一点微弱的机会吧。

不过公爵却别有见地：有预言在呢。……无论如何，他要给这个孩子取名叫伊利莎白，一个有吉兆的名字。[①] 然而在这一点上他却没有算到摄政王，他一见有机会恼他的弟弟，便突然宣告举行洗礼的时候他自己也要到场，同时宣称教父中一定要有俄国的亚力山大皇帝。因此当举行仪式，坎忒布里大主教[②] 询问取什么名字的时候，摄政王回答说，"亚力山德利娜。"公爵便大胆的提议说不妨再加一个名字。"当然可以，"摄政王说；"乔吉娜吧？"公爵说，"或者伊利莎白吧？"中间停顿了一下，大主教，薄麻布袍袖里抱着婴孩，不安地望望这个皇子又望望那个皇子。"好吧，那么，"最后摄政王说，"就袭用她母亲的名字。不过亚力山德利娜得搁在头上。"这样，弄得他父亲很生气，孩子终于叫亚力山德利娜·维多利亚。[③]

公爵另外还有生气的事情呢。下议院通过的那一点微薄的赐与无从解决他经济上的困难。他的功劳怕不为国家所赏识。他的债务继续增加。许多年来他靠每年七千镑过活；可是现在他的费用却恰好增加了一倍；他不能再节省了；事实上他的家里也确乎没有一个仆人从早到晚能有片刻的空闲。他把他的苦衷倾吐在给罗伯特·欧文的一封长信里，要知道欧文的同情是大有实效的。“我现在坦白地说，”他在信上说，“把事情尽可能的从各方面考虑以后，我确知，要在英国继续住下去，即使像我们现在这样平静地住下去，**不炫耀，不铺张，如不把七千镑增加一倍，那什么事情都办不了，节省是绝不可能。**”事实很明显，他势必要把他的房屋卖51，300镑了：如果这一点办不到，他得上欧洲去住。“如果我的功绩对于国家是有用的，**那些有力者**理当援助我，答应我正当的要求，因为从前在殖民地职业性质的长期军役中我身受了重大的损失与牺牲；如果这一点是不能达到的，那在我看来是我的功绩不被赏识的明证了；既作如此想，我就不再迟疑了，到相当的时期，当重隐海外，现在且等夫人和我自己尽了我们的义务，为我的孩子完成了**英国**生的条件，使她在老英国的国土上受了母家的滋养；而这种义务我们自然会再来尽的，要是天注定我们再添子女的话。”④

其间，他决定到西德茅斯⑤去过冬，“为的是，”他告诉欧文说，“当伦敦一年中最讨厌的月份，住在德文州美丽的海边，于身体有益，可以让夫人洗温和的海水澡，让孩子呼吸海滨的空气。”⑥12月成行。新年一到，公爵另外又想起了一个预言。从前有一个算命人曾经告诉他说1820年皇室将死去二人。二人是谁呢？他从各种可能性上推测：国王显然是不会活多久了；约克公爵夫人已经害了不治的重症。也许是国王和约克公爵夫人吧；或者是国王和约克公爵；或者是国王和摄政王。他自己是英国最健康的人之一。⑦“我的弟兄，”他断言，“都不如我强健，我过的是正则的生活。我会比他们都长久。皇冕总会加到我同我的孩子们的头上的。”[8]他出去散步，脚上弄湿了。回到家里，他一时疏忽，没有换袜子。他受寒了，发了肺炎，到1月22日，他已经是一个临死的人了。事情来得非常凑巧，年轻的史多克玛医生那时候正在他们家里住；两年以前他曾经在夏洛蒂公主的死榻边站过；现在他看肯德公爵在辗转呻吟了。听了史多克玛的劝告，一张遗嘱匆匆的草就了。公爵地上的财产是一个负数；可是这一点是很重要的：那个智慧未开的孩子，她的运气如今正在奇妙的转变，将来照料的职务该规定给公爵夫人。公爵仅仅能看懂条文，补签名字。问了一句他的笔迹是不是完全清晰，他便失去知觉，在第二天早上咽了最后一口气。[9]六天以后，吉卜赛人预言的另一半又应验了。英国乔治第三，寿命长，福气不好，声名不大的一生完结了。

二

西德茅斯的事情紊乱到这个地步，公爵夫人竟没有钱回伦敦。利欧波公子赶到了，亲自护送他的姊姊和她的家属，又慢又艰苦地回到了垦星敦。这位居丧的夫人，穿了重重的黑衣，不得不以她全副的镇静来支持自己，她的前途比任何时都暧昧不明了。她自己有六千镑一年；可是她丈夫的债务隐现在她的面前像一座山。不久她听说克莱伦司公爵夫人又有喜讯了。她在英国有什么可期望呢？为什么她要滞留在外国，跟外国人在一起呢，又不会讲他们的话，又不懂他们的习俗？最好当然是回亚摩巴赫，在那里，跟她的本国人在一起，把她的女儿们在俭约的幽居中抚养成人。可是她是一个顽固的乐观者；她已经在奋斗中过活，现在自不甘屈服。而且她极钟爱这个小孩。“C'est mon bonheur，mes delices，mon existence（这是我的幸福，我的快乐，我的命），”她说；这个小宝贝一定得抚养成一个英国公主，不管她将来会碰到什么命运。利欧波公子慷慨的奉赠一笔额外的三千镑一年的款子；公爵夫人也就在垦星敦住下来了。[10]

孩子是非常胖，极像她的祖父。“C’est l’image du feu Roi（这简直是先王的肖像）!”公爵夫人欢呼着。“C’est le Roi Georges en jupons（这是穿短裙子的乔治王），”周围的女伴回应着，一边看那个小东西很困难的蹒跚着，从这一位身边到那一位身边去。[11]

不久，世人对于垦星敦的育儿室稍稍感觉兴趣了。当1821年初，克莱伦司公爵夫人的第二个孩子，伊利莎白公主，在产后三个月内死了，兴趣便增加了。强大的威力，激烈的敌对心，似乎暗中动荡在那个皇家的摇篮的周围。那是一个分裂和愤慨，凶猛的压制和深切的不满的时代。一个有力的运动，被逆境挫折了许久，现在正弥漫到全国。新的热情、新的欲望，正在流行；或者不如说，旧的热情、旧的欲望，重新化身，带了一种新的势力：对于自由的爱，对于不公正的憎恨，对于人类将来的希望。当权者仍然骄傲的坐在位上，施行古旧的暴政，可是黑暗中正在酝酿着风暴，天空里早已有电闪了。然而庞大的势力必须有脆弱的人类作为工具方能奏效；许多年中英国自由主义的大业似乎就系于垦星敦这个小女孩的生命上。她独立在两者之间，一方面是国民，一方面是她那个可怕的叔父，肯褒伦公爵，那个狰狞的反动势力的表记。不可避免的，肯德公爵夫人投了她丈夫所入的党；辉格党领袖，激烈派煽动者，聚集在她的周围；她跟大胆的达蓝爵爷[12]很熟，她就是跟可畏的奥孔奈[13]也有交情。她接见威尔伯福士——[14]自然，她可没有请他坐过。[15]她公开的宣称她置信于“人民的自由权”。[16]看样子这个年轻的公主一定会照她应走的途径被教养起来的；然而那边紧靠在宝座背后，那个邪恶相的肯褒伦公爵在等候着呢。白鲁谟照他那种粗俚的样子观察将来，暗示种种可怕的可能性。“我以前从不曾这样诚心地为一位王爷祈祷过”，听说乔治第四害了病，他就这样写。“如果他去世了，这些恶棍（指保皇党大臣）的困难也一起解决了，他们就有腓特烈第一（指约克公爵）[17]一辈子作为他们自己的人。……他（腓特烈第一）也不会活多久；那位流氓大王，‘威廉老哥’，寿命也不会长，所以自然而然要轮到厄奈思第一或是厄奈思摄政王（指肯褒伦公爵）来下我们的毒手了。”[18]这种忧虑并不是白鲁谟所独有的；在大众感情的滚沸状态中，它们不断地翻到面上来；甚至于直到她登位的前一年，许多过激的报上还有种种的暗示，说维多利亚公主很危险，怕难逃她那个邪恶的叔父的暗算。[19]

可是这些冲突和预言并没有反响传达到小德利娜（她的家庭中是这样叫她的）那里，当她玩着偶人玩具，或是在通道里跑着，或是在垦星敦的林荫路上骑着她伯父约克公爵送给她的驴子时。[20]这个金黄色头发蓝眼睛的孩子被她的保姆们，她母亲的侍嫔们，以及她的姊姊菲婀杜拉当作偶像一般的崇拜着；不管她母亲的家教如何严，有几年她一直有被宠坏了的危险。她不时的会大发雷霆，跺着小脚，把谁都不看在眼里：不管她们说什么，她总不学字——不，她**总**不；过后，她觉得很抱歉，哭起来了；然而字还是不学。可是当她到五岁的时候，莱纯小姐[21]一来就不同了。这位女士是汉诺威一个教士的女儿，以前是菲婀杜拉公主的女傅，不久便给她所管的孩子注入了一种新精神。的确，她起初也被这位小公主的乱发脾气弄得狼狈过；她自己说她生平从没有见过这样一个易怒而顽皮的孩子。接着她另外看出了一个特点：这个孩子非常诚实；不管会受到什么责罚，她从不说一句谎话。[22]这位新女傅坚定是很坚定的，但却很明白，知道尽管坚定到极点也没有用处，除非她能够先获得小德利娜的心爱。她办到了这一点，所以以后就不再有什么困难了。德利娜认字母像天使一样；同时也学旁的东西。史巴悌男爵夫人教她做小硬纸盒，用金箔和花纸来装饰；[23]她的母亲教她宗教。每星期日早上，可以看到这个六岁的孩子坐在家族席上，出神地谛听牧师讲不完的说法，因为她下午就得受考验。[24]公爵夫人决意要她的女儿从极小的时候起就受到居高位的准备，使她将来足以博得最大的尊敬；她有贤明、朴实、俭约的日尔曼头脑，见卡尔登府那种无耻的宴乐是没有法子不大惊小怪，退避不遑的；德利娜一刻也不许忘记淡泊、严正、合礼和虔诚。然而这个小女孩子实在不大需要这种教训，因为她天然是朴实的，有规则的，虔诚是很容易办到的，合礼的感觉性是锐敏的。她对于自己地位的细微处都知道得清清楚楚。当真妮·艾利士夫人[25]六岁的时候，她的祖母把她带到了垦星敦宫里，他们让她跟维多利亚公主玩，她同她年纪一样大。这个年轻的来客，不懂礼仪，擅自玩起地板上的玩具来了，太随便了一点；"你不能动那些东西，"她立刻受警告了，"那是我的；而且我可以叫你真妮，你可不能叫我维多利亚。"[26]公主的最常在一起的游伴是维多亚尔，公爵夫人的家臣约翰·孔洛伊爵士的女儿。这两个女孩子互相爱好着；她们常常手牵手地在垦星敦园里散步。可是小德利娜完全懂得到底是为了她们中哪一个，背后才远远地跟随着一个大个儿红号衣的待从。[27]

生来是富有感情，容易感应的，她爱她亲爱的莱纯，她爱她亲爱的菲婀杜拉，以及她亲爱的维多亚尔，以及她亲爱的史巴悌夫人。还有她亲爱的妈妈……自然，她也爱她的；这是她的义务；可是——她说不出是为什么缘故——她在克莱里蒙她舅父利欧波家里的时候，她总觉得更快乐一点。那里有老路易夫人，许多年前侍奉过她的从姊夏洛蒂的，现在尽情的抚爱她；她舅父自己也对她非常仁慈，又严肃又温和地对她讲话，简直像把她当作大人了。她和菲婀杜拉照例要哭的，在一个太短促的拜访完结的时候，当她们不得不回到垦星敦去重温守本分的单调，重受爱顾的监督。可是有时候她的母亲得待在家里，她就可以独自同她亲爱的菲婀杜拉和她亲爱的莱纯坐马车出去了，她可以随意的说话，随意的观看，那是极愉快的事。[28]

上克莱里蒙的拜访总算是常有的；可是有一天，逢到一个特殊的机会，她作了一次难得的、更兴奋一点的拜访。她七岁的时候，她同她的母亲和姊姊被国王召到温色去。乔治第四，曾经把兄弟间的意气转移到他的弟妇和她的家族身上的，赌气终于赌厌了，决意要变得和蔼一点。头戴假发，身体臃肿，装饰得非常触目，庞大得可怕，身边是环佩锦簇的情妇，周围是大摇大摆的朝臣，这个老流氓接见了那个小东西，她将来会在那些相同的厅堂里有大不相同的威仪的。“把你的小手掌给我，”他说；于是两代接触了。第二天早上，他同格罗思忒公爵夫人坐在轻便马车里，在园里遇见了公爵夫人和她的孩子。“提她上来”，是他的命令，母亲大惊，女儿大喜，命令是立刻遵奉了。他们一直赶到浮吉尼亚湖，[29]那里有一艘大画舫，载满了贵家仕女，钓着鱼，另外还有一艘，载了一班乐队；国王瞟着菲婀杜拉，称赞她的举止，于是转过来看他的小侄女。“你最喜欢哪一个曲子？可以叫乐队奏。”“天佑国王，[30]陛下，”她立刻回答。公主的回答常被世人所称道，认为她日后著名的机警在早年就有了一个先例了。可是她是一个极诚实的孩子，也许这是她的真意也未可知。[31]

三

约克公爵，在丧偶之悲痛中，从罗德兰公爵夫人的同情心上得了些安慰，到1827年自己也死了，身后留下了史丹福府未完成的宏大以及二十万镑的债务。三年后乔治第四也弃世了，克莱伦司公爵接替他登了王位。那位新皇后，现在是显然不会再生孩子了；因此维多利亚公主被国会认作了假定继承人；肯德公爵夫人呢，她的年金五年前已经增加了一倍，现在另外又得了一万镑作为扶养公主之用，并且获得了假定国王死在她的女儿成年以前的摄政权。同时政体上起了一个大变动。主宰了英国四十多年的保守党的权力突然开始崩溃了。在后边紧接上来的大斗争里，有一个时期似乎几代的传统都要断了，似乎反动者盲目的执拗，和对方坚决的愤激，冲突下去，唯有革命一条路。可是妥协的势力得胜了："改革案"通过了。[32]政体的重心移到了中等阶级上；辉格党得势了；政府带了一点自由色彩。新局面的结果之一就是肯德公爵夫人和她的女儿地位上的变化。起初是一个反对党的被保护者，她们现在变成了国中多数党的活财产。维多利亚公主从此以后成为了中等阶级胜利的象征。

肯褒伦公爵呢，恰好相反，相应的受了一点掩蔽：他的利爪已经被"改革条例"修短了。他变得无足重轻，几乎是不能为害了，虽然他的狞恶相还在；他还是邪恶的叔父——不过只是故事里的人物了。

公爵夫人自己的自由主义是不大深沉的。她出于自然地追随了她丈夫的足步，深信不疑地背诵着她丈夫的聪明朋友们的口头禅以及她的聪明兄弟利欧波的泛论。她自己是说不上聪明；她不十分懂得"救贫法"，奴隶贸易和经济学；可是她希望能尽她的义务；她希望——热切的希望——维多利亚也能做到这一点。她对于教育的观念是承受阿诺尔德博士的[33]，他的意见那时候刚开始在社会上流行。阿诺尔德的目的是第一要使学生成为"基督教的绅士，按最高最纯正的字义讲"，智力的修养倒可以搁在后边。公爵夫人确信她生平第一件义务是确保她的女儿长大起来做一个基督教的女王。她把全副精力都用在这一桩工作上；当孩子一大大进步的时候，她很得意，自以为她的苦心并没有白费。公主11岁的时候，她要伦敦和林肯的主教[34]把她的女儿考一次，把她的学业作一次报告。"我觉得时候到了，"公爵夫人在一封显然是她亲手写的信里解释着，"过去的成绩应该考验一下了，如有措置失当的地方可以改正一下，将来的计划也应该让大家来考虑和审核了。……我差不多每一课（或半课）都亲自到场；照顾她的那位女士是胜任的，她帮助她预备功课，应付各科的先生，因为我决意要自己充当她的女教师。……当她在相当年龄的时候，她就开始同我按时去做礼拜，我深切地感觉到她确有宗教心，她实在感应到这个程度了，以至于应用到她那样一个能够反省的孩子的感情上就不容易出错。”“她性格上一般的特点，”她又说，“是智力的程度，她能够极容易地接受知识，要判断任何一点都能够非常敏捷地下决断。她坚持信实，这一点是那么显著，我不怕那个壁垒被任何遭遇所摧毁了。”两位女教进宫了，他们考验的结果是完全满意。他们报告说：“在回答我们所发的种种问题上，公主显出她对于圣经史的最重要各点以及英国国教所讲的主要的基督教真理和训戒都有正确的知识；又显出她对于年表和英国史上的大事也相当熟悉，在这样年轻的人实属难能可贵。关于地理，地球仪的应用，算术，拉丁文法的问题，公主的回答也同样令人满意。”他们以为公爵夫人的教育计划并无可改进的余地，坎忒布里大主教[35]也受到咨询，得到了同样满意的结论。[36]

然而有一个重要的步骤还得采取。据公爵夫人对主教们说，直到现在还没有让公主知道她将来会身处的地位。“她知道那个职分的义务，知道一个国君应当为他人生活；因此她天真的心上明白她将来有何种命运的时候，她深晓人家要期望她什么的，并且预料她已经很有修养，大约不致被前方至尊的地位所惊吧。”[37]第二年决定要她明白这一点。著名的一幕就跟着来了：历史课，事先被女傅夹在书里的英国国王的世系图，公主的惊讶，她的寻问，最后的恍然大悟。当她最后领会了的时候，她沉默了一会，于是她说：“我一定要好好地做人。”这句话不仅是一句落套的誓言，不仅是表明一个分外的愿望；这句话在限度与强度上，在自负与自谦上，是一个人一生主要德性的自然的表征。“我知道了着实哭了一场呢”，陛下多年以后这样写。无疑的，当别人在的时候，甚至于只剩她亲爱的莱纯在的时候，小女孩子是忍住了的；过后她悄悄地走到别处去，用了一块手绢，掩泣了一阵，宽解她内心的一种不习惯的骚动，也不让她母亲看见。[38]

可是不让她母亲看见绝不是一件容易办到的事情。早晚，昼夜，母亲的留意一刻也不放松。小孩子变成小姑娘，小姑娘变成年轻的女人了；可是她仍然睡在她母亲的寝室里；她仍然没有地方可以独自坐，或独自工作。[39]一种异乎寻常的关心寸步都不离她：直到她登位的时候，她从不曾有过一次下楼而没有人领着她的手。[40]家风是朴实而有规律。时辰、日子、年月慢慢地，有秩序地过去。那些洋娃娃——无数的洋娃娃，每一个都那么整洁的穿着衣服，每一个都有名字丝毫不苟的登记在目录里，——现在搁在一边了，一点音乐，一点跳舞代替了它们。泰辽尼来了，给她的身段增一点风度和威仪，拉布拉协[41]用他沉重的低音训练她尖锐的最高音。锡封教师契斯忒副主教[42]继续讲他讲不完的圣经史，锡封女傅诺森伯兰公爵夫人[43]每一课都行礼如仪的到场监督。无疑的，公主在求学时期的最大成就是在语言学一方面。德文自然是她所通晓的第一种语言；可是英文和法文很快地接上来了；她实际上懂了三种语言，虽然她的英文文法始终没有学透彻。同时，她的意大利文也还过得去，拉丁文也知道了一点皮毛。然而，她并没有读多少书。这个勾当是她所不在意的；一半也许是因为给她读的书不是乏味的讲道就是难懂的诗。小说是严格禁止读的。杜蓝爵爷劝她的母亲给她读些马丁诺小姐[44]的故事，说明政治经济学的实例的，她读得很高兴；然而，恐怕乐趣是在没有见惯的故事上，恐怕她实在从没有弄清楚交易的学说和租金的性质吧。[45]

这是她的不幸：在这个青春期中她周围的空气差不多完全是女性的。没有父亲，没有弟兄，带了粗鲁，带了卤莽，带了无羁束的大笑，带了外边的自由风，闯入日常生活的温文的单调。公主从没有被一个粗大的声音叫唤过；当然从没有感觉过一张粗糙的面颊偎贴她自己的柔软的脸；从没有同一个男孩子爬过一次墙。上克莱里蒙的拜访——进男性社会的愉快的机会——到她11岁的时候便没有了，因为利欧波公子离开英国做比利时国王去了。她仍然爱他；他仍然是“il mio secondo padre〔我的第二父亲〕——或者宁可说是。*solo* padre〔唯一的父亲〕，他实在像我的真父亲，因为我早就没有父亲了；”可是她现在只是从通信这条冷冰冰的途径，淡漠的，间接的感到他的父心了。从此以后，女性的恭顺，女性的温雅，女性的热诚，把她完全关住了；她的精神在围栏中不大会感应到两大潜在势力，少了它们没有一个成长的生命会真正的繁荣起来的——一是幽默性，一是想象力。莱纯男爵夫人——她被乔治第四在未死之前封到了汉诺威贵族中这个爵位——现在正是公主的世界里真实的中心点。菲婀杜拉嫁了，利欧波舅父到比利时去了，只剩下男爵夫人，没有一个别的敌手。公主对她的母亲果然孝顺；莱纯却占有了她的心。这个汉诺威牧师的乖巧、会说话的女儿，尽量地向她照应的孩子倾注她的忠诚，已经从无限的信任，热烈的崇拜里获得了她的酬报了。女孩子为了她“**宝贝的**莱纯”，她自称有生以来“最好最忠实的朋友”，赴汤蹈火都愿意哩。她的日记，从十三岁起，一天天不断地记下了她的所作所为，她的感情，每一页上都有男爵夫人及其感化力的痕迹。我们可以在那里看到这个小东西毫无隐讳地把自己描画下来了，从她的真挚，她的直率，灵敏的感情，虔诚的决心上看起来，她自己差不多就是一个日尔曼牧师的女儿了。她的快乐，她的赞赏，她的痴迷（engouement），出于自然的穿戴了密圈[46]和惊叹号。“这一回骑得**很痛快**。我们跑了许久。**可爱的小罗赛**走得**美妙极了**!! 一点一刻回家。……六点四十分我们出去看歌舞剧。……路比尼出来唱‘安娜·波莱娜’里的一支歌，[47]唱得**挺美妙哪**。十一点半回家。”[48]她对于所读的书的评语中明显的流露了男爵夫人的意见。有一天，一时疏忽，给她读到了芬妮·恳布尔[49]的一卷回忆录。“这本书显然是写得很荒唐，很古怪。从风格上看起来，我们简直要以为著者太不懂规矩，太没有家教了；里面有那么多的粗话。像巴忒勒夫人这样的人，有了才能不好好的利用，偏出了这样一本满纸胡言乱语，于她自己有损的书，未免太可惜了。我到九点二十分才睡觉。”绥维尼夫人的信札，[50]男爵夫人朗读给她听的，却得到较好的评语。“她的风格是多么高雅，又多么自然！处处见出天真（naïveté）、聪明气、韵致。”可是她最称赞的还是契斯忒主教的[51]《马太福音解》。“这确乎是一本极好的书。正是我喜欢的一种；明白，流畅，字里行间，满是真理和善意。不像那些博学的书差不多要你每一段都得来吹毛求疵。莱纯在我受圣餐礼的星期日给我的。”[52]几个礼拜以前，她已经受了坚信礼，她描述如下：“我当时觉得我的坚信礼是我生平最庄严最重要的事件之一；觉得我确信它会裨益我的心灵。我觉得深悔我从前一切的过错，信仰万能的上帝坚强我的心灵；舍弃坏的一切，遵从善的正当的一切。我抱了坚定的决心，要做一个真正的基督教徒，要安慰我亲爱的在悲伤、辛苦、忧虑中的妈妈，要做她孝顺的体贴的女儿。也要服从**亲爱**的莱纯，她已经为我费了许多苦心了。我穿一件白空花纱衫，戴一顶白绉绸帽，帽上套一个白玫瑰花圈。我同我亲爱的妈妈坐一辆轻便马车，旁的人坐后边另外一辆车。”[53]读起来仿佛手里拿了一个小小的平滑的水晶球，没有一点瑕疵，没有一点闪光，透明得一目了然。

然而，也许在眼力好的人看来，毕竟不是绝对的纯洁。细心的探索者可以在这块新土上隐约的寻出初现的意外的脉路。在那种修道院里似的生活中，有客来是兴奋的事情；公爵夫人有许多亲戚，所以常常有来客；姨母呀，舅父呀，常常从德意志来，还有表兄弟。公主十四岁的时候，从符腾堡来了两个男孩子，亚力山大和厄奈思两位公子，她的姨母和符腾堡大公的[54]儿子，她很快乐。“他们都**非常**高，”她记着；“亚力山大**很漂亮**，厄奈思有一种**很亲切的表情。**他们都**非常和蔼可亲**。”他们的回去又使她非常惆怅。“我们看他们上了船，在海滨守望了许久，看他们航到远处去。他们在我们家里是那么和蔼可亲，那么有趣；他们**总是满足的，总是高兴的**；亚力山大当我从小船里出来的时候那样关心我，骑马的时候骑在我旁边；厄奈思也如此。”[55]两年以后，另外有两个表兄弟来了，斐迪南和奥古思都两位公子。[10]“亲爱的斐迪南，”公主写着，“博得了各方面一致的敬佩……

他是那样的不做作，他的面貌和风度是那样的优秀。他们都是很可爱很有趣的年轻人。奥古思都也是很和蔼可亲的，熟了以后，显得很有条理。”还有一回，“亲爱的斐迪南走来坐在我身边，讲话讲得那样的又可爱又聪明。我实在是**那样的**爱他呢。亲爱的奥古思都坐在我身边，跟我谈话，他也是一个可爱的善良的年轻人，也很漂亮。”她简直不能断定两人中哪一个更漂亮。总之，她归结说，“我以为斐迪南比奥古思都漂亮一点，他的眼睛是那样的美，他有那样的一种活泼聪明的表情；两人**都**有那样的一种甜蜜的表情；斐迪南讲起话来笑起来有一种**挺美妙**的表情；而且他是**那样的善良**。”然而，最好或者还是说他们“都很漂亮，而且**很可爱**。”[57]可是不久又有两个表兄弟来了，他们把另外的都掩蔽了。这是厄奈思和亚尔培两位公子，她的大舅父萨克思·科堡大公的儿子。这一次，公主观察得精细了一点。“厄奈思，”她批评道，“跟斐迪南和奥古思都一样高；他有深色的头发，好看的深色的眼睛和眉毛，可是嘴和鼻子都不好；他的面容上有一种最温和、诚实、聪明的表情，他有一个很好的身材。亚尔培，跟厄奈思恰好一样高，只是魁梧一点，非常漂亮；他的头发跟我的差不多是一样颜色的；他的眼睛是又大又蓝，他有一个很美的鼻子，一张很可爱的嘴，一嘴的好牙齿；可是他面容上的迷人处却是他的表情，那是最叫人喜欢的；又和善又温柔，同时又很伶俐，很聪明。”“两个表兄弟，”她又说，“都那样的亲切，和善；他们比奥古思都要老练，懂事得多了，他们讲英国话讲得很好，我也跟他们讲英国话。厄奈思到6月21日满18岁，亚尔培到8月26日满17岁。亲爱的厄奈思舅父[58]送给我一只最叫人喜欢的乐俐，它是那样的驯良，它息在你的手上，你可以把手指伸到它的嘴里，或是随你怎样弄它，一点也不至于被啄。它比妈妈那只灰色的鹦鹉还要大。”稍后一些，“我坐在沙发上我那两个表兄弟之间，我们看图画。他们都画得很好，尤其是亚尔培，而且都非常喜欢音乐；他们钢琴弹得很好。我越看见他们，越快乐，越爱他们。……跟他们在一起是极愉快的；他们也喜欢有事情做；他们尽可以做任何年轻人的榜样。”耽搁了三个礼拜，这两个年轻人和他们的父亲回德意志去的时候到了，这一个别离是很愁惨的。“这是最后一次**极快乐极快乐的**早餐，我们陪了这位亲爱的舅父，和那两位**最亲爱**的表兄弟，我**实在是很爱很爱**他们；比**世界**上其他任何表兄弟都**爱得深得多了**。我虽然那样的爱斐迪南，以及善良的奥古思都，我却更爱厄奈思和亚尔培，啊，是的，**更爱得多了**。……他们都已经有了许多学识，都很聪明，出于自然的聪明，尤其是亚尔培，他是两人中最能深思的，他们极喜欢谈正经的、有益的题目，可是仍然很高兴，很快活，像年轻人应该那样的；亚尔培在早餐以及随便什么时候，总喜欢开一点玩笑，回答几句诙谐的聪明话；他也常常怪好玩地戏弄达什。……我下楼的时候，最亲爱的亚尔培正在弹钢琴。到十一点，亲爱的舅父，我**最最亲爱的**表兄弟，和查理，[59]由科洛拉伯爵陪着，[60]离开我们了。我最热烈地拥抱两个表兄弟，也同样拥抱我亲爱的舅父。我哭得很厉害，很厉害！”[61]两位公子平分了她的狂热；她的密圈；可是她私心偏向哪一边已经够清楚了。“尤其是亚尔培！”她那时候正 17 岁；这个年轻人的魔力、德性、练达、又大又蓝的眼睛、美的鼻子、可爱的嘴、好看的牙齿，在这个含葩的生物上所留下的印象是深极了。

四

威廉王实在不能容忍他的弟妇，公爵夫人也照样还报他的憎恶。没有相当的圆通，没有相当的忍耐，他们的对峙地位势必引起恶感；何况公爵夫人生来极少圆通性，国王又根本没有宽容心。一个直跳直嚷的老绅士，带着水兵式的姿势，[62]翻着圆溜溜的眼睛，挺着菠萝似的脑袋，无声无臭，活了五十六年，一朝登极，简直叫他发疯了。他那种天然的旺盛完全把他克服了；他奔来奔去，离奇古怪地干下了种种荒谬的事情，向四面八方散播笑乐和惊骇的资料，嘴里一刻也不停地唠叨。他分明是讲的一口汉诺威腔，好重复，好用口头语——“那又当别论！那又当别论！”——喋喋不休，粗声大气地胡言乱语。他的话，在最不适当的场合说了又说，乱七八糟地装满了他当时头脑里闪来闪去的幻想和愤怒，叫大臣们听来目瞪口呆。人家说他是一分流氓气，三分小丑气；可是熟悉他一点的人却不能不喜欢他——他不怀恶意；他实在是好脾气，好心肠的，如果你应付得当。如果你应付不得当，那你得当心风暴，如公爵夫人所见到的。

她一点也不知道如何对付他——一点也不了解他。惦念着她自己的地位，她自己的责任，她的义务，她的女儿，她无心管一个声名不好的傻老头子动不动要发怒的劲儿。她是英国王位的继承人的母亲；倒是他应该认清事实——痛痛快快地安置她到一个适当的地位——让她有威尔士亲王母的[63]优先权，从内库拨她一大笔年金才是。[64]她一点也没有想到这种要求叫一个自己没有正出的孩子，然而还没有完全断念的国王如何受得了。她沿着她已定的路线步步进迫。约翰·孔洛伊爵士，一个没有见识，自负不凡的爱尔兰人，做了她的心腹，从中鼓励她。维多利亚应当见识见识英国各地方，因此几个夏天里连作几次游历——到西部，到中部，到威尔士——都为她安排了。这个计划的用意倒是挺好的，无奈实行起来可不大妙。行程宣布在报上，轰动了热心的群众，引起了迎迓的典礼，俨然有国王出巡的样子。各处有忠心的市民进欢迎词；快乐的公爵夫人，趾高气扬的，戴着招展的羽毛，几乎把细小的公主掩盖了，带一口日尔曼腔，高声朗读约翰爵士事先预备好的堂皇的答词；爵士忙忙碌碌，怪可笑的，仿佛把王府家臣和内阁大臣这两种职司混在一起了。无疑的，国王在温色看了报纸气昏了。“这个女人真讨厌！这个女人真讨厌！”他嚷着。可怜的亚黛莱德皇后虽然失望了，还是温厚的，尽力平他的气，转移他的目标，写了一封恳挚的信给维多利亚；可是没有用处。消息传来，说是肯德公爵夫人，在梭伦忒海峡的航行中，坚持她的游船一到的时候，所有的军舰和所有的炮台，必须致皇礼。国王宣称这些连炮一定得停放；首相和海军大臣被咨询了，[65]他们私下写信给公爵夫人，恳求她放弃权利。她哪里肯听呢；约翰·孔洛伊爵士像铁一样的硬。“我是殿下的亲信，”他说，“我不能劝她在这一点上让步。”结果，国王，在盛怒之下，发一道特别命令，禁止向任何船鸣皇礼炮，除非向载有在位的国君或皇后的船。[66]

威廉王跟辉格党内阁冲突的时候，形势更来得恶劣，因为现在公爵夫人，在原有的短处以外，又是他的敌人的同党。1836 年他试了一次，准备给维多利亚公主和奥伦治公子的一个儿子[67]作成好事；同时他尽力阻止科堡的公子们来昆星敦。他的两项目的都没有达到；一番苦心的唯一结果是引起了那位比利时国王的愤怒，他暂时忘记了国王的尊严，给他的甥女写了一封愤慨的信，谈这件事情。“你那位老伯父国王的举动真叫我讶异，”他写着；“邀请奥伦治公子和他的儿子们，勉强他人，真是岂有此理。……就在昨天我接到英国来的一个半官的通知，表示很希望你的亲戚**今年不要光临**——qu' en dites-vous（你说怎样？）那么皇后和国王的亲戚尽可以成群结队的来，尽可以做主，**你的亲戚**却**禁止**入境，而你的亲戚呢，你知道的，又一向对国王都极忠顺，极好。我实实在在从不曾听到过或是见到过像这样的事情，我想**你也该动一点气吧**；现在奴隶制度甚至在英国殖民地上都已经取消了，我不懂为什么**单单留下你在英国本国做一个小白奴**，供朝廷娱乐，而他们又不曾买过你，因为我从不曾晓得他们在这一口上花过什么钱，或是国王**为了你的生活花过六个便士**……啊，信义，政治的或旁的正直，要到什么地方去找你们呢！”[68]

不久利欧波王亲自到英国来了，他在温色所受接待的冷淡恰好和他在昆星敦所受欢迎的热烈成一个反比例。“听亲爱的舅父随便谈什么题目，”公主在日记里说，“都好像读一本极有教益的书；他的谈话是那么有启发性，那么明白。他是被大家一致称许为现存的第一流政治家的。他谈起政治来是那么温和，然而很坚定，而且大公无私。舅父告诉我说比利时倒是一个模范，适合于它的组织，它的工业，以及繁荣；财政是再完善不过了。舅父被他的比利时臣民那样的敬爱，那一定是他那种卓绝的艰苦的大酬报了。”[69]可是她的伯父绝不能与她有同感。他说他不能忍耐一个光喝白水的人；利欧波王可不愿意尝一滴酒。“你喝的是什么？”他有一天在吃饭的时候这样问。“白水。”“该死！”是他的回答。“你为什么不喝酒？我从来不许人在我桌子上喝白水的。”[70]

事实很明显，不久总会有一个大爆发的；在八月最热的几天里果然来了。公爵夫人和公主到温色去住了，预备给国王做寿，国王他自己那一天在伦敦举行国会闭幕礼，趁她们不在的时候到垦星敦去看了一次。他在那里发觉公爵夫人刚好违背了他的明令，拨出了一套十七间的房间，给她自己用。他非常生气，回到温色，亲热的招呼了公主以后，他就当众责备公爵夫人的不是。可是这比诸后边接着来的还不算一回事。第二天举行寿宴；有来客百人；公爵夫人坐在国王的右边，维多利亚公主坐在左边。饭快吃完了，国王站起来答谢干杯的祝词，在一篇又长又响又激昂的演说里，把满肚子的气愤一起泄到了公爵夫人的身上。他说她侮慢了他——大大的不断的侮慢了他；她最不应当的使公主疏远了他；她是被邪恶的宵小包围着，她身居高位而不能胜任，不能作适当的举措；他再也不能忍耐了；他决意要叫她知道他是国王；他决意要叫人家尊重他的威信；从此以后公主一定得绝对按规矩参加每一个朝廷的仪式；他希望上帝再让他多活六个月，那么摄政的祸患也许可以避免了，王位的职权可以直接传给假定继承人，不至于落到“现在就在他身边的这个人”的手里，要知道这个人的品行和能力是一点也靠不住的。谩骂的洪流似乎一直要流泻个不尽，直弄得皇后满面通红，公主放声大哭，一百个座客目瞪口呆。公爵夫人不说一句话，直等到一长篇谩骂完结了，人散了；于是发作了一阵子激怒和羞恼，她吩咐预备车辆，宣称立刻回垦星敦去。费尽了心力，才弥补成了一点和解的表示，这位被凌辱的夫人终于被劝服了，答应到第二天才走。[71]

然而她把脚底下温色的尘土摔去了的时候，她的磨难还没有完。在她自己的家里，烦恼和痛苦又接着来了。垦星敦的房间里滚沸着被抑止的怨懑、嫉妒和敌意，因多年的接近和疏远而强烈地恶化了。

约翰·孔洛伊爵士（Sir John Conroy）和莱纯男爵夫人是一对死对头。这还不算。公爵夫人变得太喜欢她的家臣了。不免有亲昵的地方，有一天被维多利亚公主看到了。她告诉了男爵夫人，也告诉了男爵夫人心爱的同党，史巴悌夫人。不幸史巴悌夫人不能缄默，竟至于愚蠢到责备了公爵夫人；于是她立刻被辞退了。要摆脱男爵夫人可没有这样容易。这位女士，持重，谨慎，保守了无可非议的品行。她的地位是十分巩固；她已经设法获得了国王的声援；约翰爵士知道他无可奈何她。可是从此以后家里就分成了两个壁垒。[72]公爵夫人充分使用她的权威来援助约翰爵士；可是男爵夫人也有一个不可忽略的后盾。维多利亚公主是不说什么，可是她已经同史巴悌夫人很要好，而且她爱重她的莱纯。在这个可怕的纠纷里她的女儿反对她，公爵夫人是知道得太清楚了。懊恼，苦闷，内心的责备尽把她摇来荡去。她竭力设法安慰她自己，听约翰爵士亲切的饶舌，或者听弗洛拉·海思丁小姐[73]辛辣的批评，这位小姐是她的侍嫔之一，对男爵夫人没有好感。事情是适合于嘲笑的；那个牧师的女儿，虽然有生硬的架子，却不少泄露她的来历的习惯。譬如她喜欢吃葛缕子的癖好是难于克制的。一小袋一小袋给她从汉诺威送来，她把它们洒在奶油面包上，椰菜上，甚至于烤牛肉上。弗洛拉小姐不能不说一点刻毒话；男爵夫人听到了转述，气得直蹙起了嘴；因此是非就生起来了。[74]

五

国王曾经祈求他活到他侄女成年的时候；在她的十八度生辰——她按法律达成年的日子——前几天，一场急病险些儿要了他的命。可是他痊愈了，公主得以从容的做她的生日——在宫中开跳舞会，引见来宾。“绥吉伯爵，”她在日记中说，“穿起制服来很好看，穿起便服来可不成。瓦耳德斯坦因伯爵（Count Waldstein）穿了漂亮的匈牙利制服显得非常好看。”[75]她愿意同其中第二个年轻人跳舞，可是有一个无可奈何的困难。“他不会跳四组舞，我呢，按我的身份又不幸不能跳回旋舞和捷步舞，我没有法子同他跳舞。”[76]国王送她的生日礼是叫人喜欢的一种，可是引起了家庭里一场不欢。不管舅父怎样生气，她同伯父还是很好。他对她总是很仁慈的，他同她母亲吵闹这一点似不能成为厌弃他的理由。她说他是“古怪的，非常古怪的”，可是“他的意思常常被误解了”。[77]他现在给她写了一封信，赠一笔一万镑一年的津贴，限定给她自己用，不许她的母亲干涉。内臣孔尼罕爵爷（Lord Conyngham）被指令送信给公主亲自收阅。到了垦星敦，他被引到了公爵夫人和公主面前，当他交出信来的时候，公爵夫人伸出手来接了。孔尼罕爵爷恳求公爵夫人原谅，述明皇上的命令。于是公爵夫人缩回去了，公主接了信。她马上给她的伯父写了一封信，接受了他的好意。公爵夫人大为不快；她说维多利亚有四千镑一年已经很够了，另外六千镑，只有给她自己才合适。[78]

威廉王已经撇开了病榻，恢复了正常的生活。现在又可以见到温色的皇家老小——国王和皇后，上代公主们，某一位不幸的大使夫人或是大臣夫人——一连好几个钟头的围绕着一张桃花心木的桌子，皇后结荷包，皇上打盹，偶尔醒来说一句“就是这样唔，就是这样！”[79]可是他的复元是暂时的。这位老人突然病倒了；没有什么特殊的病征，只是极度的虚弱，可是他显出无力复元的样子；谁都明白，他的死期是近在目前了。

所有的目光，所有的思绪，都转移到维多利亚公主的身上了；可是她关闭在垦星敦，仍然是一个不显著的小人物，被掩盖在她母亲的大影子里。上年实在是她发展上重要的一年。她心灵上柔嫩的卷须第一次开始向不带孩子气的东西上伸出去了。利欧波王鼓励她。回布鲁塞尔以后，他更加庄重地跟她通信了；他讨论外国政治的细节；他立下为人君的义务；他指出报纸的不公平的愚蠢处。关于后边这个题目，他的确讲得有点刻薄。“如其有出版自由的各国所有的报纸编辑聚集在一起了，”他说，“那正好是一伙。你连一只你所重视的狗也不可付托他们，更无论你的名誉了。”[80]对于国君的职分，他可没有什么特出的见解。“一国元首的职务，”他写着，“依我看来，当然是要抱了大公无私的精神以及对于全体利益的公正心去干。”[81]同时公主的兴趣也扩大了。虽然还是极热心骑马和跳舞，她现在开始对于音乐也有一种真诚的嗜好，醉心意大利歌剧中的华彩过门句和咏叹调。她甚至于高兴读诗了——至少是史各德的诗。[82]

当利欧波王听说威廉王死期近了，他给甥女写了几封长信，进极好的忠告。“在我要写给你的每一封信里，”他说，“我的意思都是在再三告诉你，作为一个**基本的原则，要你照向来那样的勇敢坚定和正直**。”其余，在那个迫近来的关头上，她都不要怕；只要信赖她“天然的明达”和她生性的“**信实**”；做什么事都不要慌忙；不要伤任何人的 amourproper〔自尊心〕，要继续信任辉格党内阁。[83]写信还以为不够，利欧波王决定要公主不缺少一个指导的人，于是他把他所信任的二十年前在克莱里蒙的死榻旁偎抱过的那位朋友打发来帮助她了。如此，仿佛命里注定的，史多克玛的影子又可以见到了——不可避免目睹一个紧要的时机。

到 6 月 18 日，国王的病势显得厉害了。坎忒布里大主教[84]到了他身边，带了一切教会里的安慰。圣言并没有落在一个叛教的灵魂上；因为陛下已经有许多年做了虔诚的信徒了。“我年轻的时候，”他有一次在一个宴会上说，“据我所记得的，我除了寻欢作乐，胡来乱为什么也不信，——真是什么也不信。可是当我有一次航海，碰到了暴风，见到了大海的奇迹以后，我就信起来了；从此我就一直做了真诚的基督教徒。”[85]那一天正是滑铁卢战争的纪念日，这个临死的人是记得的。他说他愿意活过那一天；他不会再见到一个黄昏了。“希望陛下还能见到许多个黄昏，”仓褒司医士[86]说。“噢！那又当别论，那又当别论。”是他的回答。[87]又一个黄昏他倒是见到的；他死在第二天清早。这是1837年6月20日。

一切都完了的时候，大主教和内臣叫了一辆马车，从温色火速赶到垦星敦去。他们五点钟到了宫门口，煞费周章，才得进去。[88]六点钟公爵夫人唤醒了她的女儿，告诉她坎忒布里大主教和孔尼罕爵爷在那里，愿意拜见她。她起了床，穿了梳妆衣，独自走入报信人在等候的房间。孔尼罕爵爷跪下来，正式宣告皇上的死；大主教加述一点私人的细节。望着面前伛偻着、呢喃着的显贵，她知道她是英国的女王了。“既然天意把我安置到这个位置上，”她那一天在日记里写着，“我要竭力为国家尽我的义务；我很年轻，也许对于许多——虽然不是一切——事情都没有经验，可是我敢保极少人比我更有真心真意，做适当和正当的事情。”[89]可是没有多少时间给她下决心和反省。事情立刻就丛集上来了。史多克玛来吃早点，进了一些很好的忠告。她写一封信给她的舅父利欧波，又匆匆地草就了一张便条给她的姊姊菲婀杜拉。首相梅尔本爵爷[90]来了一封信，说他本人快要来了。他九点钟进宫，身穿全副朝衣，吻她的手。她独自接见他，把显然是忠心的史多克玛在早点的时候教给她的一番话讲给他听，“我早就有意留你老人家和其余的阁员总理政务；”于是梅尔本爵爷又吻她的手，一会儿就走了。她于是写一封吊慰的信给亚黛莱德皇后。十一点钟梅尔本爵爷又来了；十一点半她下楼到大红厅开第一次御前会议。[91]一大群的爵爷，贵戚教主，将军，内阁诸大臣，看见一开门，独自走进来一个身材很短，很苗条的女孩子，穿了朴素的重孝，非常威严，非常优雅的移步就座；他们看见一副并不美，却有吸引力的容貌——淡色的头发，鼓起来的蓝眼睛，一个小小的弯鼻子，一张露出上牙来的嘴，一个小下颔，洁净的肤色，尤其是天真、庄重、青春、和镇定奇异的混和在一起的表情；他们听见一个不颤抖的高声音朗读着，字字清晰；于是礼成了，他们看见这个小东西站起来，仍然是优雅到极顶，仍然是威严得可惊地从他们之间走出去，像她进来那样的，独自一人。[92]

附　注

① 伊利莎白系英国女王，故云有吉兆的名字。

② 当时的坎忒布里大主教系曼奈思·塞敦（Charles Manners Sutton，1755—1828）。

③ 见墨累，第62至63页；李，第11至12页。（原注）

④ 见欧文，《杂志》，第一期（1853年1月份），第28至29页。（原注）

⑤ 西德茅斯在德文郡西德河入英吉利海峡处，为海浴胜地。

⑥ 见欧文，《杂志》，第一期，第31页。（原注）

⑦ 见克乐可，第一卷，第155页。（原注）

⑧ 见史多克玛，第113页。（原注）

⑨ 同上，第114至115页。（原注）

⑩ 见《书信集》，第一卷，第15页，第257至258页；格雷，附录甲。（原注）

⑪ 见格兰维尔，第一卷，第168至169页。（原注）

⑫ 达蓝爵爷（Lord Durham）即约翰·兰姆敦（John George Lambton，1792—1840），政治家及外交家，准备“改革案”的四人之一，历任驻俄国大使，加拿大总督。

⑬ 奥孔奈（Daniel O'Connel，1775—1847），爱尔兰名演说家及政治煽动家，1828年入国会，为恢复天主教徒公民权（Catholic emancipation）运动的领袖。

⑭ 威尔伯福士（William Wilberforce，1759—1833），慈善家，政治家及演

说家，1780年入国会，以反对奴隶贸易著名。

⑮ 见威尔伯福士，威廉，第五卷，第71至72页。（原注）

⑯ 见《书信集》，第一卷，第17页。（原注）

⑰ 约克公爵名“腓特烈”，如乔治第四卒，公爵即位，当称“腓特烈第一”，因英国国王尚无人名“腓特烈”者。

⑱ 见克里斐，第一卷，第297至298页。（原注）

⑲ 见介洛尔，《初即位生活》，第15至17页。（原注）

⑳ 见《书信集》，第一卷，第10页。（原注）

㉑ 莱纯小姐（Fräulein Lehzen）名路易思（Luise）汉诺威一路德派教士之女，死于1870年。

㉒ 见《书信集》，第一卷，第14页；《童年生活》，第一卷，第280页。（原注）

㉓ 见克劳福，第6页。（原注）

㉔ 见史密士，第21至22页。（原注）

㉕ 艾利士夫人（Catherine Jane Ellice）为巴尔福（Balfour）将军之女，死于1864年。

㉖ 见《康希尔杂志》，第七十五卷，第730页。（原注）

㉗ 见亨忒，第二卷，第257至258页。（原注）

㉘ 见《书信集》，第一卷，第10页，第18页。（原注）

㉙ 浮吉尼亚湖在温色大园中，为1746年肯褒伦公爵所建。

㉚ 《天佑国王》系英国国歌，或为卡雷（Henry Carey，《莎丽在我们的巷里》作者）所作，1740年第一次正式演唱。

㉛ 见《书信集》，第一卷，第11至12页；李，第26页。（原注）

㉜ “改革案”，主旨在扩大选下院议员之选举人数，及废除代表制中之不平等待遇，前后共三次，通常专指第一次，——此案于1832年经激烈奋斗后通过。

㉝ 阿诺尔德博士（Thomas Arnold，1795—1842），批评家兼诗人麦修·阿诺尔德（Mathew Arnold）之父，历史家及大教育家，1828年起当拉格比学校（Rugby School）校长，成绩卓著。

㉞ 当时的伦敦主教系布隆斐尔（Charles James Blomfield，1786—1857）；林肯主教，凯伊（John Kaye，1783—1853）；坎忒布里大主教，霍莱（William Howley，1766—1848）。

㉟ 见《书信集》，第一卷，第14至17页。（原注）

㊱ 同上，第一卷，第16页。（原注）

㊲　见马丁，第一卷，第13页。（原注）

㊳　见《书信集》，第一卷，第11页。（原注）

㊴　见《少女时代》，第一卷，第42页。（原注）

㊵　见克劳福，第87页。（原注）译者按：泰辽尼（Marie Taglioni，1804—1884），著名歌剧家，当时在伦敦授课。

㊶　拉布拉协（Louis Lablache，1794—1858），著名歌唱家及演剧家，常在巴黎伦敦演唱，不论演庄重或诙谐歌剧，俱获成功。

㊷　契斯忒副主教为台维斯（George Davys，1780—1864）于1827年被正式任为维多利亚公主的教师。

㊸　诺森伯兰公爵夫人名弗洛伦茜亚（Charlotte Florentia），系并吞印度大功臣克莱武（Robert Clive）之孙女。

㊹　马丁诺（Harriet Martineau，1802—1876），女作家，所著《故事集》当时极流行，并译成德法文。

㊺　见马丁诺，第二卷，第118至119页。（原注）

㊻　直译应作"底线"，下同。

㊼　路比尼（Giovanhi Battista Rubini，1795—1854），意大利歌唱家，在巴黎、伦敦演唱，大获成功，有意大利当时第一中音之誉。《安娜·波莱娜》为杜尼塞蒂（Donizetti，1798—1848）所作歌剧，1830年在米兰第一次演出。

㊽　见《童年时代》，第一卷，第66至67页。（原注）

㊾　芬妮·垦布尔（Fanny Kemble，1809—1893），名女优及作家，嫁巴忒勒（Pierce Butler）。

㊿　绥维尼夫人（Madame de Sévigné，1626—1696），法国美人，1644年嫁绥维尼侯爵，1651年居丧，以书翰著称于世。

51　契斯忒主教系桑奈（John Bird Sumner，1780—1862），1848年霍莱（参阅注三十二）死后，继任坎忒布里大主教。

52　见《童年时代》，第一卷，第129页。（原注）

53　同上，第一卷，第124至125页。（原注）

54　维多利亚公主的姨母为亚梅丽（Antoinette Ernestina Amelia）；符腾堡大公为查理（Alexander Frederick Charles）。厄奈思公子（Prince Ernest）此处写作Prince Ernst，并非二人，参阅第四章第四段便知。

55　见《少女时代》，第一卷，第78页，第82页。（原注）

56　斐迪南与奥古思都二公子为肯德公爵夫人之兄斐迪南之子。斐迪南公子后与葡萄牙女王玛丽第二结婚。奥古思都公子并非第一章所说的奥古思都公子，原书索引将二人并作一人，非是。

㊼ 见《少女时代》，第一卷，第150至153页。（原注）

㊽ 舅父厄奈思即厄奈思与亚尔培的父亲。

㊾ 查理（1804—1856）系维多利亚的异父兄莱宁根大公。

㊿ 科洛拉伯爵（Kolowrat-Leibteinski，1778—1861），系奥国政治家。

61 见《少女时代》，第157至161页。（原注）

62 威廉王曾在海军服务。

63 威尔士亲王即王太子，维多利亚公主当时已被认为假定王位继承人，即等于威尔士亲王。

64 见格累维尔，第二卷，第195至196页。（原注）

65 内阁大臣为格雷伯爵（Earl Grey）；海军大臣为格雷姆爵士（Sir James Robert George Graham）。

66 见格累维尔，第三卷，第321页，第324页。（原注）

67 奥伦治公子（参阅第一章）有二子，威廉王所属意者为次子亚力山大。

68 见《书信集》，第一卷，第47至48页。（原注）

69 见《少女时代》，第一卷，第168页。（原注）

70 见格累维尔，第三卷，第377页。（原注）

71 同上，第三卷，第374至376页。（原注）

72 同上，第四卷，第21页；及1839年8月15日记（未发表）。"女王疏远公爵夫人，憎恶孔洛伊的原因，据公爵〔指威灵敦公爵〕说，无疑是由于她目击了他们之间有亲昵之处。她看见了又告诉了史巴悌男爵夫人，史巴悌不仅不缄口，而且（据他想）当面规劝公爵大人了。结果是他们摆脱了史巴悌。如果办得到，他们也早已摆脱了莱纯了，可是莱纯很知道眼前的情势，小心谨慎，免得自投罗网，而且她有乔治第四和威廉第四极有力的庇护，所以他们不敢想法子撵她走。"（原注）

73 海思丁小姐（Lady Flora Hastings，1806—1839），颇有学问，略有诗作。

74 见格累维尔，第四卷，第21页；克劳福，第128至129页。（原注）

75 见《少女时代》，第一卷，第192至193页。（原注）

76 同上，第一卷，第191页。（原注）

77 见《少女时代》，第一卷，第194页。（原注）

78 见格累维尔，第三卷，第407至408页。（原注）

79 见克里斐，第二卷，第262页。（原注）

80 见《书信集》，第一卷，第53页。（原注）

81 同上，第一卷，第61页。（原注）

㊷ 见《少女时代》，第一卷，第175页。（原注）译者按：史各德曾在1828年进谒公爵夫人，见过女王。

㊸ 见《书信集》，第一卷，第70至71页。（原注）

㊹ 坎忒布里大主教即霍莱。参阅注32及47。

㊺ 见托伦思，第419页。（原注）

㊻ 仓褒思（William Frederick Chambers，1786—1855），为当时伦敦最著名医生，先后充亚黛莱德后、威廉第四、维多利亚女王的侍医。

㊼ 见胡喜，第686页。（原注）

㊽ 见温，第281页。（原注）

㊾ 见《少女时代》，第一卷，第195至196页。（原注）

㊿ 梅尔本爵爷（1779—1848）名威廉·兰姆（William Lamb），于1805年入下院，为辉格党员，曾一度变节，1828年入上院，复倾向辉格党，1830年为格雷内阁之内务大臣，1834年继格雷为首相。

91 见《少女时代》，第一卷，第196至197页。（原注）

92 见格累维尔，第三卷，第414至416页。（原注）

第三章　梅尔本爵爷

一

新女王差不多完全不曾为她的臣民所知晓。过去每逢她露面的时候，总是她的母亲来主持局面。她的个人生活是一个小修女关在修道院里的生活：难得有一个外人对她讲过话；除了她的母亲和莱纯男爵夫人，根本没有一个人单独同她在一个房间里待过。这样一来，不但社会上一般人一点也不知道她；连出入内廷的政治家、官员、贵家妇女也同样茫然。[①]当她从这个默默无闻里突然崭露出来的时候，她立刻给了人一种深切的印象。她在第一次御前会议上的举止博得了全场的惊讶和敬佩；威灵敦公爵，罗伯·庇尔爵士[②]甚至于野蛮的克乐可[③]，甚至于冷酷的格累维尔[④]——全弄得神往了。关于她嗣后的举措所传的种种，似乎也无一非吉祥之兆。她的理解力是灵敏的，她的决断是清明的，她的话语是谨慎的；她执行一切皇上的职务都是应付裕如的。[⑤]社会上涌起了一片热诚。感情用事与浪漫情调正开始流行；看这位小女王，天真，贤惠，淡头发，红面颊，驾车在京城里走过，观众都乐狂了，满心是爱戴的忠诚。尤其引人注意的是维多利亚女王和她的叔伯间的对照。那些乖戾的老人们，荒淫，自私，顽冥，可笑，不断的负债，起纠纷，贻笑大方的——他们像冬天的雪一般消失了，终于在这里，光华焕发，普照一切的是春天了。约翰·罗素爵爷[6]在一篇煞费苦心的演说词里表白了一般人的感情。他希望维多利亚成为一个伊利莎白女王而没有她的暴戾，成为一个安女王而没有她的脆弱。他请求英国国民一致祈祷这位怀了最纯洁的意向，最公正的愿望，新登宝座的显贵的公主可保奴隶制度的取消、罪犯的减少、教育的改进。他深信英国国民从此以后会从开明的教义与道义中获得他们的力量、他们的操守、他们的忠诚，深信维多利亚的朝代，如此保障了，会著称于后世，于世界各国。[7]

然而不久从各方面看来就显得将来也许并不如欢忭的国民所梦想的那么简单，那么乐观。究竟这位“显贵的公主”胸中也许另有道理，不比一本教诲色彩的故事书里一位品行端正的女英雄的幻想来得那么随便。最纯洁的意向，最公正的愿望吗？自然；可是就这样算了吗？譬如，在观察得仔细一点的人看来，那张小嘴的怪曲线上却有些不吉之相。当她第一次上朝以后，她走过接待室，看见她的母亲在那里等她，她就说，“现在，妈妈，我的的确确是女王了吗?”“你看，亲爱的，可不是这样吗。”“那么，亲爱的妈妈，我希望你答应我做了女王的对你的第一次的要求，让我自己待一个钟头。”[8]她独自待了一个钟头。于是她出来了，发一道重要的命令：把她的床搬出她母亲的房间。这是肯德公爵夫人的劫数了。多年的期待终于完结了；一生中的紧要关头来到了；她的女儿做了英国女王；也就是这个关头带来了她自己的灭亡。她觉得自己，极对的，不可挽回的，连一丝一毫的势力、信任、权威都断绝了。的确，她身边一切尊敬的外表是应有尽有，可是这无非使她处境的真相更难堪罢了。从朝仪与孝道混合的虚套里，她永远穿不到维多利亚的心头。她不能够隐瞒她的失望和她的愤慨。“Il n'y a plus d'avenir pour moi〔我再没有什么前途了〕,”她对黎也文夫人[9]说：“je ne suis plus rien〔我完了〕。”十八年来，她说，这个孩子一向是她的生活，她的思虑、她的希望的唯一对象，可是现在呢——不！她是不会宽慰的，她失去了一切，她是苦恼到极点了。[10]那么威武，那么顽强地航过了人生的激浪，这艘堂皇的大船，帆篷还在膨胀，旗子还在招展的，终于进了港了；在那里一看，什么也没有——一片荒凉的陆地。

登极后不到一个月，新形势就具体化了。皇室全家从垦星敦搬到白金汉宫，[11]在新居中，肯德公爵夫人住了一套跟女王的完全隔开的房间。在维多利亚自己，这个变动是欢迎的，虽然别离的时候，她却不能无动于中。"虽然我为了种种理由，很高兴到白宫去，"她在日记里写着，"一想到我要**永远**跟我这个老家告别了，我却实在有些舍不得呢，要知道我是生在这里，长在这里的，我真的依恋这里啊！"她的记忆在过去的幻景上逗留了一下：她姐姐的结婚、有趣的跳舞会、**快心的**音乐会……还有旁的种种。"我曾经在这里经历过痛苦的、不愉快的事情，那是真的，"她总结说，"可是我仍然喜欢这个可怜的老宫呢。"[12]

同时她又采取了另一个断然的行动。她决意不愿再见约翰·孔洛伊爵士。她慷慨地报答他从前的服役：他得到男爵的爵位和三千镑一年的恩俸；他仍然做公爵夫人的家人，可是他和女王的直接来往是骤然完结了。[13]

二

显然的，这些内部的变化——不管还表明些旁的什么——点明了一个人的胜利，这个人就是莱纯男爵夫人。这个牧师的女儿看了她敌人的消灭。小心翼翼，得意扬扬，她站稳了。她比从前更贴近的依附在她的女主人，她的学生，她的朋友这一边；在宫廷的深处这个神秘的影子是看不见的，同时又是无所不在的。当女王的大臣们从一个门里进来的时候，男爵夫人从另一个门里出去了；他们一走，她立刻回来了。[14]没有人知道——永远没有人会知道——她的势力到底有多么大，到底属何种性质。她自己声言她从没有和女王谈过公务，她只管私事——私信和个人生活的细节。[15]当然，她的笔迹在维多利亚早年的信札里到处可以认得出。日记是一个孩子的作风；书信可没有这么单纯；那是一个孩子的作品，被一个女傅整理过的——极少修改，无疑的，可是显而易见。女傅可不是一个傻子：褊狭，妒嫉，小家气，或许免不了；然而她是一个灵敏、矫健的女人，借了一种特殊的眼光，她获得了一种特殊的权势。这种权势她是有意保持的。她名义上不过问公务显然是真实的；然而什么是公，什么是私，总很难分；尤其在一个国君的情形之下——从后来那几年看起来——那常常是想象而已。从各方面——人物的性质，时代的性质——考虑起来，白金汉宫里莱纯男爵夫人的寝室就在女王的寝室的隔壁，这恐怕不只是一件纯为私便的事实吧。

可是男爵夫人的势力，大呢似乎在它自己的范围里是大到极点了，却并非没有限止；还有旁的各种力量在推动呢。譬如，忠心的史多克玛已经在宫里住下来了。在夏洛蒂公主死后二十年中，他的经验是变化多端，并且很值得注意的。一个失意小公子亲信的无名小卒已经渐渐的升到一个国际上很重要的地位了。他对他主人的忠诚不但是一心一意的，而且是谨慎的，聪明的。是史多克玛的忠告留住了利欧波公子，不离开英国，在他夫人死后那些动摇的年份，也就因此给他弄到了他所归化的国家里一个必要的靠山。[16]是史多克玛的持重解决了公子先接受复拒绝希腊王位的难局。是史多克玛劝公子做了比利时的立宪君主。[17]尤要者，是史多克玛的机警、诚实和外交手腕使比利时，经过了多少次艰难、复杂的交涉，终于获得了列强承认中立的保障。[18]他的劳苦所获得的酬报是一个日尔曼的男爵爵位和利欧波王的全盘信任。也不只在布鲁塞尔一地他受到尊敬和重视。执掌英国国政的那些政治家——格雷爵爷[19]，罗伯·庇尔爵士，判麦斯吞爵爷[20]，梅尔本爵爷——都很钦佩他的正直和他的灵慧。“他是我所见过的最聪明的人之一，”梅尔本爵爷说——“最谨慎的人，最明白的人，最冷静的人。”[21]判麦斯吞爵爷指史多克玛男爵为他一生中所遇见过的唯一绝对无私心的人。[22]最后他终获退休，回到科堡，享几年团圆生活，直到那时候为止，他在主人家里的劳役只允许他偶尔回去看看夫人和儿女，每次不过一两个月罢了。可是到1836年，他又受了委托，办一件重要的交涉，玉成了圆满的结果，使萨克思·科堡的斐迪南公子，利欧波王的一个侄儿，同葡萄牙女王玛丽亚第二完了婚。[23]科堡宗室开始满布欧洲了；1837年男爵在白金汉宫里安顿下来，这是另一个更重大进展的前奏曲。[24]

利欧波王和他这个亲信在他们的事业里为人类野心的变化多端作下了一个榜样。人的欲望是花样百出的；可是满足这些欲望之道，花样之多也不差什么：世界的功业也就如此完成了。利欧波正确的心机渴望着全套的皇业。仅仅是权力还不足以吸引他；他一定得做一个真正的国王——一国的元勋。单是做还不算数；被承认也是必要条件；其他一切都不适宜。他所梦想的伟大是要适当的仪表应有尽有。做一个皇上，做各国君主的老兄，为了外交作用娶一个布彭宗室的公主，[25]同英国女王通信，对一切都丝毫不够，创一个皇统，烦死大使们，在至尊的地位上过一辈子尽瘁公务的模范生活——这是他的目的，这确乎也是他的成就。“Marquis Peu-à-Peu〔步步高老爷〕，”如乔治第四所称他的，[26]得到他所要的一切。然而局面绝不会如此，要不是碰巧史多克玛的野心所取的形式正好和他自己的期望暗合。男爵所求的至尊决非显而易见的。他的最深切的满足是在暗中，在冥冥中——在神不知鬼不觉的经过一个隐秘的门洞，直进入权威的堂奥，在平心静气的坐在那里拉那些牵动全世界轮盘的微妙的线索。只有一些极少数居高位而特别熟悉内幕的人才知道史多克玛男爵是一个最重要的人物；这样就够了。主仆的运道，息息相关，互起作用，一块儿高起来了。男爵的秘密手腕给了利欧波一个无可指摘的国家；利欧波呢，时过境迁，亦得于慢慢的供给了男爵更多更多的钥匙，可以开更多更多的后门。

史多克玛住在宫中一半充利欧波王的密使，可是多一半做女王的朋友和顾问，女王差不多还是一个孩子，显然很需要顾问和友谊的。猜想他们两人的动机都是一种卑鄙的自私自利，那是一个错误。的确，利欧波是很懂得为一己营谋的；他已经在一番惊险多变的阅历里精通了世故；他随时都可以用这种世故来巩固他的位置，扩张他的势力。然而，他的位置愈牢靠，势力愈大，欧洲的局面也就愈好了；这一点他很清楚。而且，他是一个立宪君主；一个立宪君主而抱下流的，或为个人利益的目的，那未免太失体了。至于史多克玛呢，如判麦斯吞所称道的无私心无疑是他个性里的一点基本特质。一般的权谋家总是乐观者；而史多克玛，为消化不良症所苦，为阴惨的预感所缠扰，却是一个忧郁的人，权谋家呢他当然是的；可是他狐疑的、性急的在那里谋划的却是为善。为善！除了这个，一个人还有什么高尚的事情可以谋划呢？可是不谋划则已，谋划起来总不免危险。

有莱纯监督她的一举一动，有史多克玛在隔壁，见识多，经验多，有她舅父利欧波的信札，不断的倾注鼓励的热忱、一般的感想以及极有价值的暗示，维多利亚即使没有旁的指导，也不会再感觉缺少什么私人顾问了。可是她还有旁的指导呢；刹那间所有这些势力都黯淡无光了，有一颗新星，头等星，突然出现在她的天际，立刻控制了她的生命。

三

威廉·兰姆，梅尔本子爵，五十八岁了，过去三年里一直做英国首相。从外表各方面看来，他是人类中最有福气的人之一。他生于荣华富贵中。他的母亲，美丽，聪明，是一个第一等招待辉格党的女主人，他从小养成了那个最有光彩的社会之一员，在十八世纪最后二三十年中这个社会是集了百年来贵族社会的大成了。天然赋予了美貌和聪慧；一个哥哥意外的夭亡让与了财产、爵位和上进的可能性。在那个神通广大的圈子里，不管一个人怎样无能，总不大会失败；何况他生来有种种长处，成功几乎是不可避免的事。不费什么力，他就在政治上露了头角。辉格党一胜利，他就做了政府的要人；等到格雷爵爷辞了首相席，他就不慌不忙的踏上了那个空位置。也不只在福气的外表上命运对他好。命里注定是成功的，而且是容易成功的，他生来有那么一种好气质，他的成功对于他很适宜。他的心灵又柔顺又宽博，他的性情又娴静又机敏，以致他不但能够工作而且能够生活得极其轻松，十分有力。在交际场中他是一个著名的健谈者，一个教人喜欢的伴侣，一个非常可爱的人。如果你观察得深刻一点，你立刻会看出他不同凡响，看出他那种谈吐的爽利，他那种举止——随随便便，躺躺坐坐，猝然的发问，不断的赌咒——不只是有趣的装饰，而是一种特殊透顶的个性的流露。

这种个性的真相却极难窥测得丝毫不差：它是含混的，复杂的，也许是自相矛盾的。的确，这个人的内部历史和表面运道之间互不契合，颇有点讽刺意味。他所享受的一切都得归功于他的出身，而他的出身实在是不名誉的；大家都知道他的母亲热爱过艾格尔蒙爵爷，梅尔本爵爷并不是他的父亲。[27]他的结婚，似乎是他的青年热情的好结果，其实是一长篇倒霉的、不可收拾的烂污账：那位靠不住的嘉洛莱因女士，[28]

……“娇贵到难以称心，
活泼到永不安定，
聪明到无法开导，
深思到没有头脑，”

几乎毁了他的一生。等到他跳出了苦恼和纠纷，摆脱了她的愚蠢、她的荒唐、她的疯狂、她的失意、她的热诚，他身边只剩下了趣剧和悲剧混合在一起的重重往事，还有一个低能的独生子。可是他有旁的也得归功于嘉洛莱因女士呢。当她跟拜伦胡调，发疯一般的闹恋爱、出风头的时候，他就抱了近于玩世态度的放任主义，过自己的清闲日子，闭门读书。就因为如此，他才获得了用功的习惯、好学的脾气、关于古今文学又博又精的知识，这种种成了他的素养里意想不到的一部分。他读书的嗜好从没有失去过；甚至于到他当首相的时候，他还抽空来研究每一部重要的新著。[29]由于他不调和的特性，他最喜欢研究神学。修养上已经是一个淹通的古典学者，他耽读了最初五世纪的神学家著作；烦重的一卷卷经解、经释，他都细心周密地校读过；不论什么时候，一有空，他就在那里翻阅圣经。[30]他常常把满篇都是他手批的研究启示录的宏著，或是拉德奈博士的[31]《犹太人所传抹大拉的马利亚归正事迹谬误考》借给他最喜欢的太太小姐们。她们中较为虔诚的满以为他大有希望，这种研究会引他入正道的；然而这一点在他饭后的闲谈里却看不出一些影子。[32]

他在政治生涯上的自相矛盾也同样奇怪。气质上是一个贵族，信仰上是一个保守党，他却以民党即改革党领袖资格而当权。他对于“改革案”深恶痛绝，最后也只是当作不可避免的弊端而接受的；而“改革案”正是他那个内阁的命根，他那个内阁的意义。他的怀疑性太大了，绝不会相信有任何一种的进步。万事总照原来的样子最好——或是最不坏。“你还是别打算为人家谋什么福利的好，那你就不会自讨麻烦”，这是他的一句格言。最好的教育也是无用的；贫民教育更是极端的危险。工厂里的童工吗？“谢谢吧，你不用管他们得了！”自由贸业是妄想；不具名投票是胡闹；天下哪里有什么德谟克拉西。然而，他倒不是一个反动派；他无非是一个投机主义者。政府的责任，他说，无非是“防止罪犯，保护规约”。一个人真有希望干的事情无非是维持。他自己维持得很出色——不断的妥协，朝三暮四，翻来覆去，不惜把性格上什么弱点都露出来，可是也乖巧，温和，甚至于方正，而且在不着痕迹里通人情世故。他处理事务，非常随便，漫不经心。要人们郑重的进谒，引进去一看，往往看见他躺在一张绳绷榻上，身边乱七八糟堆满了书本、纸张；或者在一间化妆室里漠然的刮胡子；可是他们回到下边的时候，他们会觉得，不知怎么一回事，仿佛被他骗出了一些什么话去了。当他必须接见一个代表团的时候，他简直无论如何也扮不出一点庄严相。蜡烛商或是“死刑废除会”的贵代表，每每在陈述的时候弄得很窘，很不好意思，当他们看见他老人家出神的吹一片羽毛，或是突然的开一句不得体的玩笑。他们怎么能料想到他昨夜整夜里曾悉心研究过他们那个事件的细节呢？他讨厌提拔人，讨厌委任——这种脾气在大臣们之中实在少有。“至于主教们，”他突然发言，“我断然相信他们是拼命要搅扰我。”可是最后到发表委任的时候，却总是办得极有眼光。他的同僚还看出了一个现象——这是他的无责任心呢，还是他的聪明？他在内阁开会的时候会睡觉。[33]

倘若他早生一点，他也许会是一个更天真、更幸福的人。事实如此，他是一个十八世纪的产儿，命运却派在一个新的、艰难的、不合宜的时代。他是一枝秋天的玫瑰。尽管温柔潇洒，尽管有风趣，尽管随遇而安，他却摆脱不了一种深切的不宁静。一个多感的玩世者，一个怀疑的信徒，他是栖栖徨徨的，忧郁的，在骨子里。尤其是，他从不会硬起来；那些易感的花瓣在风里一吹就动。不管他到底还有旁的什么特色，有一点是千真万确的：梅尔本爵爷总是近人情，非常近人情，——太近人情了，也许是。[34]

现在呢，年纪老了，他的生涯突然起了一个新的、意外的变化。他在一刹那间变成了一个从育儿室忽然跨上宝座来的年轻女孩子的亲信顾问和日常伴侣。他同女人的关系，如其他一切，是捉摸不定的。

谁也闹不清他的结婚生活里变化多端的，感情的错综；嘉洛莱因女士不在了；可是他那些特别的易感性还在呢。同各种女人来往在他是必要的，他也并不节制；每天的大部分时间照例都用在这一点上。他的女性成分使他很容易，很自然，而且免不了同许多女人做朋友；可是他的男性成分也很强。在这种情形之下，也很容易，甚至于很自然，也许甚至于免不了不仅仅做朋友而已。有的是谣言和纠纷。梅尔本爵爷两次在一件离婚案里做过共同被告；可是每次他都胜了诉。美丽的白兰敦女士，不幸的、有才华的诺敦夫人……[35]法律是把她们两人都开脱了。此外就是一片穿不透的雾障。然而，无论如何，这一点是清楚的：有了这样一种声名，这位首相在白金汉宫里一定很不方便。然而，他素来周到，他竟应付得极其顺利。他的行为自始就无可非议。他对这位青年女王的态度非常轻易的混合了政治家、朝臣的谨慎、尊敬、同老父的关怀。他又敬又爱，又做仆从又做导师。同时他的生活习惯也有了大变化。他的适意的、没有规律的日子受了宫廷中刻板生活的支配；他不再伸躺在沙发上；嘴里不再漏出一个“该死”了。这位曾经同拜伦和摄政王做朋友的世故老人，曾经在荷兰府[36]里妙论惊四座的健谈者，曾经用满口秽亵话给座客干了多少杯浊酒的玩世者，曾经用温柔语迷了那一等佳丽，那一等情痴，那一等灵才的恋爱圣手，如今可以看到他一晚又一晚，在朝仪的肃静和拘束里，必端必正，对一位小女学生非常文雅地讲话了。[37]

四

在维多利亚这方面，她是立刻被梅尔本爵爷迷住了。史多克玛的好评无疑的事先给作了准备；莱纯是很聪明的结好了；第一次极好的印象又从不曾自己糟塌过。她觉得他毫无瑕疵；他在她的心目中把毫无瑕疵保持了。她那种无条件的，不自掩饰的崇拜是很自然的；哪一个天真的年轻人，不管在任何种环境里，能抵抗这样一个人的魔力和忠诚呢？可是，在她那种地位上，有一种特殊的势力使她所感觉的一切都分外炽烈。过了多少年空虚、枯索、克制的生活，她在青春的全盛时期突然自由起来，有权力起来了。她如今是自己的主人，许多采邑和许多宫阙的主人；她是英国的女王。责任和困难她自然会有的，而且很重大的；可是有一种感觉主宰了、并吞了其他一切——一种快乐的感觉。什么都叫她喜欢。她从早到夜总是高兴。克里斐先生，如今年纪老了，寿命也快完了，在布莱屯[38]见了她一面，看了"小维"天真烂漫的一团好兴致，不由得照他素来那样透骨的乐了一番。"**当她从容的时候**，你绝不会看见一个更为质素的小东西了，她显然是拼命想永远更自在一点。她由衷的大笑，能张多么大就把嘴张多么大，露出一嘴不很好看的牙龈。……她吃起东西来同笑起来一样的痛快，我想我尽可以说狼吞虎咽哩。……她面红呀，笑呀，一刻也不停，那么自然，足以叫谁都不由自主。"[39]可是她不仅在大笑或是狼吞虎咽里觉得快乐，奉行公事也使她非常称心。"我实在有极多的事情要做，"她在登位后不多几天的日记里写着；"我接到我的大臣们那么多的公文，可是我很喜欢。"[40]一星期后，"我又说以前说过的话了，我有那么多公文，大臣们送来的，还有我给大臣们的，我每天还有那么多文件要签字，我总有**许多许多**的事情要做。我乐意做这种工作。"[41]这个女人各种强烈的、天生的兴趣，从女孩子的未成熟状态里，热切痛快，狂风急雨似的一涌而出了。

她的幸福境遇里有一点值得特别提一提。不说她社会地位的显赫、政治地位的重要，她有极大的财产。国会一开，一笔三十八万五千镑的年金给她规定了。把家里的开销除去，她自己就有六万八千镑一年。此外她还享有兰加斯特公爵采邑[42]的收入，年达二万七千镑以上。这些钱的第一个用途就显出她的本色：她偿清父亲的债务。金钱上，正不下于其他事情上，她决不随便。她有实业家的本能；她决不能忍受一个财务上不健全的地位。[43]

青春和幸福镀上了每一个时辰，日子过得十分快乐。每一天都以梅尔本爵爷为转移。她的日记依旧清清楚楚的给我们看出这位青年国君登位后数月中的生活——一种井井有条的生活，事务多而愉快的，一种单纯乐趣的生活，多半寄托在身体上的——骑马，吃东西，跳舞——一种活泼、闲适、不染尘俗的生活，就本身论已经再好没有了。晨光在这上面；在玫瑰色的光彩里，"梅爵爷"的影子出现了，容光焕发，高于一切。如果她是故事里的女主角，他就是男主角；自然，他们不只是男主角和女主角而已，因为根本就没有旁的角色呢。莱纯、男爵、利欧波舅父，是不实在的影子——一出戏里偶然的配角而已。她的乐园里住了两个人，当然那就够了。我们还可以看到他们，古怪的一对，奇异的结合在那些质朴的字里行间，在八十年前那个黎明的神奇的光彩照耀之下：一个高大、文雅的漂亮绅士，白头发，白胡子，浓重的眉毛，易动的嘴唇，富于表情的大眼睛；他的旁边就是那个细小的女王——白皙、苗条、都雅、活泼，穿了朴素的女孩子衣服，披了小披肩，抬着头望他，亲切的，崇拜的，张着突出的蓝眼睛，半开着嘴。如此他们出现在日记的每一页上；每一页上有梅爵爷在，梅爵爷讲话，梅爵爷又有趣，又有益，又痛快，又恳挚，一边维多利亚倾听着甜蜜的言语，笑到露出牙龈来，竭力想法子记住，一等到只剩下了她一个人了，马上跑去，把一切都记下来。他们的长谈涉及许多话题。梅爵爷批评些书，对英国宪法发一两点议论，对于人生顺便讲些感想，一篇又一篇的说说十八世纪大人物的故事。于是轮到公事了——或许是一件从加拿大德蓝爵爷[44]送来的公文，梅爵爷读给她听。可是他先得解释解释。"他说我一定得知道加拿大原先属于法国，到1760年才割让英国的，那时候已经被渥尔孚[45]征服了；'一个极大胆的企图，'他说。加拿大当时完全住的法国人，英国人后来才去的。……梅爵爷解释得很清楚（比我好得多），关于这一点他还说了许多话。接着他把德蓝爵爷的公文读给我听，那是很长的，足足叫他读了半个多钟头。梅爵爷读得很美妙，用了他那种柔和的好嗓子，带了那么多的表情，所以不用说我非常感兴趣。”[46]于是话题转到私人身上来了。梅爵爷描摹他的童年生活，她就知道了“他从前留长头发，那时候男孩子都是这样的，他一直留到十七岁；（他一定是**多么**好看呵！）”[47]或者她发现了他种种乖僻的趣味与习惯——他如何从不戴表，这似乎十分古怪。“‘我总问听差什么时候了，他就随即告诉我，’梅爵爷说。[48]或者，当乌鸦成群的绕树飞，‘预报下雨的样子，’他就说他能够坐着看一个钟头，听我说我不喜欢它们，倒很惊讶哩。……梅爵爷说，‘乌鸦是我心爱的东西。”[49]

每日的生活，不论在伦敦或在温色，差不多是没有变化的。早晨完全归给公务和梅爵爷。下午全廷都出去骑马。女王穿了丝绒的骑装，戴了一顶高帽，一副面纱垂在帽檐上，作大队人马的前导，梅爵爷骑在她的旁边。欢跃的一队人马走得又快又远，直弄得女王陛下兴奋到极点。再回到宫里来，在晚餐前，还有做些小游戏的时间——也许打打羽毛球，或是在走廊里同一些孩子们跳一阵闹一阵。[50]开晚餐了，仪式断然严起来了。职位最高的客人坐在女王的右边；她的左边——不久便成了定例——坐了梅尔本爵爷。女客离开了膳厅以后，男客也不许待多久；不错，允许他们有喝酒的短时间——谣传如此——变成了女王和她的首相之间极少的争端之一；[51]可是她的决心得了胜利，从那时候起饭后醉酒便不流行了。大家又在客厅里聚集的时候，礼仪很死板。女王在不多几分钟之内对客人一个一个的讲几句话；在这些局促的短谈里每易于痛切的感觉到为王的枯索无味。有一夜，枢密院书记官格累维尔也在那里；不一会轮到他了；这个中年的、面色难看的 viveur〔善于享福的人〕听年轻女主人对他讲话了。“今天你骑过马没有，格累维尔先生？”女王问。“没有，陛下，我没有，”格累维尔回答。“今天天气好，”女王又说。“是，陛下，很好，”格累维尔说。"只是有点冷，"女王说。"是有点冷，陛下，"格累维尔说。"你的姊姊，法朗歇思·艾格敦夫人[52]是骑马的，我想，是不是?"女王说。"她有时候骑的，陛下，"格累维尔说。停了一下，接着格累维尔大胆的作起先导来了，虽然他不敢换一个题目。"今天陛下骑过马没有?"格累维尔问。"喔，骑过的，骑了大半天，"女王兴奋地回答。"陛下有一匹好马吧?"格累维尔问。"喔，我有一匹极好的马，"女王说。完了。女王陛下一笑，头一点，格累维尔深深地一鞠躬，谈话就轮到第二个贵宾了。[53]当她把客人都打发开了，肯德公爵夫人坐下来同她对玩"灰思式"，[54]另外的人围坐在圆桌边。梅尔本爵爷坐在女王身边，滔滔不绝地讲话——常常是顺便谈圆桌上摊满的许多版画帖之一的内容——直到十一点半去睡觉的时候。[55]

有时候也有些别的消遣：晚上看看歌剧或戏剧。第二天早上这位小批评家必定把她的印象记下来。"是演的莎士比亚的悲剧《哈姆雷特》，我们在开演的时候就到了。查理·铿先生（老铿的儿子）[56]起哈姆雷特，我得说一句很美妙。他对于这个很难的——简直可以说难懂的角色了解得殊可佩服；他把那些优美的长篇说白说得颇为美妙；他的风度非常优雅，他的一举一动都很好，虽然面孔一点也不漂亮。……《哈姆雷特》一演完我就走了。"[57]后来，她去看马克累德[58]演《里亚王》。《里亚王》的故事在她还很新鲜；她一点也没有听说过，起初她对于戏台上的进行很不感觉兴趣；她宁愿同内臣谈谈笑笑，可是，戏演下去的时候，她的心情渐渐的变了；她的注意力集中了，于是她不再笑了。不过，她诧异了；那似乎是古怪的、可怕的一回事。梅爵爷以为怎样呢？梅爵爷以为是一出极好的戏，不过当然是"一出粗鄙的戏，为那个时代写的，角色都写得太过火了。""你已经看了，我很高兴。"他又说。[59]可是，无疑的，她最觉得快乐的还是开跳舞会的晚上。她总动不动就找题目——欢迎表亲——做生日——聚会年轻人——来下令开跳舞会。于是音乐队奏起来，跳舞人的身子跟着音乐翩翩的摇曳了，她觉得自己的身子也在翩翩的摇曳，四面靠近的尽是些年轻的灵魂——于是她乐极了，眼睛里发亮，她一定得跳下去，跳下去，直跳到天将亮的时分。暂时把梅爵爷忘了。

五

一个月一个月飞快的过去。夏天完了："我**有生以来最**快乐的夏天，我将永远不会忘记我登位后这第一个夏天。"[60]快得出奇，又一个夏天赶来了。加冕礼到了，过去了——一个奇异的梦。那种古老的、繁缛的、冗长的仪式尽量的搬弄出来，像一个机器，复杂到了不得，而且有了一点小毛病。这个小东西做了旋转的中心点。她坐；她走；她祈祷；她把一个重到差不多拿不动的宝球拿来拿去；坎忒布里大主教把一只指环使劲地向她一只不对的手指上一套，[61]痛得她险些儿哭出来；老罗尔爵爷[62]致敬的时候被自己的大斗篷绊倒了，直滚下台阶；她被引到一个偏殿去，那里的祭坛上罩了一张桌布，堆满了夹馅面包，酒瓶；她发见莱纯在一个楼厢里，同她交换笑一笑，一边在圣王座上坐下，穿了皇袍，戴了皇冕。"我将永远记得这是我一生中**最可骄傲**的一天，"她写着。可是骄傲又马上淹没在青春和天真里了。当她最后回到白金汉宫的时候，她并不疲倦；她一直奔到她的私室去，卸去了一身的华丽，给她的狗达什洗一过晚澡。[63]

生活又照常风平浪静的流过去——自然，偶尔也免不了起一点波澜。譬如，舅父利欧波的举动很叫人麻烦。这位比利时国王不能抵抗这种诱惑：利用他的家族地位来帮助他的外交政策。然而，的确，为什么要发抵抗不抵抗的问题呢？可不是这种行径不但算不得诱惑，而且完全 selon les règles〔合乎常情〕吗？要是不能够帮助本国君主——不管碍不碍于宪法——左右外国政策的话，皇室攀亲为的什么呢？为了最高的目的，自然；那不用说了。英国女王是他的甥女——不止如此——简直是他的女儿；他心腹的代办在她的内廷又很得宠幸。当然，在这种情形之下，要不是乖谬，要不是悖理，谁也不甘坐失良机，不在英国大臣们背后利用私人势力，依自己的意思来支配英国的外交政策。

他相当谨慎地着手做这一桩工作。他继续在这里进可佩的忠告。在她登位后不多几天内，他就劝这位年轻的女王设法在任何可能的机会中表彰她的英国出身；赞美英国国家；"英国国教我也得竭力推荐；你不能不先保证矢忠任何细节而侈谈此道。"随后，"你决定任何要事以前，我很乐意你同我商量；这也可以给你留从长计议的余地"；最有害莫如手忙脚乱，不自觉的瞎定主意。他的甥女立刻答复，照常的一往情深；可是她写得很草率——也许还有点含糊。"你的忠告对于我总是最重要的，"她说。[64]

他莫非太过火了？他不能断定；也许已经把维多利亚逼得太急了吧。无论如何，他得留心；他得退一步——pour mieux sauter〔准备作更好的突跃〕，他这么一想，会心的一笑。在以后那些信里，他不再提起同他自己商量的话了，他只泛泛地指出凡决定重要问题，总以不轻率为妙。他的忠告是接受了；有一点可以看出来的，女王当别人有所申请的时候，难得会立刻答复。就是梅尔本爵爷来也一样；当他请训任何事情的时候，她就说让她想一想，第二天才把她的定夺告诉他。[65]

利欧波王的劝告源源不绝。黎也文夫人，他说，是一个危险的女人，她将寻根究底，窥探与她无干的事情是无足怪的；叫维多利亚注意吧。"有一条规则我当竭力举荐而唯恐不足的是：永不许人谈你或关于你的事情，若是你没有要他们这样做。"如有这样的事发生，"把话题岔开，使那个人觉得自己失言了。"这个劝告也接受了；事情果不出利欧波王所料。黎也文夫人觐见，似乎要谈起心腹话来了；于是女王稍稍变色，不谈别的，只说客套话。那个人果然觉得自己失言了。[66]

利欧波王第二个警告大可注意。他指出信札差不多照例会在邮寄中被人偷看的。这自然很不方便；可是事实一清楚，却不见得没有好处。“我可以举一个例：譬如关于那些要塞问题，我们还受普鲁士的麻烦，现在为的告诉普鲁士政府许多事情，本来我们不想正式对他们说的，就请大臣发一道公文给我们驻柏林的人，用邮寄；普鲁士人一定会偷看的，因此就听到了我们愿意他们听的话了。”相似的情形在英国极有发生的可能。“我告诉你这一点**诡计**，”国王陛下说，“因此你可以防备它。”这都是立宪君主的微妙处。[67]

仿佛再进一步的时候已经到了。利欧波王第二封信上满篇都是讲的对外政策——西班牙和葡萄牙的形势，路易·腓力普[68]的性格；他得到了一个有望的答复。维多利亚，的确，开头说她把他信上的**政治部分**给梅尔本爵爷看了；可是接下去讨论外交事务了。仿佛她并非不愿意同她的舅父交换各人对于这种问题的意见。[69]到此为止，一切良好。可是利欧波王还很小心；虽然他的外交策略上已经有一个危机步步迫近了，他还是不动声色；然而最后他不能再缄默了。这一点对于他是重要极了：同法国和荷兰周旋中，他应有，至少似乎有，英国作后援。可是英国政府似乎采取了中立态度；这人坏了；不助他就是反对他——他们看不出这一点吗？然而他们也许只是在踌躇不定，那只要维多利亚稍一用力还可以挽救一切。他决意照他自己所见到的把真相委婉而有力的托给她看。“我所有求于仁王陛下的，”他写着，“就是，你**有时候**不妨对你的大臣们，尤其是可敬的梅尔本爵爷，表明你，只要**无碍于你自己的**主权，总不愿意你的政府首先采取那种不应当的行动，以致一转眼便**毁**了这个国家，也**毁**了你的舅父和他的家庭。”[70]这个恳求的结果是出乎意料之外的：整整一个多星期没有一点音讯。最后维多利亚写信了，她把她的感情发挥到淋漓尽致——“真的，我最亲爱的舅父，你**万勿误会**，我对你热切的依恋和深切的爱恋之心是不会变的——**什么也不**能使我变心”——可是她提到国外政治的时候，虽然说了一大堆，而且说得很周密，她的话是不着边际到极点；简直是一篇外交方式的官样文章。她的大臣们，她说，在这一件事情上和她完全同意；她了解而同情于她亲爱的舅父地位上的困难；他可以放心，“梅尔本爵爷和判麦斯吞爵爷都无时不是最关心比利时的繁荣和福利的。”如此而已。利欧波王在复信里说他很高兴，而且照样还报了他甥女的亲密的誓言。“我最亲最爱的维多利亚，”他说，“你给我写了一封**很亲爱**的长信，给了我**极大的快乐和满意**。”他不承认自己碰了一鼻子灰。[71]

不多几个月以后，危机到了。利欧波王决意不顾一切的来一下，这一次决意显一显国王的魄力和舅父的威严来服她。在一封突兀的，几乎是断然的信里，他又把他的事情托给她看了。“你从经验里知道，”他写着，“**我从未有求于你**……可是，如我从前所说的，如果我们不小心，我们会见到严重的结果，多少足以影响到每个人的，**这**应该是我们最苦心焦虑的事情。我亲爱的维多利亚的挚爱的舅父，利欧波王。”[72]女王立刻把这封信送给梅尔本爵爷看，他回了几行细心推敲出来的字句，一点也不确切表示些什么，告她拿去给她的舅父看。她照办了，抄出了那个圆到的方式，大量插上些“亲爱的舅父”作点缀；结尾说一句“路意丝舅母及诸弟妹前代为致意”。于是利欧波王终于不得不认清事实了。他第二封信上根本就不提政治问题。“我很高兴，”他写着，“听说你比去年更喜欢布莱屯了。我以为布莱屯很可爱，在一年中的这个时节，一直到东风来的时候。而且，那个亭榭是舒适的；谁也不能否认。我结婚以前，就是在那里遇见的摄政王。后来夏洛蒂同夏洛蒂皇后来了。这种事情早已是多么的遥远了，可是在记忆里还是多么的如在目前啊。”同可怜的黎也文夫人一样，国王陛下也觉得自己算错了。[73]

然而，他还是不能够把希望完全放弃。又一个机会来了，他又出了一次气力——可是自己也觉得没有多大把握，结果立刻受了挫折。

"我亲爱的舅父，"女王写着，"我得感谢你上次的来信，我在星期日收到的。虽然你似乎不嫌我放纵政论的火星，我想你还是不要再激的好，说不定终于要烧起来的，尤其是我抱憾的觉得在这一件事情上我们总不能同意。所以我将限于表白我真心诚意的祝祷比利时的福利和繁荣。"[74]这样一来，显然是无话可说了。从此以后利欧波王的信里就常常流露出很怪的一种哀伤的调子。"我最亲爱的维多利亚，你那封**痛快**的短信刚来到，**像一支箭穿了我的心**。不错，我亲爱的维多利亚！我**真爱你爱得很深**……我爱你**纯为你自己**，你曾经是那个可爱的小孩子，她的幸福我曾经深切地关心过。"他是饱经忧患了，可是人生有失意处，亦未尝无得意处。"我有了一切能有的光荣，而且我按政治上说是稳固的建立起来了。"可是政治以外还有别的东西呢；他的心里有浪漫的向往。"我剩下来还有一种渴慕，就是怀念东方，我也许一朝会在那里了此一生，出于西而没于东。"至于他对他甥女的忠诚，那是永远也不会完了的。"我决不勉强你让我效力，也不勉强你听信我的劝告，虽然我可以相当自信地说，从上天给我注定的这个奇怪的命运里，不管在政治生活上或是个人生活上我所得的经验总算不小。我**随时随地都准备**于你有用，而且我再说一遍，**我所求的酬报就只是从你得到一点真挚的感情。**"[75]

六

同利欧波王的通信表明了一半还潜伏在维多利亚个性里的许多特性。她对她舅父的态度从没有动摇过一下。不管他怎样进攻，她总保持了一条绝对不屈的战线。主持英国的外交政策不是他的本分；这是她的，她的大臣们的；他的暗示，他的恳求，他的力争——全毫无用处；他一定得明白事实如此。正因为她有一肚子的敬爱心，她的不屈不挠更来得显著。从头至尾，这位坚决的女王一直是一个忠诚的甥女。利欧波自己一定也妒嫉她有这样一种极不苟且的方正吧；可是在年长的政治家是可佩的，在十九岁的女孩子就可惊了。机会独多的观察者并非无所忧虑。那种爽快与坚决，坦白与缄默，稚气与骄傲，出奇的混合在一起的性情，似乎预兆了一个复杂而充满危险性的前途。一天天过下去，这个奇异的资质里较为不顺眼的特性渐渐的流露得更屡见不鲜，更严重。常常显得有一种横暴的、专断的脾气，一种又坚又强的自负心。大家注意到宫中的仪式不但不松，而且一点点更紧起来了。有些人以为这应当归功于莱纯的影响；可是，果真如此呢，莱纯要算有一个甘心情愿的学生了；因为谁要是偶一不慎，于整肃恭敬上稍稍触犯了森严的规矩，照例是立刻挨女王又锋利又高傲的白眼。[76]可是女王陛下的眼睛，虽然凶到不能再凶了，还不及她的嘴。表现在那些突出的小牙齿和那个瘪进的小下巴上的自恣性，比一个威严的大颚骨，还来得厉害呢；这是一种不能激扰的，不能动的，不讲道理的自恣性；一种和执拗极相近的自恣性。而国君的执拗又不比旁人。

在她登位后两年之内，风云从开始起一直隐约的显现在天边上，终于掩至而发作了。肯德公爵夫人还是受尽了难堪的表面上的孝敬，依旧在白金汉宫里做一个被摈弃者，没有力量，也没有安慰。约翰·孔洛伊爵士，在女王前是不能露面了，在公爵夫人家里还是作总管。弗洛拉·海思丁小姐还是口口声声的说刻薄的笑话；男爵夫人的敌意还是没有平。一朝弗洛拉小姐发觉玩笑开回自己身上来了。1839 年初，随公爵夫人旅行了一次，她从苏格兰回来的时候和约翰爵士同车。她身体上的一点变样成为了一个不得体的戏谑的资料；口舌多了；戏谑闹大了。密传弗洛拉女士怀孕了。[77]她的健康状态似乎证实了嫌疑；她请御医詹姆士·克拉克爵士[78]诊看，诊看了以后，詹姆士爵士也多了一下口舌。于是谣言就一发不可收拾了。谁都在谈论；男爵夫人是不以为怪；公爵夫人手忙脚乱，奋力给她那个侍嫔作声援；女王也知道了。最后，只好诉诸检查身体的古怪办法了；施行手续中，据苇洛拉女士说，詹姆士爵士是粗野极了，第二个医生却非常有礼貌。结果两个医生签了一张证明书，把她完全开脱了。可是事情绝非就此完结了。海思丁家在社会上极有势力，如今伤了尊严，糟塌了清白，狂怒之下，岂肯甘休；海思丁爵爷坚持要见一见女王，向报纸写信，而且要求罢免詹姆士·克拉克爵士。女王向苇洛拉女士表示了歉意，可是詹姆士·克拉克爵士却没有罢免。舆论哗然，不满起女王和她的亲信来了；上流社会憎恶白金汉宫的内丑外扬；普通社会愤恨苇洛拉女士的横受虐待。到三月底，这位青年女王初登位所得盛极一时的众望，已经消失得无影无踪了。[79]

事实昭彰，内廷太缺少检点是很显然了。恶意的闲话，原该一发芽就摘去的，竟放任到出丑的地步；连王上也卷到了宫里私人间是非的旋涡里。詹姆士·克拉克爵士的地位引起了一个特别棘手的问题。照例发生重大困难的时候，就去请教威灵敦公爵，这一次又去咨询了。结果他的意见是，因为不公开审讯，詹姆士爵士是不能罢免的，当然不要去动他。[80]也许公爵是对的，可是那负罪的医生照旧服务女王这一个事实使海思丁家不服气，而且使一般人心里存了当道不知后悔的坏印象。至于维多利亚呢，人太年轻，太无经验，也难怪她没有对付好一个极其困难的处境。那显然是梅尔本爵爷的事情；他是一个世故老人，他满可以细心，周到，一下子扑灭那些怪难看的火焰的，当它们还在蠢动的时候。他却不这么办；他太懒，太随便；男爵夫人是坚持的，他就把事情放过了。可是显然他的地位也不容易；宫里人感情激荡得厉害；维多利亚又不但很年轻，而且很固执。他有神通的马勒来控制这匹怒马吗？他可说不准。于是，突然间，另一个关头又来，比什么时候都清楚的，显示他得对付的那个人的真性了。

七

女王早就提心吊胆，生怕有那么一天她不得不同她的首相分手。一直从“改革案”通过起，辉格党的势力一步步跌落。1837 年的总选举给他们在众议院里留下了一个微弱的多数——从此以后，他们不断的发生困难——在国外，在国内，在爱尔兰；激进派怀起敌意来了；他们的寿命能够再维持多久是很可怀疑了。女王非常担心地观看事态的进行。她是生长在辉格党环境里，公私生活，耳濡目染，在在都与辉格党有关；而且，即使没有这种因缘，仅仅梅爵爷是辉格党首领这一点事实也大可以决定她的政见了。辉格党失败则梅爵爷倒。可是还有一个更可怕的结果呢：梅爵爷就得离开她了；在她的眼前梅爵爷已经变成了一日一小时都不可缺。她登位后六个月，她在日记里写过，“我甚至于一夜不见他就非常怅惘呢”；[31]这种依赖她首相的私人感情一天天增长。在这种情形之下，她变成一个辉格党的同道，是再自然不过了。关于政治问题上较为重大的意义她一点也不知道，她所知道的就只是她的朋友们都在朝，都在她的周围；如果不这样，就非常可怕。当一个紧要关头迫近来的时候，她在日记里写着，“我难以形容（虽然我觉得**我们的成功很有把握**），我心里多么重，多么**惨淡**，当我一想到很**可能**的这位极好、极慈祥的长者不会**再是**我的首相了！可是我热切的相信**上苍**如此神奇的保佑我解决了那许多难题，**如今**总不会弃绝我啊！我很想对梅爵爷说明我的忧虑，可是我每次见他，总是眼泪比话语来得现成，我觉得一说出来，一定要透不过气来呢。”[32]梅尔本爵爷明白这样一种心地，非常要不得，一个立宪君主随时都有受命接受反对党领袖做内阁大臣的义务的；他尽力劝导她，使她冷静下来；可是没有用处。

也未免太缺少了先见之明，还是他自己助成了这个不顺当的局势。一直从她登位的时候起，他给女王的周围布满了他自己一党的女将：御前侍嫔以及所有的侍嫔都是清一色辉格党人。平时女王从不会看见一个托立党；到后来她就在任何环境里都有意避免见一个了。她不喜欢那一伙，她也不自掩饰。她尤其不喜欢罗伯·庇尔爵士，而下一任首相差不多一定会轮到他。他的举止是讨厌的，他倒要挤走梅爵爷哩。他的拥护者，没有例外，都一样坏；至于詹姆士·格累姆爵士[83]，她看他一眼都觉得头痛；他同约翰·孔洛伊爵士恰好是半斤八两。[84]

弗洛拉小姐的事情更增加了这些党派谣言的势力。海思丁家是托立党，梅尔本爵爷和内廷都受尽了托立党报纸肆意的攻击。女王的党派心也越来越深。可是现在那个可怕的时辰就在眼前了。五月初旬，内阁是明显的动摇了；在一个紧要政策的表决上，他们在众议院里只获得了一个多五票的过半数；他们乃决意辞职。维多利亚一听到这个消息便哭出来了。那么，当真一切都完了吗？当真她便要最后一次见梅爵爷了吗？梅爵爷来了，这真是一件奇事，就在这个最苦痛、最烦恼的时候，这个严谨的女孩子还一分不差的记下了她那个心爱的大臣来去的时间。那一席谈话是又凄惨又长；可是结果只有一条路——女王得召见威灵敦公爵。第二天，公爵来了，他劝女王陛下召见罗伯·庇尔爵士。她是在“一种可怕的悲哀状态”中，可是她咽下了眼泪，使出了国君身份的坚决精神，鼓足全副气力来对付那个很可憎、很可憎的引见。

庇尔生性得拘束，很自负，又很畏怯。他的举止不雅观，他也知道；他容易受窘，在这种时候，他变得比原先更呆板，更拘泥了，他的脚呢，在地毯上踏着跳舞教师的拍子。虽然他现在急于要获得女王的宠幸，他的焦急反而使他的目的更难达到。他面对着这位倨傲、怀敌意的女孩子，一点办法也没有，她冷酷的在日记里说他显得一副郁郁不乐，“动气”的样子，看着他死板板，一动也不动地站在那里，偶然局促的点一点脚尖，她的心都沉了，“啊！比起梅尔本爵爷那种坦白，直爽，自然，最温和，最亲热的态度来，显得多么不同，多么可怕的不同呵！”然而，一场觐见却没有闹出乱子来。只有在一点上稍有意见不合的流露。庇尔决定要内廷的组织上必须变动一下：女王的左右必须不再完全是他的对手那方面人的夫人们，姊妹们；至少要有一部分侍嫔对他的内阁不怀敌意。讲到这件事情上，女王说她希望不要变动；罗伯爵士回答说这个问题以后再谈也可以，不久便回头谈如何组阁的细节了。当他在面前的时候，维多利亚一直如她自己所说的“非常镇静，客气，高昂，不露内心震动的痕迹”；可是一没有人在面前的时候，她就完全不能自主了。以后她又振起精神来给梅尔本爵爷写了一封信，报告一切经过以及她自己的苦恼情形。她说“朕觉得，梅尔本爵爷会了解的，仿佛四面都是朕所最信赖最尊敬的人的敌人；可是最糟的还是无端受了剥夺，不能再如平素那样见梅尔本爵爷了。”

梅尔本爵爷回了一封极有见识的信。他想使女王镇静，劝她泰然的顺受新的处境；他对于托立党领袖们只有好话。至于侍嫔问题，他说，女王应坚持己意，因为这是她的私事；“可是，”他又说，“倘若罗伯爵士不能让步呢，也不可拒绝，不可僵持。”

在这一点上梅尔本爵爷无疑是对的。问题很复杂，很困难，以前从没有发生过；可是后来的惯例是：关于内廷女官的任用，执政女王必须采纳首相的意见。然而梅尔本爵爷的聪明是白费了。女王怎样也不能平心静气，她更不能听忠告。托立党岂有此理，想剥夺她的侍嫔吗，那一夜她抱定了决心，不管罗伯爵士说什么，连一个侍嫔都拒绝调动。于是，第二天庇尔再来的时候，她准备战斗了。他开头缕陈内阁的人选，接着说“现在，陛下，要谈侍嫔了”——女王立刻打断了他的话。“我的侍嫔**哪一个**都不能放弃，”她说。“什么，陛下！”罗伯爵士说，“陛下的意思要**全数**保留吗？”“全数，”女王说。罗伯爵士的面孔古怪的搐动起来了；他不能掩饰他内心的骚乱。“从御前侍嫔到普通侍嫔?”他最后表示。“全数,”女王陛下又回答了一句。庇尔徒然的辩护,理论,徒然的,一刻比一刻的傲慢,局促,讲宪法,讲执政女王,讲公众利益;徒然的跳他的凄恻的“米尼厄忒”。[85]她像铁一般硬;可是他,尽管局促不安,却没有一点让步的表示;最后到他走的时候,什么结果也没有——组阁的事情全部搁浅。现在维多利亚兴奋得发疯一样了。她在狂怒中认为罗伯爵士有意要跟她斗法,要劫夺她的朋友,要硬作她的主意;可是这还不算:当那个可怜虫在她面前那么局促的搬着脚步的时候,她突然发觉了她所唯一切望的东西——一个脱身的空隙。她抢起一支笔来挥成一纸短简给梅尔本爵爷。

“罗伯爵士很失态,”她在信里说:“他一定要我撤换侍嫔,我就说我**决**不同意,我从没有看见过一个人那样的惊骇。……我很冷静,可是非常坚决;我想你一定很高兴看见我如此镇定,如此不屈不挠吧;英国女王不甘受这种欺骗。请早事准备,随时会用得着你。”刚写完就听说威灵敦公爵到了。“唔,陛下,”他一边说一边走进来,“我很不安,听说有困难问题。”“喔!”她立刻回答,“**他**开端的,不是我。”她觉得现在只需要一点:她一定得坚决。而她确乎坚决。这位征服拿破仑的老将居然受了一个十几岁的小女孩子的奚落。他一点也不能奈何她。最后她甚至于胆敢讥笑他了。“难道罗伯爵士那样不中用,”她说,“连宫里的女流都要合他的意吗?”于是公爵简单而谦逊的劝谏了一番,低低的一鞠躬走了。

她胜利了吗?日后便知;这时候她又草就了一封信。“梅尔本爵爷万勿以朕的举动为轻率。……朕觉得这正是判断朕能不能被人当小孩子摆布的试验。”托立党人不但邪恶,而且可笑。庇尔,就她看来,原先只表示要撤换宫里那些在国会里有位置的人,现在竟反对她的侍嫔了。“我倒想知道,”她说,带了一种胜利的讥笑,“他们的意思是不是要给**女士们**在国会里留位置吗?”

这个关头现在快过去了。罗伯爵士又来,告诉她说倘若她坚持把她的侍嫔全数保留，他就不能组阁。她回答说她将用书面通知他最后的裁夺。第二天早上前任的辉格党内阁开了一个会议。梅尔本爵爷当场读女王的信札，那一群年长的政治家完全由一般异乎寻常的热情摆布了。他们知道得清清楚楚，最低限度，女王的举动是不是确守宪法就很成问题；像那样一意孤行，她显然漠视了梅尔本爵爷的忠告；实际上，他们取消辞职的前议又毫无为国为民的理由。可是这些考虑一经维多利亚热切的敦促便化为乌有了。她那种坚强的决心把他们一下子都推到她的愿望的激流里去了。他们一致觉得“无法弃绝这样一个女王，这样一个女人”。忘记了他们已经不是陛下的大臣了，他们竟采取了空前的行动，写信劝女王结束她同罗伯·庇尔爵士的交涉。她照办了；什么都完了；她胜利了。那天晚上宫里开了一个跳舞会。什么人都到了。“庇尔和威灵敦公爵来的时候带了一副很动气的样子”。她是十二分快乐；梅爵爷又做她的首相了，他就在她的旁边呢。[86]

八

欢乐同梅爵爷一块儿来了，然而这是烦乱中的欢乐。家庭的纠纷仍然不减，一直到最后威灵敦公爵，原先被拒绝当大臣，又以老资格被召来充家里的精神医士。有几分做到了，当他终于劝约翰·孔洛伊爵士辞了肯德公爵夫人家里的职司，而且永远离开了内廷；又有几分做到了，当他劝女王给她的母亲写了一封亲热的信。重归于好似乎有了门路了，可是公爵夫人还是不服气。她不相信维多利亚写这封信；这不是她的手笔；她召公爵来告诉他如此。公爵向她保证信是一点也不假，恳求她忘掉过去。那可没有这样容易。“倘若梅尔本爵爷来，我怎么办?”“怎么办吗，夫人？还消说，客客气气地接见他呀。”好吧，她还可以勉强。……“可是倘若维多利亚要我同莱纯握手，我怎么办?”“怎么办吗，夫人？还消说，抱她吻她呀。”“什么!”公爵夫人每一根毛都竖了起来，于是哈哈大笑。“不，夫人，不，”公爵说，也大笑。“我不是说要你抱莱纯，要你吻她。我说的是女王。”[87]

公爵竟许会成功的，要不是一切和解的企图被一件悲惨事情给打断了。弗洛拉小姐身上发觉了一种可怕的内症，[88]现在病势急转的厉害起来了。显然她快要死了。女王的失民心达到了极点。不止一次她被人当众侮辱过。她出现在露台上的时候，有人喊她“梅尔本夫人”；在亚斯各特[89]，她经过的时候，蒙忒洛思公爵夫人（Duchess of Montrose）和莎拉·英吉司徒女士（Sarah Ingestre）嘘她。弗洛拉小姐死了。谣言又加倍激烈的爆发了起来；宫里呢，从此两派就隔了一道难越的鸿沟。[90]

然而，梅爵爷是回来了，在他的面前，在他的谈话中，什么烦恼都被那种迷人处赶跑了。他那一方面呢，却饱尝了苦辛；他因为自己觉得有种种疏忽处而增加了苦恼。他明知道如果在适当的时机他出来说几句话，海思丁谣言尽可以防止的；关于侍嫔问题，他知道自己容许了私人感情以及维多利亚的烈性支配了自己的判断、自己的举动。[91]可是他并非太会深切的感受良心责备的人。不管内廷生活怎样呆板，怎样拘束，他同女王的来往变成了他的生活里的主要兴趣；剥夺了这一点便有切肤之痛；这个可怕的万一总算避免了；他又上台了，俨然得了胜利的样子；让他尽量享受这一纵即逝的良辰吧！如此，受了一个君主的宠幸的滋润，受了一个女孩子的爱重的温暖，这枝秋天的玫瑰，在1839年那几个秋天的月份，出奇的盛开了。花瓣，很美观的，开放了最后一次。最后一次在这种意想不到的，不相称的，差不多不可信的来往中，这位老享乐家尝到了传奇式的妙味。照顾，教导，约束，鼓励他身边这位年轻的小君主——这就难得；在这样一种不变的亲切中接触她易动的感情，蓬勃的生气——这更难得；最难得的，也许还是漠然的沉耽于隽妙的冥思、闲散的插话、不连贯的讲讲话、对于一只苹果或是一条缘饰开开小玩笑，做做梦。他那种敏感的泉源，潜伏在他的心深处，呈满溢的状态。常常逢到他低下头来吻她手的时候，他觉得眼泪都流出来了。[92]

在维多利亚身上，不管她如何渗不透，有了这样一种人作伴，到底免不了会发生一点效力。她不再是两年前那个单纯的小女学生了。这种变化甚至在公开的举止上也看得出。她的表情，原先"是天真，宁静"，如今在精细的观察者看起来似乎"无顾忌，不满足"了。[93]她懂了一点权威的苦乐；这还不算。梅尔本爵爷原来打算用了温和的教训，引她上明慧和中庸的路，可是她那种性格不自觉的把她潜移默化到了一个极相反的方向。这块坚硬、清澈的水晶石，那么久，那么不变地遭受了那种环绕周围，伺隙而入的流体，已经起了一种奇怪的腐蚀；仿佛真变得柔软了一点，翳了一点了。人类的常情和过错的倾向是传染的东西；难道莱纯所严格教导出来的学生也传染到了？她开始听妖妇的歌了？自我表现、甚至于自我放纵的隐秘的冲动支配了她的生命了？有一个时期，这个新时代的宠儿仿佛开了倒车，向十八世纪摇动起来了。这是她生涯里最危险的时机。如果这种潜势力继续下来，她的性格的发展，她的生命的历史，尽会全然变相呢。

可是为什么不让它们继续下去？她就唯恐它们不继续下去呢。让它们继续下去吧！她周围都是辉格党，她可以随意做自己要做的事情，她有梅爵爷；她不相信她可以更幸福一点。什么变化都只有变坏；而最坏的变化……不，她听都不愿意听一听；那才受不了，那简直把什么都翻过来了，如果她结婚。可是谁都希望她结婚呢——一般社会，大臣们，萨克思·科堡的亲戚——总是那么一套。自然，她知道得清清楚楚，其中也极有道理。譬如倘若她没有孩子，倘若她死了，她的叔父肯褒伦公爵，现在做了汉诺威国王，到那时候就要继承英国王位了。[94]这一点，无疑的，是一件不愉快的事情；谁愿意避免它，她都完全同情。可是用不着忙；她到头来自然会结婚的——可是还早呢——至少再过三四年。最厌烦的是，她的舅父利欧波显然决定了，不但要她结婚，而且要她的表弟亚尔培做她的丈夫。这才不愧是她的舅父利欧波，他什么都想染指；可是那倒是真的，从前，许久以前，甚至在她即位以前呢，她曾经写过信给他，写得多少有点鼓励了他转了这个念头。那时候她曾经告诉他说亚尔培有“使她幸福的一切特点”，曾经请求“最亲爱的舅父照应一个人的健康，现在那个人在我是**那么亲爱**了，要**你特别**爱护他”，再加上“我希望并且相信，这件对于我那么重要的事情，一切都顺利，都好。”[95]可是这是多年以前了，从文字上看来，这封信是出于莱纯口授的；无论如何，她的感情以及一切的环境，现在完全不同了。她对亚尔培根本就不大感兴趣。

女王后来说她始终只想同她的表弟结婚；[96]她的信札和日记却证明满不是这么一回事。1837 年 8 月 26 日，她在日记里说：“今天是我**最亲爱**的表弟亚尔培的十八度生辰，我祈祷上天把最好的福气加在他那个可爱的头上!”然而在以后几年，这一个日子却没有提到。事情已经安排好了：由史多克玛陪公子上意大利，那个忠心的男爵因此暂时离开了她。他不止一次写信给她，关于他那位年轻的旅伴讲了许多好话；可是她这时候已经有了决心。她很喜欢，很敬佩亚尔培，可是她不想同他结婚。“此刻，”她在 1839 年 4 月对梅尔本爵爷说，“现在**我**的情绪十分反对结婚。”[97]当她的表弟游完意大利的时候，她开始心神不定了；她知道，根据一个久远的预定，他下一次旅行就要轮到英国。他也许会在秋天到，一到七月她更加不安了。她决定写信给她的舅父，想表明她的态度。有一点一定得弄明白，她说，“我们之间**并没有婚约**。”即使她喜欢亚尔培，她也不能“在**今年定婚约**，这种事情**最早**也得等**两三年**再说。”她说她“**非常**不乐意”改变她的地位；假如她不喜欢他，她“**很**盼望大家明白这一点，就是，她不负任何破约的责任，因为她**从没有许过什么**。”[98]对梅尔本爵爷她说得更露骨。她对他说她“不怎样愿意见亚尔培，因为这件事情根本讨厌”；她深恨要决定这件事；她又重说一遍见亚尔培是“一件不愉快的事情”。[99]

可是没有法子逃避这件可怕的事情；人一定得来，她一定得见他。夏天溜过去了，完了；早已是秋天了；在10月10日的晚上，亚尔培，由他的哥哥厄奈思作伴，到了温色。

亚尔培到了；她全副生命的架子，马上像一所纸牌的房子，倒塌下去。他真美——她张口咋舌了——她再也不知道别的什么。于是，一霎眼，一千种神秘都给她显示出来了；过去，现在，带了一种新的意义，一下子涌到了她的面前，多年的谬见消失了，一种非常的，不可抵抗的真实突然呈露了，在那双蓝眼睛的光芒里，在那张漂亮嘴的笑影里。以后的时辰就过在销魂中。她又看出了几个细节——那张"极美的鼻子"，那些"纤细的髭须和稀松的，可是很稀松的颊须"，那副"美丽的身材，阔在肩膀上，细在腰上"。她同他骑马，同他跳舞，同他谈话，尽善尽美。她毫无一点怀疑。他是星期四晚上到的，那个星期日早上她就告诉梅尔本爵爷说她已经"对于结婚的意见改变了许多"。第二天早上她告诉他说她已经决意同亚尔培结婚了。第三天早上她召见她的表弟。她单身接见他，"过了几分钟我就对他说我想他一定明白我**为什么**希望他们到这里来——又说我一定**太快乐**了，如果他有意偿我的心愿（同我结婚）。"于是"我们拥抱了，他是**那么**亲切，**那么**恳挚。"她说她不配同他结婚，他低声说他极高兴"Das Leben mit dir zu zubringen〔与你偕老〕"。他们分手了，她觉得自己是"人间最幸福的人"。当梅尔本爵爷进来的时候，起初她随便敷衍，谈天气，谈不关紧要的题目。不知怎么一回事，她觉得在她的老朋友面前有一点心神不定。最后，鼓足了勇气，她说，"我已经同亚尔培讲好了"。"啊！你已经，"梅爵爷说。[100]

附 注

① 见格累维尔，第三卷，第411页。（原注）

② 庇尔，罗伯爵士（Peel，Sir Robert，1788—1850），1808年毕业于牛

津，1809年进国会，为托立党人。1811年被任为殖民地副大臣，1812年至1818年为爱尔兰事务大臣，1822年至1827年为利物浦内阁之内务大臣。1828年威灵敦爵爷组阁，庇尔仍被任内务大臣，对于天主教解放，由反对而变为赞成。1830年格雷爵爷组织辉格党内阁，庇尔为反对党领袖。反对"改革案"。1834年任首相，次年内阁失败，辞职，由梅尔本爵爷继任。1841年重任首相。赞助自由贸易，促成谷类限止律之取消。1846年辞职。

③ 克乐可，约翰·威尔逊（John Wilson，1780—1857），政治家兼作家。生于爱尔兰，求学于都伯林三一学院。1807年进国会，1809年被任为海军部秘书，其后二十余年连任该职。反对"改革案"，该案通过后退出国会。据说最先用"保守党"（conservatives）一名者即克乐可。创办《伦敦季刊》，校印鲍思威尔（Boswell）《约翰孙传》，兼宁思（L. J. Jennings）编印之《克乐可杂录》（The Croker Papers）以史料丰富见重于世，与《克里斐杂录》成一对照，因克里斐为辉格党，克乐可则为托立党。

④ 格累维尔，查理·加文狄什（Greville，Charles Cavendish，1794—1865）自1821年至1860年连任枢密院书记。所著《杂录》乃多年经验之积累，对于十九世纪英国历史之贡献极大。

⑤ 见格累维尔，第四卷，第7页，第9页，第14至15页。（原注）

⑥ 罗素，约翰爵爷（Russell，Lord John，1792—1878），1813年进国会，从辉格党。竭力拥护国会改革及天主教解放。1830年被任为"改革案"起草委员会四委员之一，罗素以该案主要起草者闻名。1834年后为下院辉格党领袖。1835年至1839年任梅尔本内阁内务大臣，1839年至1841年为殖民地大臣。1846年庇尔内阁倒，罗素继任首相。1852年3月辞职，10月任亚培亭内阁外交大臣。1854年至1855年任枢密院大臣。1859年任判麦斯吞内阁外交大臣。1865年判麦斯吞死后，复任首相。

⑦ 见渥尔波尔，第一卷，第284页。（原注）

⑧ 见克劳福，第156至157页。（原注）

⑨ 黎也文夫人（Madame de Lieven，1784—1857）名杜乐绥亚（Dorothea），俄国将军克利思多孚·安德累维支（Christophe-Andreiwitch）之妻，以外交才能及国际阴谋著名。1812年顷，其夫任驻英国大使，随至伦敦，交游颇广。1838年后住巴黎，其"沙龙"曾盛极一时。

⑩ 见格累维尔，第四卷，第16页。（原注）

⑪ 白金汉宫位居圣詹姆士园西端，为英国君主之伦敦主宫。

⑫ 见《少女时代》，第一卷，第210至211页。（原注）

⑬ 见格累维尔，第四卷，第15页。（原注）

⑭ 同上，第四卷，第 21 至 22 页。（原注）

⑮ 见史多克玛，第 322 至 323 页；马克思威尔，第 159 至 160 页。（原注）

⑯ 见史多克玛，第 109 至 110 页。（原注）

⑰ 同上，第 165 至 166 页。（原注）译者按：利欧波拒绝希腊王位在 1830 年，时希腊脱离土耳其未久，国基尚未巩固。又：比利时经 1830 年革命后，与荷兰分离，自成一立宪君主国，1831 年选利欧波为国王。

⑱ 见史多克玛，第八章，第九章，第十章，及第十一章。（原注）

⑲ 格雷，查理（Grey, Charles，1764 至 1845）1786 年进国会，从辉格党，拥护国会改革。1806 年任外交大臣，次年辞职。1830 年任首相，1834 年辞职。

⑳ 判麦斯吞爵爷（Lord Palmerston），亨利·约翰·腾卜尔（Henry John Temple，1784—1865），1807 年进国会；1809 年至 1828 年任陆军大臣。1830 年任格雷内阁外交大臣。1841 年庇尔组阁，判麦斯吞去职。1846 年复任罗素内阁外交大臣。1852 年任亚培亭内阁内务大臣。1855 年 2 月任首相，蝉联至死，曾一度间断，由德被爵爷组阁（1858—1859）。

㉑ 见《少女时代》，第二卷，第 303 页。（原注）

㉒ 见史多克玛，第 324 页。（原注）

㉓ 同上，第十五章，第二段。译者按：玛丽亚第二（1819—1853），1833 年登位，1836 年与斐迪南结婚。（原注）

㉔ 同上，第十七章。（原注）

㉕ 利欧波王 1832 年与路易·腓力普之女路意丝结婚，目的在获得法国为比利时后援。

㉖ 见史坦因，第六卷，第 932 页。（原注）

㉗ 见格累维尔，第六卷，第 247 页；托伦思，第 14 页；海渥德，第一卷，第 336 页。（原注）译者按：艾格尔蒙爵爷（1751—1837）名乔治·欧布里恩，温达姆（George O'Brien Wyndham）以奖掖艺术家著名。生性豪爽，好客，率直，乖僻，在当时社交界中颇露头角。

㉘ 嘉洛莱因女士（1785—1828），1805 年与梅尔本爵爷结婚。与拜伦结交，大为世人注意，引起种种谣传。著有小说多种。

㉙ 见格累维尔，第六卷，第 248 页。（原注）

㉚ 见格累维尔，第三卷，第 331 页；第四卷，第 254 页；海顿，第三卷，第 12 页："1835 年 3 月 1 日。访梅尔本爵爷，见他正在读《使徒行传》，手头有一本原为约翰孙（Samuel Johnson）所有的四开本希腊文新的圣经。"（原注）

㉛ 拉德奈博士（Dr. Lardner，1684—1768）著名神学家。主要作品为

《福音史迹之确凿》(Credibility of the Gospel History)。

㉜ 见格累维尔，第三卷，第142页；托伦思，第545页。(原注)

㉝ 见《少女时代》，第二卷，第148页；托伦思，第278页，第431页，第517页；格累维尔，第四卷，第331页；第八卷，第162页。(原注)

㉞ 见格累维尔，第六卷，第253至254页；托伦思，第354页。(原注)

㉟ 诺敦夫人名嘉洛莱因·伊丽沙白·莎拉（Caroline Elizabeth Sara，1808—1877)，戏剧家薛立登（R. B. Sheridan）之孙女，1836年与诺敦（Hon. George Chapple Norton）离婚。著有诗集多种，小说一种。

㊱ 荷兰府（Holland House)，垦星敦一府第，建于1607年，在荷兰第三爵爷（1773—1840）时代为当时社交中心。

㊲ 见格累维尔，第四卷，第135页，第134页；《少女时代》，第一卷，第249页。(原注)

㊳ 布莱屯地临英吉利海峡，为英国最著名海滨避暑地。

㊴ 见克里斐，第二卷，第326页。(原注)

㊵ 见《少女时代》，第一卷，第203页。(原注)

㊶ 同上，第一卷，第206页。(原注)

㊷ 兰加斯特宗室为亨利第三次子爱德孟（Edmund）后裔，其公爵采邑后归并于皇室。

㊸ 见李，第79至81页。(原注)

㊹ 德蓝爵爷当时任加拿大总督。

㊺ 渥尔孚（Wolfe，1726—1759)，1759年率陆军攻加拿大，于攻下奎伯克（Quebec）时因伤殒命。

㊻ 见《少女时代》，第二卷，第3页。(原注)

㊼ 同上，第二卷，第29页。(原注)

㊽ 同上，第二卷，第100页。(原注)

㊾ 同上，第二卷，第57页，第256页。(原注)

㊿ 见李，第71页。(原注)

51 伯德福公爵告诉格累维尔说他“确信她与梅尔本之间有一番争斗。……他确信关于男客在饭后不即离席问题他们有一番争执，因为他听见她简直是生气地对他说，‘这是一种可怕的惯例’——可是当女客退出饭厅（他在场）的时候，上边传旨男客可留坐**五分钟**。”格累维尔1840年2月26日记（未刊布)。

52 法朗歇思·艾格敦夫人（Lady Frances Egarton，1800——1866)，名哈丽叶·凯撒玲（Harriet Catherine)，有著述数种。

⑬ 见格累维尔 1838 年 3 月 11 日日记（未刊布）。

⑭ “灰思忒”（whist），一种纸牌戏。

⑮ 见格累维尔，第四卷，第 152 至 153 页。（原注）

⑯ 查理·铿（1811—1868），名演员，1838 年 1 月演《哈姆雷特》于德路里·兰戏院（Drury Lane）。其父爱德孟·铿（Edmund Kean，1787—1833），悲剧演员，以演夏洛克（Shylock）、奥塞洛（Othello）、理查第三著名。

⑰ 见《少女时代》，第一卷，第 265 至 266 页。（原注）

⑱ 马克累德，威廉·查理（Macready，William Charles，1793—1873），与铿等齐名之悲剧演员，擅长《麦克白斯》、《里亚王》、《亨利第四》等戏。

⑲ 见马丁诺，第二卷，第 119 至 120 页；《少女时代》，第二卷，第 121 至 122 页。（原注）

⑳ 见《少女时代》，第一卷，第 229 页。（原注）

㉑ 据说坎忒布里大主教（霍莱）误将小指戴的戒指套在无名指上。

㉒ 老罗尔爵爷约翰（Lord Rolle，1773—1842?），上宝座前台阶时跌倒，第二次上阶时女王起立至阶端止住他。

㉓ 见《少女时代》，第一卷，第 356 至 364 页；列思梨，第二卷，第 239 页。（原注）

㉔ 见《书信集》，第一卷，第 79 页。（原注）

㉕ 同上，第一卷，第 80 页；格累维尔，第四卷，第 22 页。（原注）

㉖ 同上，第一卷，第 85 至 86 页；格累维尔，第四卷，第 16 页。（原注）

㉗ 见《书信集》，第一卷，第 93 页。（原注）

㉘ 路易·腓力普（1773—1850），1830 年 7 月革命后登位，1848 年革命后逃至英国，死于克莱里蒙。

㉙ 见《书信集》，第一卷，第 93 至 95 页。（原注）

㉚ 同上，第一卷，第 116 页。（原注）

㉛ 同上，第一卷，第 117 至 120 页。（原注）

㉜ 同上，第一卷，第 134 页。（原注）

㉝ 同上，第一卷，第 134 至 136 页，第 140 页。（原注）

㉞ 同上，第一卷，第 154 页。（原注）

㉟ 同上，第一卷，第 185 页。（原注）

㊱ 见格累维尔，第四卷，第 16 至 17 页；克劳福，第 163 至 164 页。（原注）

㊲ 同上，第四卷，第 178 页，及 1839 年 8 月 15 日日记（未刊布）。（原注）

⑱ 克拉克，詹姆士爵士（Clark，Sir James，1788—1870），1835年任肯德公爵夫人及维多利亚公主侍医，维多利亚登位后升任御医。著有医学论文数种。

⑲ “谁都不理睬女王，她的人望降到了零点，忠诚是一个死名词。”格累维尔1839年3月25日日记；1839年9月14日《晨报》。(原注)

⑳ 见格累维尔1839年8月15日日记（未刊布）。(原注)

㉑ 见《少女时代》，第一卷，第254页。(原注)

㉒ 同上，第一卷，第324页。(原注)

㉓ 格累姆，詹姆士爵士（Graham，Sir James，1792—1861），1818年进国会，1830年至1834年任海军大臣，1841年至1848年任庇尔内阁内务大臣，1852年至1855年任亚培亭内阁海军大臣。

㉔ 见格累维尔1841年8月4日日记（未刊布）；《少女时代》，第二卷，第154页，第163页。(原注)

㉕ “米尼厄忒”（minuet），一种徐缓而庄严的三拍子跳舞。

㉖ 见《书信集》，第一卷，第154至172页；《少女时代》，第二卷，第163至175页；格累维尔，第四卷，第206至217页，及未刊布各节；布鲁敦，第五卷，第195页；克莱伦敦，第一卷，第165页。一般人常引“他们要把我当小女孩子看待，我却要叫他们认识认识我是堂堂的英国女王!”这句话，认为女王说的，实属无稽。这无非是格累维尔将女王致梅尔本两信（见《书信集》第162及163页）的内容加以概括的叙述之一部分。有一点可以注意，“英国女王不甘受这种欺骗”这句话在《少女时代》第169页上是删去的；这两部书中字句上颇多出入处。(原注)

㉗ 见格累维尔，1839年6月7日，6月10日，6月15日，8月15日日记（未刊布）。(原注)

㉘ 据说患肝脏膨胀病。

㉙ 亚斯各特（Ascot）在温色西南六英里，有长及二里之著名跑道，每年6月间举行赛马。

㉚ 见格累维尔，1839年6月24日及7月7日日记（未刊布）；克劳福，第222页。(原注)

㉛ 见格累维尔，第六卷，第251至252页。(原注)

㉜ 同上，第六卷，第251页；《少女时代》，第一卷，第236页，第238页；第二卷，第267页。(原注)

㉝ 见马丁诺，第二卷，第120页。(原注)

㉞ 汉诺威王国本由英国兼领，但汉诺威法律规定妇人不得登王位，维多

利亚登英国王位后，另由肯褒伦公爵为汉诺威国王（1837年）。

㊎ 见《书信集》，第一卷，第49页。（原注）

㊏ 见格雷，第219页。（原注）

㊐ 见《少女时代》，第二卷。（原注）

㊑ 见《书信集》，第一卷，第177至178页。（原注）

㊒ 见《少女时代》，第二卷，第215至216页。（原注）

⑩⓪ 同上，第二卷，第262至269页。格累维尔说（1839年11月27日）“女王对于婚事一切都由自己决定，根本不同梅尔本商谈，甚至不向他传达自己的意向”，这是无稽的。女王日记证明她每一点都和梅尔本商议过。（原注）

第四章 结婚

一

这显然是亲上攀亲。萨克思·科堡·哥答的法朗歇思·查理·奥古思都·亚尔培·爱曼纽厄尔——这是他的全名号——比他的表姐不过后生三个月，而且两方接生的是同一个产婆。两个孩子的祖母和外祖母，那位科堡的大公太夫人，自始就预期他们的好事；他们长大起来的时候，大公，肯德公爵夫人，利欧波王，都同样的盼望了。公子呢，一直从三岁的时候，他的保姆对他说将来“那个小英国五月花”会做他的夫人，他就从不曾想到同别人结婚。最后到史多克玛男爵也表示赞同的时候，大事仿佛就等于定了。[①]

大公还有一个孩子——厄奈思公子，比亚尔培大一岁，是大公的继承人。[②]大公夫人是一个活泼，美丽的女人，淡头发，蓝眼睛；亚尔培很像她，而且是她的公然的宠儿。可是在他生后第五年，他和她永别了。大公的内廷并不以道德严格著名；他自己是一个风流人，传说夫人也学丈夫的榜样。发生了许多谣言：牵涉到一个内臣，一个犹太种的可爱而有教养的人，最后夫妇分居了，接着就是离婚。大公夫人退隐巴黎，悲苦中死于1831年。亚尔培总忘不掉她。[③]

他长成一个漂亮、聪明、胆大的孩子。常常是循规蹈矩的，他有时候却很暴烈。他有自己的意志，而且坚持；他的哥哥不如他那样热情，不如他那样有心思，他们争吵起来，总是亚尔培占上风。两个孩子大部分时间都消磨在大公的几所别墅里，在秀丽的山林溪水间，年纪很小——亚尔培还不满四岁——就离开了保姆，归一个导师照料，一直到他们进大学。他们在朴质无华中教养起来，因为大公穷，公国很小，很不足道。不久亚尔培显然是一个模范孩子了。明慧，耐苦，他受了他那一代热诚的道义观的影响；十一岁的时候，他竟使父亲惊讶，对他说他希望自己做“一个有用的好人”。然而并不过于严肃；虽然他也许缺少幽默，他却很会开玩笑——捉弄人，模仿人。他并非文弱书生；他骑马，射击，舞剑；他最喜欢户外生活，他觉得再快乐不过于同他的哥哥在他心爱的罗塞诺周围的田野里作长时间的散步——蹑足捕鹿，叹赏风景，采集大堆植物标本。此外，他极喜欢音乐。有一点显得他不像父亲，不是由于他所受的特别教养，就是由于一种更深的癖性；他显然不喜欢异性。五岁上，在一个儿童跳舞会里，人家领一个女孩子来做他的舞伴，他就又厌恶又气忿地直叫；虽然，后来他把这种脾气掩饰了一点，这种脾气还不曾消灭。④

两兄弟在科堡很得人望，到他们要行坚信礼的时候，礼前的试验按古例在堡中“巨人堂”公开举行。当场有热心的大群官吏、教士、公国各村镇的代表，以及各色各样的观礼人。除大公和大公太夫人外，还到了符腾堡的亚力山大和厄奈思两公子，莱宁根大公，霍亨洛伊·朗根堡大公夫人以及霍亨洛伊·什陵司福斯特大公夫人。内廷牧师雅各比博士主持仪式，上了一个设在堂后，装饰简单而合式的讲坛；开场先由歌唱班唱赞美歌《圣灵其来临》第一节。说了几句开场白，雅各比博士开始考问了。“两公子威严而合宜的举止，”当时的一种记述告诉我们说，“对问题周密的注意，回答的坦白、果断、正确，使满堂的会众得了一个深刻的印象。他们的回答里最显著的无过于处处流露深切的感情，和确信的内在力。考问者所问的并非单用‘是’‘否’可以回答的问题。它们都经过仔细的考究，为的使听众洞悉这两位青年的观感。最动人的一幕是：在考问者问世子是否有志于坚信福音教[5]的时候，他不但回答‘是！’而且用清晰而坚决的口气说：‘我同我的弟弟都抱定决心永远忠于公认的真理。’”考问持续至一小时之久，雅各比博士做了总评，接着就是一个短短的祈祷；开场那个赞美歌的第二三节也唱了；仪式完毕。兄弟俩从坛上下来，被大公和大公太夫人抱在怀里，于是那些忠心的科堡人民各自分散了，看得心满意足。[6]

亚尔培心智上的发展现在进行得很快了。十七岁上他开始细心研究日尔曼文学和日尔曼哲学。他从事，据他对导师说，“穷究伟大的克洛卜思笃克[7]的思想——虽然这一点上，大半，”他谦虚地加上一句，“并无成就。”他写过一篇论文，“日尔曼人的思想方式，及日尔曼的文化小史，”“在概略中，”他说，“应用处置这一项课题所必需的分段法，”最后总结以“反顾当代的积弊，吁请人人各自矫正，而作他人的好榜样。”[8]在利欧波王照料下住了几个月，他受了阿杜尔孚·葛德莱的影响，那是一位数学教授，最喜欢引用或然律到政治和道德现象上；这一路的研究吸引了公子，友谊便如此一直保持到他的死。[9]他从布鲁塞尔到波恩大学，[10]他在那里很快的以才智与交际而崭露头角；他的精力贯注于形而上学、法学、经济学、音乐、剑术和演戏。三十年以后他的同学们想起亚尔培公子的摹仿人而引起的哄堂大笑来，还很高兴呢。殿下模拟一位教授的口吻和手势，学他平日指一幅画一排威尼斯房子的图画说“这是 Ponte Realte〔里亚尔特桥〕”[11]，模仿另一位奔跑中摔倒了起来找眼镜，那种 verve〔神〕特别受他们赏识。[12]

在波恩住了一年之后，国外旅行的时候到了，史多克玛男爵从英国来陪公子游意大利。利欧波王两年前早已请教过男爵对于正在计议中的婚事有什么意见。他的回答很值得注意。带了一种特有的先见、一种特有的欠乐观、一种特有的对于这局面中精神成分的谙悟，他指出几条使婚姻成功的必要条件。亚尔培，他写着，是一个优秀的青年，按他那样年龄说已经长得很好，而且有可喜可贵的品性；他在几年里大概会变成一个强壮、漂亮的人，有一种和蔼、朴实而尊严的举止。“这样看来，外表上他已经具备了足以得女性欢心，在任何时代，任何国家，都足以得欢心的一切条件了。”那么假设维多利亚赞成的话，又有一个问题要考虑了：亚尔培心智上的品质是否适合于做英国女王的丈夫。关于这一点，男爵继续说，他颇得好评，公子听说是谨慎的、明敏的；可是这些论断未必公允，男爵宁欲暂不表示意见，等他亲自观察了，得了一个可靠的结论以后再说。于是他又说：“可是这都还不够。这位年轻人不但应有大能耐，而且应有一种**正当的**志向，还应有强大的意志力。从事如此艰巨的一辈子政治生涯，仅仅有精力，有心，还不足——还要有热切的气质，随时都出自本意的预备为真正有用于人而牺牲纯粹的享乐。倘若他此后不满于自感获得了欧洲一个最有势力的地位，他将怎样常常要不知不觉反悔他这一番进取了！倘若他不早从头起便认定这是有重大责任的事业，认定他的光荣和幸福即系于奉行这一种事业，他的成功怕极少指望。”⑬

对于适当的实行亚尔培家里为他选定的那个命运所必备的条件，史多克玛的见解是如此；关于公子到底具备了多少的问题，他希望在意大利旅行中得到一点结论。亚尔培是很感服男爵了，以前他不常见到他；他又，生平第一遭，认识了一个年轻的英国人，法朗歇思·绥莫亚中尉，⑭他约好陪公子，公子觉得他 sehr liebenswürdig〔非常和蔼可亲〕，便同他发生亲密的友谊。他喜欢翡冷翠的陈列馆和风景，虽然罗马他不觉得怎样了不得。“要不是有了一些美观的宫殿，”他说，“看作德意志随便哪座城都可以。”谒见教皇格雷高理十六⑮的时候，他乘机炫耀了他的博学。听教皇说希腊人的艺术从伊忒鲁利亚人⑯传去，亚尔培回答说他以为倒是从埃及人学的：教皇陛下客气地服输了。无论到什么地方，他总想增加知识，在翡冷翠一个跳舞会上，人家看见他一点也不关心那些女士们，只顾同有学问的加波尼[17]畅谈，“Voilà un prince dont nous pouvons être fiers〔这正是一位值得我们夸耀的公子〕”，都斯加尼大公[18]站在旁边说：“la belle danseuse l'attend，le savant l'occupe〔美丽的女舞客等着他，有学问人占了他。〕”[19]

回德意志的时候，史多克玛报告利欧波王的评论，还有挑剔。亚尔培，他说，是明敏、恳挚、和蔼可亲的，他有一肚子最好的意向，最高尚的决心，他的判断力在许多方面都超出了他的年龄。可是他不喜欢奋发；他似乎太愿意省事，他的好决心也太容易化为乌有。尤其不幸的，他对于政治一点也不感觉兴趣，他从不看报。他的举止也有改进的余地。“他将来，总是，”男爵说，“对男人比对女人容易合得来，他同女人来往太不露一点 empressement〔热〕，太淡漠，太矜持。”还有一点也逃不过这位老医生的锐眼：公子的体质不强健。[20]然而，就大体讲，他对于计划中的婚姻总算合适。可是现在主要的困难似乎在另一方面了。维多利亚显然决不肯作茧自缚。所以当亚尔培上英国的时候，他抱定决心完全撒手了。他对一位朋友说：什么也不能引诱他老是不可捉摸的空等；他不惜一笔勾销。他在温色所受的接待使局面换了一片全新的光明。幸运的轮子急转直下；他在维多利亚的怀里发觉他那个重压的命运不可挽回的确定下来了。[21]

二

他并不同她恋爱。感情、恩情、对于一位活泼、年轻的表姊兼女王者无条件的热忱出于自然的反应——这种种占有了他，可是互相缱绻的热肠他并没有。虽然他觉得很喜欢维多利亚，可是立刻使他对于所处奇异的地位感觉兴奋的，主要的不是她，倒是他自己。目眩，心怡，骑马，跳舞，唱歌，欢笑在温色的豪华中，他领会到一种新的感觉——胸中野心的蠢动。他的地位当然会极高的，令人艳羡的啊！于是，立刻又来了一种思绪。宗教的训诫，史多克玛的忠告，他自己衷心的觉悟，都异口同声的表示。他不得在那里自己享乐，要抱一种极不相同的宗旨——为善。他一定得“在一切事情上都高尚，有丈夫气，有王者风”，他得“为他的新国家的利益而生活，而牺牲自己”，“为一种伟大的目标而用他的权力和努力——增进人类众生的幸福。”一种庄严的思绪引起了另一种。英国宫廷的富足和热闹满可以叫他快乐一时，然而，到底是科堡占有了他的心。他写信给他的祖母说：“将来我虽然要为我将来所属的，前来居如此高位的国家，鞠躬尽瘁，可是我将永远不能不 ein treuer Deutscher，Coburger，Gothaner zu sein〔是一个真正的日尔曼人，科堡人，哥塔人〕。”现在他得永远和科堡分离了！头里清醒，心里凄凉，他在哥哥厄奈思面前寻安慰；这两个年轻人一块儿关在一个房间里，弹钢琴，在海顿的一套二重奏甜蜜而亲切的轻快中逃避现在和将来。[22]

他们回到日尔曼。一方面，亚尔培，在临别的几个月里，最后一次，享受家乡的幸福；一方面维多利亚，也最后一次，重理她在伦敦和温色的旧生活。她同她未来的丈夫每日通信，德文和英文夹在一起；可是习惯的常规恢复了；眼前的事务和欢乐是不容间断的，梅爵爷比从前更不绝的陪在她身边；托立党照例叫人受不了。的确，他们更叫人受不了。因为现在，在这些临末的日子，旧争执加倍激烈的爆发了。[23]躁烈的君上，十分懊恼的感觉到被国中一大党认为公然的敌人会受到怎样的不利。有两次，托立党直接阻碍她所热中的事情。她希望由国会正式颁定她丈夫的爵位，因他们反对而没有办到。她希望由国库给她丈夫五万镑年金；又因托立党作梗，他只得了三万镑。这太难堪了。当这个问题在国会里讨论的时候，他们说一般的民生都凋敝不堪，又说全科堡的岁收也不过三万镑；可是她舅父利欧波却得过五万镑，少给亚尔培就不成话了。罗伯·庇尔爵士——

自然在意料中——老脸皮的辩护了，赞成了少给的议案。她非常生气，决意报复，到结婚的时候不请一个托立党。她只肯给利物浦老爵爷[24]一个破格的恩典，甚至于威灵敦公爵也不肯邀请。当她听到人家劝她说，如果她结婚不请威灵敦公爵，传出去要举国哗然，她更加生气。“什么！那个老叛徒！我偏不要他，”传说她如此说。最后她终于被劝服了，给了他一个请帖；可是她无意掩饰她的愤恨；其中经过，公爵自己是领会得太清楚了。[25]

她也不只生托立党的气。她结婚的日期越来越近，她的脾气一天比一天更加烈，更加横。亚黛莱德皇后使她气恼。利欧波王写那些信也“不知趣”；“亲爱的舅父，”她告诉亚尔培说，“总以为他一定得到处做主。然而，”她狠狠地加上一句，“这实在用不着。”[26]甚至于亚尔培也不是无可非议。夹在科堡人堆里，他摸不清英国政事的复杂处。他的家务上有种种困难。他心里存了一种想头，以为他不应该让激烈的辉格党包围；显然是不错，可是他不明白同激烈的辉格党互相交替的就是激烈的托立党；倘若他的老爷们，先生们，付表决的时候，竟反对女王的那些老爷们，先生们，那还成什么话。他想自己派他的秘书。可是他怎能找适当的人呢？梅爵爷显然是最适合于给他物色了；而梅爵爷已经决定要公子用他自己的秘书——乔治·安孙，[27]一个忠实的辉格党徒。亚尔培不赞成，可是没有用处；维多利亚自然的就通告说安孙已经派定了，指令莱纯给公子写一封信说明底细。随后，他又很关切的写信说必须保持宫廷风气的纯洁。梅爵爷的学生以为亲爱的亚尔培是严正的，在一道轻快的英德文书里发表她自己的见解。“我很喜欢A女士，”她告诉他说，“只是她**有点古板有点好挑剔**，对人太严，这是不对的；我以为一个人对别人总应该宽容一点，我总想，如果我们没有受到周密的照料，我们也会走错了路。我总有这样的感觉。然而表示不乐意看见显然是不对的事情，那总是对的；不过**太**严是很危险的，我确信那种人照例总很后悔年轻的时候没有照应该

那样的留意。我解释得很不好，写得很不好，怕你不大弄得清楚吧。”㉘

另一件事情她又坚持。自从闹了苇洛拉·海思丁小姐那个案子以来，恶运临到了詹姆士·克拉克爵士的头上。他那项兴盛的营业完全倒了；谁也不再去找他。可是女王还没有变心。她要给世人看看她如何不介意他们的非议，她要亚尔培用“可怜的克拉克”做他的侍医。他照办了；可是，结果颇不妙。㉙

结婚的日子定了，现在亚尔培该离开他的本家，离开他童年的环境了。怀着哀痛的心情，他重新寻访了他所心爱的旧游地——他曾经在那里打野兔，找植物标本，度过了多少快乐日子的那些树林，那些山谷；吟味着无限的凄凉，他出席了宫中的别宴，听了国家乐队演奏的《弗莱虚子》。㉚现在是走的时候了。人山人海，挤满了街市，他坐马车过去；他的眼睛里涌现了无数亲善的德意志人的面孔，他的耳朵里一片沉雄的喉音，他暂时高兴了一下。他停住了，向他的祖母再告别一声。这是极伤惨的一刻。“亚尔培！亚尔培！”她直叫；她晕倒在侍从的怀里，他的马车走开了。他被急遽的载向他的命途去。在加莱㉛有一艘汽船等候他，同了他的父亲和他的哥哥，他沮丧的上了船。过了一会儿，他更沮丧了。摆渡中风浪很大；大公赶快下舱去；那两位公子，据说，伏在舱口的扶梯两边，“简直是无可奈何的样子。”到多浮，㉜有一大堆人聚在码头上，“亚尔培公子，一直受苦到了最后一刻，着实费了不少力，好容易上来向众人鞠躬。”他的义务心胜利了。这是一个奇异的先兆：他在英国的一生，当他上英国陆地的时候，就已经预示出来了。㉝

同时，维多利亚心里越来越乱，动不动就暴躁，神经过敏。她像害起热病来了，最后詹姆士·克拉克爵士断定她要发疹子。可是詹姆士爵士的诊断又出了一次错。她并非犯疹子，而是极不相同的一种病症；她是突然被惊恐、懊悔和怀疑压倒了。她做了两年自己的主人——实在是她的一生中最快乐的两年。现在都完了！她得受一种外来的管束——她得许誓她要尊敬，服从……一个人，他，究竟，会妨碍她，阻挠她的——那多么可怕呵！为什么她竟干起了这个冒险的尝试呢？为什么她有了梅爵爷不就满足了？自然，她爱亚尔培；可是她也爱权力。无论如何，有一点是确定不移的：她可以做亚尔培的夫人，可是她总要做英国的女王。[34]他又来了，穿了一身精致的制服，她的迟疑在他的面前像雾在太阳下似的消散了。1840 年 2 月 10 日，结婚大典举行了。一对新婚夫妇乘车上温色去；可是，当然，并非就只有他们两个。还有扈从呢，尤其是那两个人——史多克玛男爵和莱纯男爵夫人。

三

亚尔培预料他的结婚生活不会完全是一帆风顺的；可是他决没有想到他要对付的困难是如何严重，如何复杂。政治上，他是一个无足轻重的人。梅尔本爵爷不但是首相，他实在是女王的秘书，这样便主宰了君上整个的政治生活了。英国宪法向来不知道一位女王的丈夫为何物。在国家大事上似乎没有他的地位；维多利亚自己也并非不愿意如此。当他们订婚以后，有人提议锡封公子一个爵位的时候，她告诉他说："英国人向来很妒嫉任何外国人干涉本国政府，现在早已有些报纸表示他们希望你不要干涉。虽然我知道你绝不会，可是，如果你受了封，他们都要说，公子有意进行政治活动。"[35]"我知道你绝不会！"实际上，她不见得有这样的确信；可是她希望亚尔培明白她的意见。她希望他做一个完美的丈夫；至于统治国家，他该知道她和梅爵爷两个满可以办了，用不着他帮忙。

可是不但在政治上亚尔培发觉他所演的是无足轻重的角色。甚至于做丈夫，他觉得他的职权也属非常有限的性质。男爵夫人至高无上的统治了维多利亚整个的个人生活；她一点也不愿意让她的至尊权受半分的减损。自从女王登位以来，她的权力大大的增加了。除了她料理女王的私信，其中有界限不明的非常的势力，现在她又是皇室的总监，而且执掌了内库的要职。[36]亚尔培不久便觉得他不是他自己家里的主人。[37]他自己和他夫人的一举一动都受第三人的监督：什么事情都不能办，除非先得到莱纯的同意。维多利亚呢，崇拜莱纯，始终如一，一点也看不出其中有什么不对。

亚尔培在交际场中也并不更为幸福。一个羞怯的外国青年，平常和女人在一起总局促不安的，又拘谨又刚愎的，不论他在何种环境里，在社交上成功是绝不可能。他的外貌也于他不利。虽然在维多利亚的眼睛里他是男性美的镜子了，她的臣下却不以为然，他们的眼睛没有她那样重的条顿气。在他们——尤其在一般出身高贵，自然也就是最常见他的仕女们——看起来，亚尔培的面孔上，身段上，一切风采上，最触目的倒是那一副非英国相。他的面目当然是端整的，可是有些平板；他是高个儿，可是他整个看来很笨拙，他走起路来稍有松弛的样子。这个青年，他们想，比作一个唱次中音的外国人倒实在再像没有了。这都是重大的不利处；可是他一到就采取的那一路举动更谈不上有所弥补。一部分是因为生性局促，一部分因为怕与人过分亲密，还有一部分因为要绝对方正，他的举止里灌注了一种出奇的古板和拘束。每逢他出来见人的时候，他的周围似乎环绕着一道遍生棘刺的礼仪的厚篱笆。他从不涉足普通的交际场；他从不在伦敦的街上步行；他骑马或乘车的时候，照例要一个武官侍从。他要毫无瑕疵，如果这样会陷于孤立，那没有法子。而且他对于英国人，又没有好意见。就他所知，他们什么也不管，除了猎狐狸，做礼拜；他们在过分轻浮与过分阴郁之间晃来晃去；如果你对他们讲友好的欢悦，他们便张目了；他们不懂得思想法则，也不了解德意志大学的机智。既然他同这种人极少共通点是十分明显，那就毫无理由可以给他们开恩，把规矩放松一些。完全在私下的时候，他是能自然，能有趣的；绥莫亚和安孙对他有一片忠诚，他也回报他们的感情；可是他们是手下人——他的信托的接受者，他的意志的代理者。至于真正伴侣的帮助和安慰，他是完全绝缘了。[38]

自然，他有一位朋友——或者可以说师傅。男爵又在宫里住下了，决定一心一意地为亚尔培操劳，正如二十多年前他为他的舅父一样。那时候和现在的处境，有许多方面相似，可是也大有不同处。也许前后两回所遭遇的困难是一样大；可是目前这问题是更复杂，更有趣。那位年轻的医生，不著名，不重要，他唯一的资产是他自己的机智以及一位不足道的小公子的友谊，现在已经一变而成了国王们，大臣们的心腹，年龄也大了，声望也来了，经验也有了一大堆。他满可以带几分慈父的威严来对待他；可是，那一方面呢，亚尔培决非利欧波。男爵知道得清清楚楚的，他没有他舅父那样坚忍的野心，没有他那样自负的求自己伟大。他是善良而有德性；他是聪明而有见识；可是他无意于政治，也看不出有什么服人的意志力。放任起来，他差不多一定会转入孤高而无足轻重的一路，做一个热心文化而无甚用心的清客，充一个无势无力的宫廷的附庸。可是他并不放任：有史多克玛在留意呢。这位隐蔽的男爵，永远在他学生的肘边，不倦的推动他向前，走多年前利欧波走过的路。可是，这一次，路尽头的目标却不仅是利欧波所达到的那一项中庸的皇业。史多克玛，毫无私心，尽忠尽瘁，决定给亚尔培弄到手里的奖品，诚然是一个极大的奖品。

这一桩工作的开头最为艰难。亚尔培容易丧气：勉力起一个角色，自己讨厌的，除了亲爱的好男爵显然无人想要他担任的，那有什么用处？听其自然，就简单许多，省许多麻烦了。可是史多克玛不肯罢休。[39]一刻都不停，他拨动着两条弦子——亚尔培的义务心和他的骄傲心。难道他忘记了他得毕生从事于追求的高尚目的吗？难道他竟甘心让他自己，他的夫人，他的家庭，他的全生命，都由莱纯去管吗？其中第二项是一个有力的计较。亚尔培从来是不惯于退让的；现在这样做，未免更为屈辱了。不但是莱纯的地位老使他恼怒；另外还有一个更重大的事实使他不平。他知道得很清楚，他在智力上胜过她，然而他发觉她心上有些方面毫不受他的影响，使他非常不高兴。当他受男爵怂恿，打算同维多利亚讨论政治的时候，她避开话题，转入泛论，接着便谈起旁的事情来了。她对待他，正如她从前对待她的舅父利欧波一样。等到他表示不满了，她回答说她的举动是懒惰的结果；说她同他在一起的时候，她一点也受不了政治那种无趣的事情来搅扰她的头脑。这种托辞比过失还要坏：难道他是夫人，她是丈夫吗？看起来简直是如此。可是男爵断然说祸根是莱纯：是她怂恿女王有所隐秘的；更坏的是，她摧残维多利亚天然的坦白，诱引她用假理由，显然是不自觉的解释她的行为。[40]

小小的不谐和把事情弄得更糟。皇家夫妇的嗜好不同。亚尔培是从斯巴达式的质朴风气和早眠早起习惯中教养起来的，他觉得宫廷生活烦腻到受不了，十点半光景，人家照例看见他在一张沙发上瞌睡；而女王最心爱的享乐方法是彻夜跳舞，然后，走到宫门的廊庑下看圣保罗教堂和威思明斯德的塔顶后边出太阳。[41]她爱伦敦，他讨厌伦敦。只有在温色他觉得他真能够透透气；可是温色也有它的可怕处：虽然在白天他可以作画，散步，弹钢琴，晚餐以后呢，漆黑的厌烦像一幅柩衣似的覆下来了。他自然有意于召集著名的科学家和文人来谈话，听了他们对于艺术上、学术上各方面的见解，再发表他自己的；可是不幸维多利亚“无心鼓励这种人”；知道自己是不配参加他们的谈话，她坚持不改动晚间的常规；同官员交换了千篇一律的滥调以后，照例便围着圆桌和版画的书本，而公子同他手下三个侍从呢，一局又一局的下着双棋。[42]

这是再自然不过了，处这样奇特的境遇，其中权力、感情、体面的成分分配得这样古怪的，难免偶尔发生些不仅仅是闹脾气的事情——互相斗愤怒的意志。维多利亚，正如亚尔培一样，不惯于随声附和。她那种横蛮的性子发作了。她的旺盛、她的固执、她对于自己地位的自负心，满可以摧毁他的优越点、他的权利。可是她在斗争中居不利的地位；她是千真万确，不再是自己的主人了；一种根深蒂固的偏心做了她的主，劫夺她的意念来迎合它自己不凡的企图。她是在发疯似的恋爱呢。那些奇异的斗争，种种细节，我们都无从知道；可是厄奈思公子，他陪他的弟弟在英国住了三个月，用一对和蔼而惊愕的眼睛，注意了其中的情形。[43]的确，有一个故事是传下了，不大可靠，也许是无稽的，可是这种故事常常概括了事实的精华。有一天亚尔培大怒，关到自己的房间里，维多利亚，同样气愤，敲门要进去。"是谁?"他在门里问，"英国女王，"她回答。他不动，又是一阵如雹的敲门声。这样问，这样回答，重复了许多次；可是最后停了一停，接着是轻一点的敲了一下。"是谁?"又一次狠狠的问。可是这一次回答却不同了。"你的妻，亚尔培。"门立刻开了。[44]

亚尔培的地位逐渐变化。他开始觉得研究政治并不如他所想象的那么无趣；他读布拉克思敦，[45]学习英国法律；女王接见大臣们，他有时候也到场；经梅尔本爵爷提示后，他得以看一切外交上的文件。有时候他把自己的见解写在纸上，对首相朗读，他非常和气，谦恭的听着，可是难得回答一句话。[46]将要生大公主的时候，一个重要的举动采取了，亚尔培，在国会里未受任何反对，得了防女王发生不测的摄政权。[47]史多克玛，由于他同托立党斡旋才有这个好结果的，现在觉得可以同他的家庭在科堡过几天假日了；可是他的挂念，倾注在无数的信里，依旧远远的萦系着他的学生。"亲爱的公子，"他写着，"我得到你报告我的消息，甚为满意。误会、误解、障碍，来得果然不顺眼，总应该认清它们的真相——就是，人生的自然现象，它代表一方面，黑暗一面。要用威严来克服它们，你得陶冶，锻炼，开导你的心灵；把你性格养成强、坚和必要的忍。"亚尔培总算是做得很不错了；可是他必须继续走正路；尤要者，他必须“永远不松懈”——“永远不松懈于试你的大度；永远不松懈于明辨伟大与渺小、重要与无足轻重；永远不松懈于给自己保持高超的标准——每日下一次决意：定必有恒，耐久，勇敢。”这对于一个二十一岁的年轻人，也许，是一个艰难的节目；然而其中有些地方大足以打动亚尔培灵府的深处呢。他叹气，可是他听了——仿佛听了一个通神意的天师的声音。“现在，或者过几时，你所必需的星宿，”这个声音继续下去，“是爱、诚、真。一切心性乖离，或是缺乏真感情的人，将**易于误解**你，易于自信——而且使别人也相信——你不是你确实如此的人，或者至少会变成如此的人。……所以，你得及时警备，眼观四方。……我愿公子有一颗伟大、高尚、热烈、真实的心，将足以充人性中种种最高的见解之最丰富最牢固的基础，使它们发展的最坚定的决意。”㊽

不久便来了一个重要关头。总选举到了，形势判然，终于是，托立党一定得势。女王照旧是很讨厌他们；可是在下院占了极大的多数，他们现在有资格坚持他们的意见了。梅尔本爵爷自己最早意识到当前的变迁，应事先布置，竭力避免冲突为要；得了他的同意，亚尔培乘摄政案带起来的 rapprochement〔和解〕，由安孙居间，同庇尔商洽。秘密会谈了几次，关于困难而复杂的侍嫔问题，获得了一个完全的谅解。大家同意，一方不再提先法的条例，一方在托立党内阁成立的时候，辞退主要的侍嫔，他们的位置由罗伯爵士另派人充任。㊾这样一来，虽然形式上不是，实际上是女王放弃了 1839 年的要求，以后也就没有再提出来了。这个折中是亚尔培生涯上的一个大转机。他用机敏的手腕办妥了一桩重要的交涉；他同新首相进入了亲近和友善的关系；他显然在政治上有一个伟大的前途了。维多利亚，甚为感佩，非常感激。“我最亲爱的天使，”她告诉利欧波王说，“实在是我的一个大安慰。他对一切进行的事件都感觉最大的兴趣，同情我，体谅我，可是他依他本分的不使我有所偏袒，虽然我们谈得很多，而且他的判断正所谓又公平又温和。”[50]她需要他所能给她的一切安慰和帮助。梅爵爷要走了；她又无意同庇尔商谈。对了，现在她什么事情都要同亚尔培讨论了！

史多克玛，那时候已经回到了英国，心满意足，看梅尔本爵爷走开。如果一切都顺利，亚尔培现在有控制维多利亚的最高的政治势力了。可是一切都顺利吗？一个意外的发展使男爵大为惊愕。当那个可怕的一刻终于到了，女王苦恼中和她心爱的首相分手的时候，他们决定了一点：虽然常会面是不大合式，他们可以继续通信。梅尔本爵爷自相矛盾的性格表现在嗣后的行动里，比什么时候都明显。他在位的时候，他对庇尔的态度一向是无可非议的；他尽了全力设法使内阁改组不发生困难；他甚至于私下经种种脉路，向他那个胜利的敌手，灌输忠告——如何最能得女王的欢心。[51]然而，他一下台，便不能自主了。他想起来总不能忍受，怎好一下子完全断送了向女王进忠告的特权和乐趣——完全切开了他曾经享受到那么久、那么多的权力和亲近的关系。虽然他宣称，他在信里当绝对慎重，他怎能白白的放过手头的机会呢？他详细讨论各种政治问题，尤其是，在续任的事情上也向女王进许多忠告。忠告是接受了。梅尔本爵爷推荐海次布里爵爷，[52]说他是一个能干的人，应派他做驻维也纳大使；一星期后女王用书面通知外交大臣，竭力说她相信海次布里爵爷是一个很能干的人，应请他担任“一种重要的差使”。史多克玛大为骇异。他写了一个备忘录，指出梅尔本爵爷的举动有背宪法，如果被庇尔发觉，女王会处到何等不愉快的地位；他叫安孙拿这个备忘录给那位退位的首相看。梅尔本爵爷，伸躺在一张沙发上，鼓着嘴读了。“这是馊主意，”他说。安孙冒昧的进一步规劝他，提示反对党领袖与君主保持亲密的关系是不合式的，他老先生便大发了雷霆。“世世代代不超生！”他一边嚷一边从沙发上跳起来，满屋子乱闯。“有血有肉的总受不了这个！”他照旧写信给女王；好容易又费了男爵重重两大炮，才使他醒悟了。于是，渐渐的，他的信越来越少，越来越不提公务；最后，那些信全然无害了。男爵微笑；梅爵爷到底顺受了不可避免的命运。[53]

辉格党内阁于1841年9月辞职；可是还过一年多才完成了另一个同样重要的变易——莱纯的去位。这个神秘的女傅终于被打倒了。我们不知道维多利亚经过了怎样的步骤，最后才允许她退职而泰然自若——或者竟如释重负；不过，显而易见的是，亚尔培的家庭地位定然大为巩固起来了，因为连续的生了孩子。生了公主，接着在1841年11月又生了太子；不多久，眼看另一个孩子又要生了。男爵夫人，尽管眷爱，奈这种天伦之乐，即使有她的分，也是很渺茫。她显然地失势了。有一种现象见出了：有一二次，内廷出巡，她却被留在温色。[54]亚尔培很小心；内阁更换的时候，梅尔本爵爷曾经劝告他乘机作断然的举动；可是他觉得不如稍待为妙。[55]时日与不可避免的环境的推移有利于他；他的优越地位越来越巩固，一天胜一天——一夜胜一夜。最后他觉得他无须再迟疑——他的每一个愿望，每一个极微的转念，一说出来便成为维多利亚自己的了。他开口了，莱纯便永远消失。她将不再统治那一颗皇心和那些皇庭了。她将不再从温色一个窗口，满眼睛得意的爱怜，观看她的学生，她的君上，走在平台上曲意奉承的人丛里。[56]回到汉诺威本乡，她在布克堡[57]安顿下来，住一所小而舒适的房子，墙上都挂满了女王陛下的画像。[58]男爵，虽然害消化不良症，这一回又微笑了：亚尔培凌驾了一切。

四

早日的龃龉完全过去了——变成了结婚生活的绝对谐和。维多利亚，受了一种新的，料想不到的启示，不能自主，把她整个的灵魂一起交付给她的丈夫了。那种美，那种魅力，当初一下子夺去了她的心的，她现在知道，无非是真正亚尔培的外表而已。还有一种内在的美，一种内在的光华，她当时虽然像瞎了眼睛，却已朦胧的意识到几分，但是现在她每一根神经纤维都感觉到——他好——他伟大！她怎么竟梦想过用自己的主意反对他的智慧，用自己的愚昧反对他的知识，用自己的癖好反对他纯正的口味？她当真爱好过伦敦，爱好过残夜，爱好过逸乐？她，她现在只有在乡下才觉得快乐，她现在每天大清早便跳出床来——啊，那样早呢！——同亚尔培一起，早餐以前，还出去散一会步，单单同亚尔培一起。多么出奇的是受他教导！受他指点什么树是什么树；从他学习关于蜜蜂的种种知识！于是坐下来挑十字布，一边听他读哈兰姆《英国宪法史》![59]或者听他奏他的新风琴（“风琴是居首位的乐器，”他说）；或者给他唱一支门德尔孙[60]的歌曲，细心留意，不弄错拍子与呼吸的时间，只是有极偶然的失调！晚餐以后，也如此——啊，他真好哪！他不再下双棋了！因此可以在圆桌上玩圆桌牌，或者每人都可以作最有趣的消遣——转筹码和戒指。[61]小孩子们一来更可观了。卜喜[62]是这样一个聪明小女孩（“我不是卜喜！我是公主！”她有一次生气地说）；褒谛[63]——唔，她只能最热烈地祈祷这位小太子长起来“身上心上，**各方面各方面**都像他最亲爱的天使一般的父亲”。[64]她那位亲爱的妈妈也重新加入这一团了，因为亚尔培给她们调解了，莱纯的离开也弥补了她们之间的旧隙。[65]在维多利亚的眼睛里，生活变成了一篇牧歌，如果牧歌的要素是快乐，爱和单纯，那真是一篇牧歌；虽然，的确，那是足以使谛阿克利多思[66]惊倒的一种。“亚尔培抱了最亲爱的小卜喜来，”女王陛下在日记里写着，“她穿了漂亮的蓝边白毛绒衣服，妈妈给她的，还戴了一顶好看的小帽子。他把她放在我的床上，自己坐在她旁边，她是很可爱，很乖。看我宝贵的、无价的亚尔培坐在那里，我们的小爱神坐在中间，我觉得非常幸福，非常感激上帝。”[67]

过去——仅仅三年的过去——她回顾起来，似乎是那么遥远，那么生疏的事情，她不能自解，只有当作一种幻觉——一种不幸的错误。翻开一本旧日记，她碰到这么一句——“至于‘君上的信任’，天知道！**从没有一个大臣，从没有一个朋友**像这位真正卓绝的梅尔本爵爷得到我的信任那样完全得到过呢！”心上一痛——她抓起笔来，在边上写了——“重读此句，我不禁想**当时我有的**是怎样一种矫揉造作的快乐，现在我多么好，我从亲爱的丈夫得到了**真正的**确实的快乐，没有政治，没有俗务**能**推翻的；当时那种心情本该早就完了的，要知道梅爵爷果然仁慈，果然卓越，当时果然对我好，究竟我只有在交际上得到快乐，我过活只是靠这种肤浅的给养，**当时**我倒**幻想**那就是快乐呢！感谢上帝！为我也为别人，这已经变了，现在我**知道真正的幸福是**什么了——维，女王。”[68]她怎么知道？真正的快乐和浮面的快乐，怎么分别？一个哲学家——也许梅爵爷自己——会这样问吧。可是她并非哲学家，梅爵爷是一个影子，亚尔培在身边，这就够了。

快乐，她当然是；她要人人都知道。她写给利欧波王的信上密密的播满了欢喜。“啊！我最亲爱的舅父，我相信，只要你知道我觉得**多么**快乐，**多么**幸运，我觉得多么**得意**嫁得我丈夫这样一个尽善尽美的人……”这种狂喜似乎从笔端不息的涌出来，简直是一点也不勉强。[69]有一天，不曾思索，黎德尔敦女士[70]形容一个人“像一位女王一样的快乐，”说了便有点窘。“不用改正，黎德尔敦夫人，”陛下说。“一位女王**确是**一个很快乐的人。”[71]

然而，这种新快乐绝不是“罗陀思”梦。[72]恰好相反，倒是振作，不是松劲。以前她从没有这么深切的感觉到尽义务的必要。她办理政务，比一向都更有规律，她照料孩子们，关心到一刻都不松懈。她写许多信；她管农场——牛乳场——一大堆的家庭杂务——从早忙到夜。她的活泼抖擞的小身体，匆匆的搬着急步，跟着亚尔培的阔步，走过温色的长廊和园径，[73]似乎恰好表现了她的精神。在那种纯粹欢乐的温馨中，怡悦中，在那种深长感情的流露中，洋溢中，她那种天生的坚决性还没有丧失。黎德尔敦夫人，身为皇室女傅，观察亲切，曾经批评说："一种铁的气质贯彻了她那种最出奇的性格。"[74]

有时候欢乐的家常也得中断。他们必须换住白金汉宫，召开国会，或者接见官员，或者，有时候，在温色招待外宾。于是平静的宫廷生活一变而显得富丽堂皇，海外的国君——路易·腓力普，或者普鲁士国王，或者萨克森尼国王[75]——在温色见到一种确乎有帝王气象的盛会。大家都承认的，全欧洲难得有几处比得上滑铁卢宴会厅的声势煊赫，满堂宾客，佩戴了闪烁的宝石，穿了辉煌的大礼服，长长的墙壁上都挂了英雄们的画像，桌子上都堆了英国国王传家的壮丽的金餐具。[76]可是在这一片豪华中，最显赫的还是女王。这位小小的Hausfrau〔主妇〕，前一天还携带孩子们散步，察看家畜，在钢琴上练颤音，在日记里连篇累牍的赞美她的丈夫，突然间，不加人工，不费气力，自然而然的一变，发出了绝顶尊严的光芒。连那位俄国沙皇[77]也十分感服。维多利亚呢，看那位可怕的尼古拉，心里却有点畏惮。"**他**的来访当然是一件大事，一笔大人情，"她对她的舅父说，"**这里**大家都觉得非常荣幸。他当然是一个**很夺目的人**；可是很漂亮。他的侧相是美的，他的举止**最**庄严，优雅；非常客气——客气得叫人吃惊，他那样的细心，有礼貌，可是**眼睛**的表情是**可畏**的，我从没有看见过这个样子。"[78]她和亚尔培，还有那位"萨克森尼的好国王"，他恰巧也在那里，这一位，她说，"我们很喜欢——他是**那样的**不傲慢"——三个人聚在一起像驯服的家禽面对着那只可怕的鸷鹰。他走后，他们交换各人的观感，关于他的面孔，他的不幸，他镇压百万人的专权。得！她自己是不能不可怜他，她感谢上帝派她做了英国女王。[79]

轮到作几次回拜的时候，皇家夫妇乘游船出发，很合维多利亚的脾胃。"我真爱船！"她嚷着，她非常敏捷的上梯下梯，同水手们说说笑笑。[80]亚尔培比较庄重。他们访路易·腓力普于欧庄，[81]访利欧波王于布鲁塞尔。恰巧有一位更堪注意的英国女人也在比利时京城，可是她未受人注意；维多利亚女王在爱哲尔氏寄宿学校一位女教师的凝视中走过去而并不知道。“一位胖胖的精力弥满的小女人，穿得很朴素——身上并没有多少威严或是骄矜”，这是夏洛蒂·布隆悌的批评，当她看那六乘马的御车从面前掠过去，使她在道旁等一下，打断了她的沉思。[82]维多利亚兴致勃勃，甚至于给她舅父那个阴沉的内廷灌输了一点活跃的空气。利欧波王自然是心满意足。最热中的希望都达到了；所有的野心都尝了；后半生唯有在平静的礼仪中享受王位，享受尊敬，居首席，刻板的尽烦腻的职务。不幸他的左右却没有这样完美的福气。外边暗地里传说他的宫廷像教派里秘密会议所一样的阴森，最受苦的是他的夫人。“Pas de plaisanteries，madame〔别开玩笑，夫人〕!”他曾对夏洛蒂公主不幸的后继者说过这句话，当他们结婚不久，有一次她想稍稍开一开玩笑的时候。她不懂得一位立宪君主的配偶一定得避免轻浮吗？到后来，她懂得太清楚了；当维多利亚的饶舌声、笑声，惊动了大厅的四壁的时候，这位可怜的女人竟至于几乎不知道怎样微笑了。

又一年，他们上德意志，亚尔培把家乡的美丽炫耀了一番。维多利亚刚过边境的时候，她很兴奋——也很惊讶。“听居民讲日尔曼话，”她在日记里说，“看日尔曼兵士等等，我觉得那么奇怪。”渐渐习惯了以后，她觉得那地方可爱了。她到处受欢迎，周围那许多王公都涌来接她，一群群最好看的乡下小孩子，穿了他们最好的衣服，献花束给她。科堡公国，景色佳胜，民风正直，特别使她喜欢；一天早上她醒来见自己在“可爱的罗塞诺，我的亚尔培的诞生处”，一切“像一个美丽的梦境”。回家的时候，她写一封信给利欧波王，盛道这一次旅行的快乐，尤其是爱好亚尔培故乡的深情。“我对于我们亲爱的德意志，”她说，“有一种说不出的感情。我在罗塞诺感觉得那么深切。这一种感情触动我的深心，使我想哭泣。我在旁的地方从没有感觉到我在那边所感觉到的那种沉静的快乐与和平。我怕这简直太叫我喜欢了。”[83]

五

丈夫可没有夫人那样的快乐。虽然地位已经大大的改进了，虽然家里添人口，维多利亚永远爱敬，亚尔培还是一个在异乡的异乡人，他没有精神上满足的宁静，得以自由操纵了身边的环境，这当然也算不错了；然而这是不够的；而且，即在他成功的圆满中，还有一种苦恼。维多利亚崇拜他；可是他希冀的是了解，不是崇拜；维多利亚，心里虽然把他装得满满了，对他能了解多少呢？汲桶对水井能了解多少呢？他觉得孤独。他去玩风琴，用了有根底的调节来临时凑调子，直到声音有推敲的一起一伏，给了他一些宽慰。于是，带了一股青春的弹力，他匆匆地走去同小孩子们玩耍，或者设计一个新猪圈，或者对维多利亚朗读《苏格兰宗教史》，或者在她面前踮着一个脚尖，转来转去，像一个跳舞师，笑容不变，教她在公众地方的时候应该怎么办。[84]他是会如此取乐的；可是有一项他不肯随便。他从来不调弄女人——不，哪怕是廷上最漂亮的女人。结婚以前，有一次女王得意地告诉梅尔本爵爷说亚尔培一点也不留意别的女人，这位玩世不恭者回答说“不，这种事情往往到日后自然会来的”；听他这么说，她就严厉地说了他几句，于是匆匆地走去把梅爵爷的话告诉史多克玛。可是男爵安了她的心；虽然在别人，他说，也许会发生这种事情，他以为亚尔培不至于如此。男爵是对了。在他们的结婚生活里，自始至终，没有什么对敌的女色曾经使维多利亚吃过一回醋。[85]

逐渐使他全神贯注而本身就会给他一种奇异的安慰的是工作。庇尔一降临，他就活跃的干涉起政务来了。在许多方面——在智慧的性质上，在道德心的热切上，甚至于举止的拘泥上——两个人很相像；

彼此同情；因此庇尔已经随时都预备听史多克玛的劝告，预备促亚尔培效力公务。正好那时候要组织一个皇家委员会，讨论要不要利用重建议院的机会来奖励英国的艺术；庇尔极有眼光，请亚尔培做主席。这种工作恰好适合他：他爱好艺术，他爱好方法，他爱好密切而庄重的接触名家——这样一来，都可以满足了；他便 con amore〔一相情愿地〕担当了。有几个委员听他致开会词的时候倒有点诧异，因为他指出待考虑的问题必须分成数“类目”——这个名词，他们以为十足带了日尔曼形而上学的气息；可是一会儿他们又安心起来了，他们注意到殿下非常懂得作壁画技术。讨论新建筑物墙上的装饰要不要带道德色彩的时候，亚尔培竭力作正面的主张。虽然许多人，他说，会一过目就算了，作画的不能因此便忘记还有人会用心看呢。这种议论折服了各委员，大家议定画题应属益世的一路。壁画遵照委员会的命令办了，可是不幸，过不了多久，即便叫最用心的眼睛来看也完全看不见了。似乎殿下对于作壁画技术的知识还没有懂到家吧。[86]

亚尔培所从事的第二项工作比较困难：他决意改革皇室内部的组织，这种改革已经延宕了许久了。多年来皇宫里，尤其是白金汉宫里，混乱，不安适，糜费，已经闹得不成话了；在莱纯管理下，什么也改革不了；可是现在她的职权已经落到了亚尔培手里，到 1844 年他就大胆的下手了。三年以前，史多克玛，经过了细心考究，在一个缜密的备忘录里，揭发了家务的怪现象。家务的管理仿佛最古怪不过的分归了几个当事人，各自为政，各有界限不明，高低不定的权力，不负责，不调和。这些当事人中最特出的是家宰和内臣——品位高，有政治势力的贵人，他们每逢改组内阁要改换一次，他们并不随君上驻节，并无有力的代表派去。两方面职务的分配是不定的，特别的。白金汉宫里，据说内臣管所有的房间，除了厨房，洗碟房，餐具房，那是归家宰经管。同时，房外的一切则两方面都不过问，另外隶属于“园林部”；这样一来，一方面内臣手下人——有些地方是家宰手下人

——擦窗子里边，一方面“园林部”擦窗子外边。仆人中，管家，近侍，使女，隶属于内臣；厨房管账，厨师，挑夫隶属于家宰；可是听差，门警，膳司助手受命于另外一个当事人——厩官。再自然不过了，在这种情形之下，工作是非常不得力，仆人的纪律松弛到不堪设想。他们随便什么时候想走开便走开，想走开多久便走开多久；“如果，”据男爵说，“每间睡十个，十二个听差之类的卧室里抽烟，喝酒，或者发生其他不规则的事情，谁也没有法子。”女王陛下的宾客呢，没有人领他们到房间，他们常常在复杂的走廊里完全迷失了路，束手无策的找个大半天。职务上古怪的分配不但止于人，而且及于物。女王注意到饭厅里老没有炉火。她问为什么缘故。回答是“家宰老爷搁柴，内臣老爷点火”；这两位大人的手下人没有调节好，没有法子——女王一定得挨冷吃东西。[87]

一桩惊人的事件使谁都明白了宫里的混乱和疏忽。公主生后两星期，保姆在女王寝室的隔壁房间里听见一种可疑的声息。她唤来一个听差，他在一张大沙发底下一看，发觉一个蹲伏的人影，“一副最可憎的面目”。这是“孩子琼斯”。这个谜样的人物，他的胡闹在嗣后数月中各家报纸上喧闹一时，他的动机和性格直到底还摸不清的，当时是一个年已十七岁，身材特别小的孩子，一个裁缝的儿子，他进宫的方法显然是先爬过园墙，再穿过一个敞开的窗子。两年以前他曾来过一次，装了一个扫烟囱人。现在他宣称在宫里过了三天，躲在各种床底下，又说他“自己找汤喝，找东西吃”。又说他“坐过宝座，看见过女王，听见过公主哭叫”。这件怪案每一项细节都被人热烈的讨论到。《泰晤士报》报告说孩子琼斯“从小起就喜欢读书”，可是“他的面目是极其阴鸷”。又说：“发觉孩子琼斯躲在底下的那张沙发，我们听说，是那些最贵重的沙发之一，材料和制作都极其讲究，极其富丽，专为王公显贵来拜候陛下而定造了给他们坐的呢。”这个犯人送到感化院去关了三个月。他一出院，立刻又到白金汉宫来了。他被发现了，送回感化院去再关三个月；以后有一家戏院出四镑一星期的薪水雇他登台露色相。他拒绝了，一会儿警察又发现他逡巡在白金汉宫的周围。当局便大刀阔斧的干起来，审也不审，什么法律上的手续都没有办，把孩子琼斯送到海上去。一年以后载他的船进朴次茅斯[88]港修理，他立刻上岸，走回伦敦。他还没有到白金汉宫，又被捉住了，送回原船“敌忾”号。这一回据说是“样子好看了许多，身体也长得肥胖了”；孩子琼斯便不再见于记载了，虽然我们后来还瞥见过一眼，1844年某一夜他在突尼斯与阿尔及尔[89]之间掉入海里。他又被捞起来了；可是一般人推测——据“敌忾”号一个船员写给《泰晤士报》的一封信上说——他并非偶然掉下去的，他存心跳下地中海去“看浮标灯燃烧”。对于一个有这样一种名声的孩子还有旁的什么可以推断呢？[90]

可是家政废弛的结果不仅是不安适和受惊而已；因此而生的消耗、糜费、侵吞，更不可胜计。荒谬的犒赏，各种的坏习气，应有尽有。譬如，遵守一条不变的古例，凡蜡烛点过一次即不能再点；旧蜡烛怎么处置呢，谁也不知道。还有，亚尔培检查账目，觉得有一条莫名其妙，每星期付三十五先令“红室酒”。他盘问了，费了好大的气力，才知道乔治第三时代温色堡里一个挂红帏的房间曾一度用作警卫室，每日支五先令为士官备酒。卫队早已调到别处去了，可是“红室”的酒钱还是照付，拿钱的是一个受半俸的士官，他充膳司助手的虚位。[91]

经过了煞费苦心的考究，十分棘手的澄清了无数因多年疏忽而生的既得权利，亚尔培得以实现了一番彻底的改革。他劝了纠缠不清的各方面当事人把他们的权柄交给一个人，家政官，他负各皇宫全部的管理责。费用上大为节省，各种远年的积弊都一扫而空。其中，那个倒霉的领半俸的士官呢，他很惊讶，得了二者必择其一的机会：不是放弃他每星期的津贴，就是尽他膳司助手的职司。甚至于听差之类的不规则行为也大减了。底下人嚷着，抱怨着；怪亚尔培多事，不公道，爱惜蜡烛头；可是他坚持下去，不久大家便承认皇室的管理得当，是亚尔培坚忍、能干的明证。[92]

同时，他在更重要的一方面也大加活动起来了。他已经变成了女王的秘书、她的亲信、她的心腹。现在她每次接见大臣们，他总在场。[93]他对于外交政策，像女王一样，特别感兴趣；可是一切公事上都看得出他的影响。两重的程序在演进；一方面维多利亚越来越绝对压在他的智力优势底下，他呢，越来越完全贯注于经纶大事——一个大国家里不断的，各色各样的事务。再没有人称他为清客了；他是一个工作员、社会要人、事务家。史多克玛非常高兴地留意到这种变化。“公子，”他写着，“最近大为进步了。他显然有政治的才干。他也独立不羁得多了。他的精神活动步步的增加，他把大部分时间用在事务上，并不叫苦。”“夫妻关系，”男爵又说，“是极其美满。”[94]

远在庇尔内阁终了以前，维多利亚对这位首相的态度完全改变了。他尊重亚尔培，先把她的心软化了；他生性的恳挚、热诚，在他同自己喜欢的一些人私相来往中，会逐渐掩饰他举止的呆笨的，又把其他一切都弄好了。[95]她终于对他十分尊敬，十分爱好了。她称他“尊贵的庇尔”，她说，她对他有“一种**非常**的钦佩心”，他表现出“一个有无穷的忠、勇、爱国心和**豪侠心**的人，他对我的举动简直可以说是**仁侠**的呢。”[96]她怕他下台，简直同从前怕梅爵爷下台一样的厉害。那准是，她说，一个**大难**。六年以前，如果听一个先知对他说将来有一天她会深恐辉格党胜利的，她会说什么话呢？可是没有法子；她得重见她的旧友们上台。在1845年、1846年内阁动摇的时候，亚尔培充了主要角色。谁都承认他实在是谈判的中枢——王位的势力和职权的真实控制者。达到这个结果的程序，渐次递进，以致感觉不出；然而可以断言的是，庇尔内阁快完的时候，亚尔培，实际上，已经变成了英国国王了。[97]

六

亚尔培终于出头了，梅尔本爵爷便终于消灭。退任后一年，他害了一场瘫痪症，后来病好了，可是他的弹性是永远丧失了。抑郁，不安定，苦恼，他像一个幽灵似的在城里荡来荡去，在公众地方忽然自言自语，或者发古怪的问话，突如其来，没头没脑。“我替你这么办，我就得受绞刑，老爷，”有人在布罗克思俱乐部[98]的大厅里听见他这样说，一个人站在那里，沉思了许久，向空气发言。“你想是不是，”他在荷兰夫人[99]家里，当谈话中断的时候，猝然向餐桌对面伸过头去，问另一位座客，“Henri Quatre〔亨利第四〕改教谋王位是最该死的行为?”他坐在家里，一连好几个钟头在凄寂里沉思。他翻书本——他的典籍，他的圣经——可是一点也得不到安慰。他想念往日的回复，想念不可能的事情，想念自己都说不出的什么，想念嘉洛的佻傥，[100]想念温色的幸福的老套。他的朋友们离开他了，一点也不足怪，他在辛酸中说——火已经灭了。他私心里盼望重新得势，关怀的细读报章，有时候在上院演说一次。他继续同女王通信，不时的上朝；可是他只是前身的赝品了；如今，维多利亚说：“梦已经完了。”他的政见呢，不再被容纳了。亚尔培是热心自由贸易的，女王自然也如此；有一天，在温色吃饭，正在“谷类限制法”取消的时候，[101]梅尔本爵爷突然嚷着，“陛下，这是该死的不正当的举动”，说得大家都非常窘。陛下笑了，打算把话题岔开，可是没有用处；梅尔本爵爷又一再进迫，嚷着“我说，陛下，这是该死的不正当的举动，”直到女王说“梅尔本爵爷，现在我得请求你别再提这个题目了”；于是他住了口。她对他很好，给他写长信，总记得他的生日；然而这是敬而远之的好意，他心里明白。他已经变成了“可怜的梅尔本爵爷”。他跌落在一种深沉的不安里。他打算把心神集中在农业状况和“牛津运动”上。[102]他写长篇的备忘录，写得很模糊，完全认不清。他自信他所有的钱都失去了，他无法得“加特”[103]勋位。他已经山穷水尽了，然而——倘若庇尔下台，想必会请他的——为什么不会呢？结果并没有请他。辉格党不理他，自己开会议，领袖的地位转送了约翰·罗素爵爷。约翰爵爷当起首相来的时候，对他很客气，可是没有请梅尔本爵爷参加内阁。他受此一击，倒心平气和；不过他终于明白，这就是完结了。[104]

他又挨延了两年，渐渐地失知觉，昏愦。有时候，人家听见他从椅子里撑起来，喃喃地背诵萨姆孙的话，倒是出乎意外的恰切：——

“似这般深觉我意气都消了，
希望都瘪了，全盘的本性，
把一切的职司都倦抛懒弃，
算荣程历尽，耻路经遍，
不一会我将与陈死人同息。”[105]

在他死前数日，维多利亚，听说他没有希望了，稍稍动了一下心，想到此人曾经是梅爵爷呢。“你想必不乐意听到这个消息吧，”她告诉利欧波王说，“我们那位好的，亲爱的老朋友梅尔本快死了。……他从前多么好，多么仁慈，多么和蔼，真叫人无法忘掉，而且一想起便有那么多往事回到我的心头了，虽然，天知道！我决不愿那个时期再来了。”[106]

她可不用怕。环境的潮流现在是浩浩荡荡奔向一个大不相同的顶点了。亚尔培的严肃、孩子们的要求、自己的心愿、全周遭的行动，联合起来迫使她走这条为国为家的狭路。她的子女一天天增加。太子生后十八个月，爱丽思公主出世了，一年后跟来了亚尔弗雷亲王，又来了海伦娜公主，两年后又来了路易丝公主；皇家子女的队列已经很可观了，可是看样子还没有完全。做父母的，越来越卷入家庭的顾虑，家庭的幸福，觉得温色的豪华令人烦恼，渴望更亲切、更远的僻静处。听了庇尔的劝告，他们买了外特岛上奥思本的地产。[107]他们经理财务，能干，经济，因此积下了一笔巨大的款项；他们凭积蓄，不但能购地，而且能自建新居，装饰布置上用二十万镑。[108]在奥思本，在滨海，在亚尔培回忆罗塞诺中细心栽植的林木间，皇家老小消磨每一个能够从温色和伦敦抽出来的时辰——清静中燕居，和平中工作的良辰。[109]社会上都称赞他们。极少数的贵族也许会轻蔑，嗤笑；可是在一般国民中维多利亚又非常得人心了。中等阶级尤其高兴。他们喜欢由爱情缔结的婚约；他们喜欢融合皇业与德行两种长处的家庭，在其中，像在一种光华的镜子里，他们仿佛看见了他们的理想生活。他们自己的生活，没有这么高，可是，啊！真叫人喜欢，竟那么相似呢，如今从早起早眠，从井井有条，从粗食，从圆桌牌，从奥思本的烤牛肉和约克州布丁，另外得到了一种佳妙，另外得到了一种丰润了。这确乎是一个模范朝廷。不但这里的中心人物是方正的典型，而且没有一点谣言的气息，没有一点悖理的痕迹，会接近它的边限。[110]维多利亚，抱了一肚子改教人的热诚，揭起了道德的旗帜，她在不屈不挠上，要是可能的话，还超过亚尔培自己呢。她想起来怪不好意思，怎么她曾经相信——怎么她当真告诉他——一个人在这种事情上也许会过于严格，过于吹求的，一个人应该宽容别人的罪孽。可是她不再是梅爵爷的学生：她是亚尔培的夫人。她而且是——人类历史中一个新纪元的表记和绝顶。十八世纪的最后的痕迹消灭了；玩世与诡谲都粉碎了；义务、勤勉、德行、天伦，战胜了它们。可怪的，甚至于椅子、桌子，都响应了，取了简净、结实的形式。维多利亚时代达到了全盛期。

七

只有一件事还需要：这些新理想、新力量，必须得具体的表现，因此它们才可以在称奇的世人前显出眼睛看得见的光荣。供这个需要的有待于亚尔培。他沉思，他得了灵感：万国博览会的念头转上心来了。

不同任何人商量，他细心不过地想出了各种细节。世界上以前也有过许多博览会，可是这一个要比它们哪一个都大。要包含每一个国家的出产品，原料的，机器制的，厂家造的，应用和造形艺术的，应有尽有。不但要有利于实用和装饰，而且要作一种极高的教训。要成为一个国际的纪念碑，表彰那些文明的最大赐与——和平、进步、繁荣。早些日子，亚尔培已经很注意工商业的问题。他喜欢一切的机械，他的锐眼，不止一次，像一个老手一样的精确，看出一架复杂的大机器里哪一部脱了一个齿轮。[111] 为了举行亚尔培船坞的开幕礼，他到利物浦去了一次，深感现代工业势力的宏大，虽然在一封写给维多利亚，述一切经过的信里，他还竭力保持平常轻松的笔调。“我在这儿写，”他开玩笑地说，“你一定还正在晚妆，到晚餐时间一定还没有弄好。我得做同样的工作，可是，我希望，不至于弄到同样的结果。……居民的忠心与热心很大；可是热气更大。我很满意，倘若今天上午利物浦市民曾经称过一下，现在再称一下，一定会轻得多了。船坞真可观，船只多到叫人不相信。”[112] 工艺与科学，他从小就感觉极大的兴趣；他的改革家政，毫无可疑，已经考验过他组织的才能，如此从各方面看来，亚尔培很够资格担当这一桩工作了。等到一切打算都有了头绪了，他召集一个小小的委员会，提出他的计划大纲。委员会赞成，便立刻着手进行了。[113]

然而过了两年才全成。两年中亚尔培不断的尽了极大的气力。起初一切都顺利。大厂家热烈的拥护；殖民地和东印度公司表示赞同；各大国踊跃送东西；罗伯·庇尔爵士有力的援助也得到了，用海德公园[114]一块场地，由亚尔培挑选作会址的，也经政府裁可了。从二百三十四张图样中，亚尔培采用了素以设计大规模花房著名的约瑟·派克思敦的；[115]眼看就要动工了，却接二连三来了意外的困难。全部计划的反对，早已在各处酝酿的，突然爆发了。议论哗然，以《泰晤士报》为首，不赞成用海德公园作博览会场：有一个时期似乎大会建筑要被驱逐到近郊去了；可是，在议院里经过了一番激烈的辩论，拥护会场设在海德公园的得了胜利。接着又觉得没有足够的经济保障；可是这个障碍也越过了，终于捐到了二十万镑作保证基金。玻璃大厦一点一点的高起来，盖了许多亩地方，圈了许多高耸的榆树在屋顶底下：敌人们的气氛便达到了顶点。趋时派、谨慎派、保护贸易派、敬神派，一齐联合起来大声疾呼。他们指出博览会将成为全英国暴徒、全欧洲反动分子的集中点；开幕日一定会发生暴动，或者竟至于革命。他们断言玻璃顶是透得过水的；五千万只麻雀的遗失会完全把底下的东西都糟蹋个干净。恼怒的不信国教派宣称博览会是狂妄而邪恶的企图，准会使上帝降罚到国家。塞布索卜（Sibthorpe）上校，在国会的辩论中，祈求上天降雷霆冰雹来打这个可咒的东西。可是亚尔培白折不回，一直向目标进行。他的身体累坏了；夜里总失眠，他的气力差不多用尽了。可是他记得史多克玛的训诫，一点也不松懈。他的劳役一天比一天艰巨；他开委员会，主持公开集会，演说，同文明所及的世界上每一个角落互相通讯——他的辛苦得到了报酬。1851年5月1日，万国博览会，在无数人面前，在灿烂夺目的光景与欢欣鼓舞的情态中，由女王执行了开幕礼。[116]

维多利亚是兴奋到近于疯狂。她在出神的欢乐、感激、惊讶中尽她的职务，等到一切都完毕的时候，她的感情便直泻在她的日记里。一整天就只是连续不断的一大串光荣——或者不如说，一大片光荣——一大片亚尔培的光芒。她所见到的一切，她所感觉到听到的一切，都是那么美丽，那么出奇，甚至于密密的御圈都加重得压坍了，一方面牢记的笔头不顾一切的从光华到光华一路扫下去——极多的人众，那么规矩，那么忠诚——各国的国旗飘扬——房子的内部，那么大，占满了成千成万的人，太阳从顶上照进来——一间小偏房，我们把披肩放在那里——棕榈树和机器——亲爱的亚尔培——地方太大，以致我们不大听得见风琴——感谢上帝——政治家和名流奇异的集合——《阿达莉》中的进行曲[117]——上帝保佑我最亲爱的亚尔培，上帝保佑我最亲爱的国家：——一个玻璃喷水池——威灵敦公爵和安格尔绥爵爷[118]手挽手的走——一个美丽的亚马孙，铜的，基思做的[119]——派克思敦先生，他真该得意，他出身是一个普通园丁的孩子——乔治·格雷爵士[120]掉眼泪，人人都惊讶，都高兴。[121]

当坎忒布里大主教短短的祈祷了一下，六百人的歌唱班齐声歌唱《哈利路亚大合唱》[122]的时候，发生了一件突兀的事情。就在那一刻，一个中国人，穿了全副国服，进入本堂的中央，慢吞吞走向女王他们去，向陛下行礼。女王，很感动，一点也不怀疑，认他是一个大官；到列队巡行的时候，上边发命令说，因为“天朝”没有代表到场，应把他列入外交人员队。因此他极其庄重的紧跟在大使们背后。后来他不见了，下流人中谣传他不是什么官，只是一个骗子罢了。可是从没有人真正知道那张黄面孔无比的泰然自若里潜伏的什么诠释。[123]

过了几天维多利亚把她的心情一起倾吐给她的舅父。5月1日，她说，是“我们历史上**最大的**日子，**最美丽最堂皇最惊心动魄**的空前大观，我心爱的亚尔培的成功。……这是我一生中**最快乐最得意**的日子，我再也想不到旁的什么。亚尔培的最亲爱的名字将因此**大**计而永垂不朽，**他**自己的，我**自己的**亲爱的国家也**显出**她**配**受此洪祚。这一番成功是**大极**了。”[124]

的确是。这种狂热是普遍的；甚至于最怀恨的嘲骂者也改过心来，一齐歌颂。[125]各团体纷纷致贺；巴黎城为博览会委员会举行盛大的庆祝；女王夫妇在英格兰北部做了一次凯旋式游行。经济的收获同样可观。博览会收入总额达十六万五千镑，这笔款用来买地建一所永久国立博物院在南垦星敦。在海德公园开会的六个月里，到了六百万以上的参观者，并没有发生一点意外。可是一切总有一个收梢；"水晶殿"该移到塞屯南[126]的清静中保养去了。维多利亚，依依不舍而听其自然的，去看了最后一次。"看起来多么美丽，"她说，"我简直不相信我是看最后一次了。那里正在奏风琴，用一种很出色，很宏亮，叫作'索默乐风'[127]的管乐器陪衬，险些把我感动得不能自主了。幕布很脏，红幔子褪色了，许多东西都沾污了，可是气象还是同样新鲜，还是最美丽不过。玻璃喷水池早已搬开了……工程队，正如起初那样的，推动着小箱子。我们都觉得非常凄凉。"可是欢欣的思绪接上来了。一切完了的时候，她给首相写了一封热烈的信，表示她不可限量的满意。她心爱的丈夫的名字，她说，已经永远不朽了，而且博得全国一致承认这一点是一个大源头，供给她无穷的快乐和感激。"朕感谢天意，"陛下临了说，"允许朕结合到如此伟大、如此高尚、如此卓越的一位公子，今年将永远是朕一生中最得意最快乐的一年。博览会的闭幕日（朕颇抱憾于未获到场）正是朕同公子订婚的第十二周年，这是一个稀奇的巧合。"[128]

附　注

① 见马丁，第一卷，第1至2页；格雷，第213至214页。（原注）

② 参阅第三章附注。

③ 见格雷，第7至9页；克劳福，第245至246页；巴南，第256至257页。（原注）

④ 见格雷，第一至六章；厄奈思，第一卷，第18至23页。（原注）

⑤ 福音教（Evangelical Church）在德国即新教，或国教。

⑥ 见格雷，附录乙。（原注）

⑦ 克洛卜思笃克（Klopstock，Friedrich Gottlieb，1724—1803），德国诗人，以所作史诗《弥赛亚》（Messiaw）著称，当时崇拜者竟将作者与荷马、弥尔敦相比。

⑧ 同上，第124至127页。（原注）

⑨ 见郭莎尔；厄奈思，第1卷，第72至73页。（原注）译者按：葛德莱（Lambert Adolphe Jagues Quetelet，1796—1874），比利时数学家，天文家，尤以统计家著称，曾充比利时统计委员会委员长，著有《论人及其智能的发展》（Sur l' homme et le développement de ses facultés）、《论或然律》（Sur la théorie des probabilités）等书。

⑩ 波恩（Bonn）为莱因河西岸，哥罗尼西南一古城，城中大学极著名。

⑪ 里亚尔特桥意大利原名 Ponte di Rialt，为威尼斯著名大桥，建于1590年顷，连接商业中心之里亚尔特区与圣·玛可岛，桥上有商铺两排。

⑫ 见格雷，第169至173页。（原注）

⑬ 见史多克玛，第310页。（原注）

⑭ 法朗歇思·绥莫亚（Francis Seymour，1813—1890），1839年为比利时国王利欧波邀至翡冷翠会亚尔培，陪他在意大利旅行；亚尔培结婚后，随亚尔培为侍卫官（groom in waiting），配王死后为女王侍卫官；其间曾参加克里米亚战争；其后曾统率马尔他驻军，1877年晋级为将军。

⑮ 格雷高理十六（Pope Cregory XVI，1765—1841），1831年被选为教皇。

⑯ 伊忒鲁利亚为古代意大利之一部，面临地中海，相当于现代的都斯加尼。

⑰ 加波尼（Capponi，Gino，1792—1848），翡冷翠著名历史家，政治家，一度任都斯加尼内阁总理（1848），著有《翡冷翠共和国史》（Staria della republica di Firenze）等书。

⑱ 都斯加尼公国地域相当于古代的伊忒鲁利亚，包含翡冷翠，毕撒（Pisa）等城。亚尔培游意大利时的都斯加尼大公为利欧波第二（1797—1870），1824年登位，1859年因革命被迫逊位，都斯加尼乃并入萨地尼亚（Sardinia）。

⑲ 见格雷，第133页，第415页，第416页，第419页。（原注）

⑳ 见史多克玛，第331至332页。（原注）

㉑ 见格雷，第425页。（原注）

㉒ 见格雷，第421至425页；《书信集》，第1卷，第188页。（原注）译者按：海顿（1732—1809）名约瑟夫（Joseph），奥国著名作曲家，其弟迈克尔（Michael，1737—1808）亦为作曲家，但此处谅必指兄，非指弟。

㉓ “我和柯伯夫人畅谈内廷的事情。她悲叹女王的固执的性情，她怕这

种性情以后也许会生出什么大毛病。她说她的偏见和反感是深而且强，她的脾气又是毫不通融。她憎恶庇尔，她怨恨公爵〔译者按：指威灵敦公爵〕，因为在旧日的争执里他不帮助她而帮助他，这种感情并没有减退。”见格累维尔，1839年11月3日日记（未刊布）。（原注）

㉔ 利物浦爵爷并非曾任首相之利物浦第二伯爵（Robert Banks Jenkinson，1770—1828），乃其弟利物浦第三伯爵（Charles Cécil Cope，1784—1851）。1807年任内务部次长，1809年任陆军部及殖民部次长。伯爵在政见上为一温和的托立党。女王少时常与其母肯德公爵夫人至塞塞克司郡巴克思悌特园（Buxted Park）伯爵家，或歇洛浦郡（Shropshire）伯爵别墅。

㉕ 见格累维尔，1840年1月29日，2月15日日记（未刊布）。（原注）

㉖ 乔治·安孙（George Anson，1797—1857）在国会中当辉格党议员者有年（1828—1853），1851年晋级少将。1855年任印度联军总司令，不久即死于该地。

㉗ 见《书信集》，第一卷，第201页。（原注）

㉘ 见《书信集》，第一卷，第200至208页；《少女时代》，第二卷，第287页。（原注）

㉙ 见《英国名人大辞典》，詹姆士·克拉克爵士条；《书信集》，第一卷，第202页。（原注）

㉚ “弗莱虚子”为德文Freischütz之音译，意为“弹无虚发的射手”（free shot）。日尔曼古民间传说，有一射手，与魔鬼有约，得连中七弹。其中六弹可由射手做主，任意施放，其第七弹须由魔鬼导中本人所属意之鹄的。德国著名作曲家威伯（Baron Karl Maria Friedrich Ernst von Weber，1786—1826）据此传说而作歌剧《弗莱虚子》，1821年首次演出于柏林。

㉛ 加莱，法国西北部一海口，地当英吉利海峡最狭处，为入英孔道。

㉜ 多浮，英国东南角一海口，与加莱遥遥相对。

㉝ 见格雷，第292至303页。（原注）

㉞ 见格累维尔，1840年2月15日日记（未刊布）。（原注）

㉟ 见《书信集》，第一卷，第199页。（原注）译者按：此处爵位之原文为peerage，其义指英国公侯伯子男各爵位。有爵位者（peer）可进上议院；进议院后始能作政治活动。

㊱ 见马丁，第一卷，第71页，第153页。（原注）

㊲ 见格雷，第319至320页。（原注）

㊳ 见格累维尔，1840年4月3日日记（未刊布）；格雷，第353至354页；厄奈思，第一卷，第93至94页。（原注）

㊴ 见史多克玛，第351页。（原注）

㊵ 见《书信集》，第一卷，第224页。（原注）

㊶ 见布隆斐尔，第一卷，第19页。（原注）

㊷ 见格雷，第340页；《书信集》，第1卷，第256页。（原注）

㊸ 见厄奈思，第一卷，第93页。（原注）

㊹ 见介洛尔，《结婚生活》，第56页。（原注）

㊺ 布拉克思敦（Brackstone，Sir William，1723—1780），英国法学家，以著《英国法律注释》（Commentaries on the Laws of England）名于时。

㊻ 见格雷，第320至321页，第360至362页。（原注）

㊼ 见史多克玛，第352至357页。（原注）

㊽ 见马丁，第一卷，第90至92页。（原注）

㊾ 见《书信集》，第一卷，第271至274页，第284至286页。（原注）

㊿ 同上，第一卷，第280页。（原注）

51 同上，第一卷，第305页；格累维尔，第五卷，第39至40页。（原注）

52 海次布里（Lord Heytesbury，William A'Court，1779—1860）服务外交界有年，历任驻葡萄牙，驻俄罗斯大使，1844年至1846年庇尔内阁期内任爱尔兰总督。

53 见《书信集》，第一卷，第325至326页，第329页，第330至331页，第339至342页，第352至354页，第360至363页，第368页。（原注）

54 同上，第一卷，第291页，第295页。（原注）

55 同上，第一卷，第303页。（原注）

56 见黎德尔敦，第282至283页。（原注）

57 布克堡（Bückeburg）在汉诺威城西南20英里。

58 见布隆斐尔，第一卷，第215页。（原注）

59 哈兰姆（Henry Hallam，1777—1859），英国历史家，批评家，所著《英国宪法史》全名为 The Constitutional History of England from the Accession of Henry VII to the Death of George II。

60 门德尔孙（1809—1847），全名为 Jacob Ludwig Felix Mendelssohn-Bartholdy，德国著名作曲家，音乐家。

61 见格雷，第338至339页；布隆斐尔，第一卷，第28页，第123页；黎德尔敦第300页，第303页，第305至306页，第312页，第334至335页；马丁，第一卷，第488页；《书信集》，第一卷，第369页。（原注）

62 公主（Princess Royal）维多利亚（1840—1901）全名为 Victoria Adelaide Mary Louise，在家庭中昵称卜喜（Pussy）。

⑥③ 爱德华第七（1841—1910）名 Albert Edward，在家庭中称褒谛（Bertie）。

⑥④ 见《书信集》，第一卷，第 366 页。（原注）

⑥⑤ 同上，第三卷，第 439 页。（原注）

⑥⑥ 谛阿克利多思，希腊著名牧歌作家，西历纪元前三世纪人。

⑥⑦ 见马丁，第一卷，第 125 页。（原注）

⑥⑧ 见《少女时代》，第二卷，第 135 页。（原注）

⑥⑨ 见《书信集》，第一卷，第 366 页，第 464 至 465 页，第 475 页，等等。（原注）

⑦⓪ 黎德尔敦夫人，即莎拉·史本塞小姐（Lady Sarah Spencer），1813 年嫁黎德尔敦男爵（William Henry），曾充维多利亚的侍嫔及其子女的女傅，卒于 1870 年。

⑦① 见黎德尔敦，第 306 页。（原注）

⑦② "罗陀思"（Lotus），希腊传说中罗陀法吉人（Lotophagi）所食之果，据云食之者必处梦昧状态，忘怀一切，乐不思归（见荷马史诗《奥德修纪》）。此种果树，据后人考证，当属酸枣一类。

⑦③ 见克劳福，第 243 页。（原注）

⑦④ 见黎德尔敦，第 348 页。（原注）

⑦⑤ 路易·腓力普（1773—1850），在法兰西王位期间为 1830 年至 1848 年；当时普鲁士国王为腓特烈·威廉第四（卒于 1861 年）；萨克森尼国王为腓特烈·奥古思都第二（卒于 1854 年）。

⑦⑥ 见《书信集》，第二卷，第 13 页；本孙，第二卷，第 6 页；布隆斐尔，第一卷，第 53 至 54 页。（原注）

⑦⑦ 俄国沙皇为尼古拉第一，1825 年登位，卒于克里米亚战争后一年（1855）。

⑦⑧ 见《书信集》，第二卷，第 12 至 16 页。（原注）

⑦⑨ 见马丁，第一卷，第 224 页。（原注）

⑧⓪ 见黎德尔敦，第 292 页；布隆斐尔，第一卷，第 76 至 77 页。（原注）

⑧① 欧庄在法国西北部罗安（Rouen）东北不列斯里河上之欧城（Eu）。

⑧② 见加思凯尔，第一卷，第 313 页。（原注）译者按：爱哲尔氏寄宿学校，布鲁塞尔一女校，爱哲尔夫妇所立（爱哲尔死于 1896 年，享年八十有七；爱哲尔夫人死于 1889 年）。夏洛蒂·布隆悌于 1842 年偕其妹爱弥丽至该校习德法文数月，1843 年独返该校授英文，见维多利亚女王即在是年。

⑧③ 见马丁，第一卷，第 275 页，第 306 页。（原注）

⑧④ 见黎德尔敦，第 303 页，第 354 页，第 402 页。（原注）

⑧⑤ 见克莱伦敦，第一卷，第181至182页；《少女时代》，第二卷，第299页，第306页。（原注）

⑧⑥ 见马丁，第一卷，第119至125页，第167页；史多克玛，第660页。（原注）

⑧⑦ 见史多克玛，第404至410页；马丁，第一卷，第156至160页。（原注）

⑧⑧ 朴次茅斯，英国最重要的军港。

⑧⑨ 突尼斯与阿尔及尔为法领北非洲地中海南岸突尼斯与阿尔及利亚（Algeria）之海港。

⑨⓪ 见《泰晤士报》，1840年12月份；1841年7月份，12月份；1842年2月份，10月份；1844年7月份。（原注）

⑨① 见《泰晤士报》《传》，第45页。（原注）

⑨② 见史多克玛，第409至410页；马丁，第一卷，第161页。（原注）

⑨③ 见格累维尔，第七卷，第132页。（原注）

⑨④ 见史多克玛，第466至467页。（原注）

⑨⑤ 见狄思雷利，第311页；格累维尔，第六卷，第367至368页。（原注）

⑨⑥ 见《书信集》，第二卷，第64页。（原注）

⑨⑦ 见格累维尔，第五卷，第329至330页。（原注）

⑨⑧ 布罗克思俱乐部为一保守党俱乐部，1764年罗克思保洛公爵（Duke of Roxborough）坡忒兰公爵（Duke of Portland）等所立，原为酒商及放利者布罗克思所设之赌场。

⑨⑨ 荷兰夫人（Lady Holland，1770—1845），善交际，1797年与郭德弗列·威伯思忒爵士离婚而与荷兰男爵亨利·理查（Henry Richard Vassall Fox，1773—1840）结婚，荷兰府乃成为一时“才子、佳人、诗家、画师、学者、哲学家、政治家”之荟萃地。

⑩⓪ 嘉洛（Caro）当为嘉洛莱因（Caroline）之简称。

⑩① “谷类限制法”（The Corn-Laws）始于1836年，意在对进出口谷类施保护关税，几经反对，至1846年庇尔内阁时期内终被取消。

⑩② “牛津运动”为牛津大学纽曼（J. H. Newman）等发动，改良英国国教的一种运动。

⑩③ “加特”勋章，亦名圣乔治勋章，英国最高级勋章，数仅五十许，为国君、太子、亲王、贵爵，外国君主所佩，十四世纪爱德华第三所创。“加特”原文为garter，意为吊袜带，传说爱德华第三在跳舞会中拾得某夫人袜带，置诸己膝，为人见及时曰：“Honi soit qui mal y pense”（以恶意测度之者可耻），故

刻有此铭语云。勋章之特别表记为一蓝丝绒吊带，系于左腿，另有金项链，下垂圣乔治屠龙国徽，八角宝星等。

⑩④ 见托伦思，第 502 页，第 33 章；《书信集》，第一卷，第 451 页；第二卷，第 140 页；格累维尔，第五卷，第 359 页；第六卷，第 125 页。（原注）

⑩⑤ 见格累维尔，第六卷，第 255 页。（原注）译者按：诗见米尔敦诗剧《萨姆孙斗士》（Samson Agonistes）。

⑩⑥ 见《书信集》，第二卷，第 203 页。（原注）

⑩⑦ 外特岛贴近英国南海岸；奥思本庄在外特岛东北部。

⑩⑧ 见格累维尔，第六卷，第 68 至 69 页。（原注）

⑩⑨ 见马丁，第一卷，第 247 至 249 页；格雷，第 113 页。（原注）

⑪⓪ 见史多克玛，第 363 页；马丁，第一卷，第 316 页。（原注）

⑪① 见马丁，第二卷，第 87 页。（原注）

⑪② 同上，第一卷，第 334 页。（原注）

⑪③ 见马丁，第二卷，第 224 至 225 页。（原注）

⑪④ 海德公园，伦敦最大公园之一，在威思明斯德区，占地约 390 英亩。

⑪⑤ 派克思敦（Joseph Paxton，1801—1865），建筑家，园艺家，曾充德文郡公爵（Duke of Devonshire）花园监督，在该园建一花房，即 1851 年万国博览会场之模型。

⑪⑥ 见马丁，第二卷，第 225 页，第 243 至 251 页；第 289 页，第 297 至 299 页，第 358 至 359 页；《英国名人大辞典》，约瑟夫·派克思敦条；布隆斐尔，第二卷，第 3 至 4 页。（原注）

⑪⑦ 《阿达莉》（*Athalie*），法国拉辛（Racine）所作剧，门德尔孙为该剧作曲。

⑪⑧ 安格尔绥爵爷（Anglesey，Henry William Paget，1768—1854），英国将军及政治家，曾在滑铁卢战争中统率骑兵。

⑪⑨ 基思（Kiss，August，1802—1865），德国雕刻家，主要作品中有《亚马孙与豹》。亚马孙（Amazon），希腊传说中勇妇族（Amazons）之一。

⑫⓪ 乔治·格雷爵士（Sir George Grey，1799—1882），格雷第二伯爵之侄，1832 年被辉格党选入国会，1846 年至 1852 年，1855 年至 1858 年，1861 年至 1866 年，任内务大臣。

⑫① 见马丁，第二卷，第 364 至 368 页。（原注）

⑫② “哈利路亚”（Hallelujah），原意为赞美耶和华。

⑫③ 见马丁，第二卷，第 367 页及附注。（原注）

⑫④ 见《书信集》，第二卷，第 317 至 318 页。（原注）

⑫⑤ 见格累维尔，第六卷，第413页。(原注)

⑫⑥ 塞屯南（Sydenham）在伦敦南7英里，属肯德郡。

⑫⑦ “索默乐风”（Sommerophon），为德国索默（Sommer，1816—1888）于1850年顷所发明的一种喇叭类乐器。

⑫⑧ 见马丁，第二卷，第369至372页，第386至392页，第403至405页。(原注)

第五章　判麦斯吞爵爷

一

1851年亚尔培的幸运达到了最高的水准。万国博览会的成功给他大大的增加了声望，而且似乎给他保证了以后在国家大事上有一个领导的地位。可是这一年还没有完，另一个成功，在极不相同的一方面，又归他所有了。这一番成功，虽然因重要的后效而愈显得大，本身就是多年来一直向一个最高点酝酿的一长串复杂事态的结果。

亚尔培在高等社会里的不得人望并未随时日而消减。贵族仍然以冷眼相看；他呢，却越来越抱起一种轻蔑的冷淡态度了。的确，有一个时候，仿佛上层阶级的嫌弃眼看要一变而成为亲热了，因为他们大为惊讶的听说亚尔培下乡的时候居然骑马打猎，而且显得一副好身手。他们原先认为当然，他的骑马功夫不过是外国的二等程度，如今他居然跳着五栏的园门，紧追着野狐，仿佛他从小生长在莱斯忒郡的。[1]他们简直不相信；难道他们会弄错吗，难道亚尔培到底是一个好家伙吗？要是他愿意人家这样看他呢，他当然不放过这个好机会，买几匹猎马，不断的使用它们了。可是他并无此种念头；打猎使他讨厌，使维多利亚神经紧张。他还像从前一样，如他自己所说的，为运动，为便利而骑马，并不为娱乐；于是大家一致承认，虽然亚尔培着实会骑几下马的，他不是游猎家。[2]

这是一件严重的事情。不只是因为亚尔培被风雅的女士们所笑，被风雅的绅士们所鄙夷；不只是因为维多利亚，结婚以前在社交场里露过头角，受了丈夫的影响以后，便差不多完全弃绝了。要知道自从查理第二以来，英国国君，除了一个例外，向来是不时髦的；而例外恰好是乔治第四，这一个事实似乎又给这条规律增加了一点意义。严重者不是缺少时髦，而是缺少其他更重要的特质。上流社会的敌视表现了一种比举止上的，甚至于比趣味上的，更深的反感。亚尔培，一言以蔽之，没有英国气。这句话的确切意义很难讲，可是事实昭彰，谁都明白。判麦斯吞爵爷也是不时髦的；辉格党的重要贵族都冷眼看他，他们只是认为命运派到他们身上来，无可奈何而容受他罢了。可是判麦斯吞爵爷满身是十足的英国气；他有些地方非常有力的表现了英国人的基本气质。他恰好是亚尔培的对照。机会来得真巧，这位道地的英国人，偏偏比其他任何本国人都密切地接触到这位来自海外的客邦人。因此一切的争端，在比较幸运的环境里，尽可以平息的，消除的，如今都加强到最高度。亚尔培灵魂里一切神秘的力量都跳出来同他的对手打架，在以后那个长期的激烈争执里，简直像他是同英国本身在争斗呢。

判麦斯吞的一生完全过在英国的政府里。二十二岁他就做了一个大臣；二十五岁他就被人家请去当财政大臣，结果由于他性格上出乎意外的那一份慎重的特质，他没有接受这个重任。他的第一任官职延长至二十一年，一直没有间断过。格雷爵爷秉政的时候他当了外交大臣，这个位置，中断过两次，他又保持了二十一年。这个时期内他在社会上的声望步步上升，等到 1846 年他第三次做外交大臣的时候，他在国中的地位几乎——要不是全然——同首相约翰·罗素爵爷的地位相等了。他现在是六十二岁的一个又高又大的人，一副洋洋自得的样子，大面孔，染色的胡须，一片含讥带嘲的长长的上嘴唇。他的私生活满不是体面的，可是他在晚年娶了考伯夫人，[3] 梅尔本爵爷的妹妹，结纳辉格党人的一个最有势力的女主人，因此使他在社交界的地位大为巩固。有权有势，经验丰富，自信力极强，他自然而然的不大把亚尔培放在眼里。为什么要留意他呢？亚尔培对于外交感觉兴趣吗？那么，好，让亚尔培留意**他**吧——他，他当亚尔培还在摇篮里的时候就做了内阁里的大臣，他是一个大国选中的领袖，他在一生里所担当过的任何事情上都从没有失败过。并不是他需要亚尔培的留意——满不是如此：就他所知，亚尔培只是一个年轻的外国人，他因未染恶习而活该受罪，他得以显贵的唯一理由是因为碰巧娶得了英国女王。这种计算，结果他发觉使自己吃亏的，原来是一个大错。亚尔培决非无足重轻的，而且，在亚尔培背后，还有一个人物也并非无足重轻的——还有史多克玛呢。

然而，判麦斯吞，忙于自己的计划，自己的野心，以及一大部门的事务，把这种考虑都置诸不理了，这是他最得意的办法。他靠本能生活——靠锐敏的目光，强辣的手腕，对于每一个危机的熟练处置，对于一种形势里重要成分的半麻木感觉。他很大胆；使他兴高采烈的无过于把国船驶入大风，驶入怒海，把船上所能带的每一块帆布都张起来。可是有一个界限，越过了它，大胆便成为轻率——这一个界限，不是理性，而只是直觉能感觉得出的；判麦斯吞却从不走过这一个界限。当他发觉事实需要，他能够慢——的确很慢，他的全生涯，虽然是充满了有声有色的冒险性，实在是一句格言的好榜样，正所谓“Tout vient à point à qui sait attendre〔万事都归能等候的人〕”。可是他要快起来，没有人能够更快了。有一天，从奥思本回来，他没有赶上开往伦敦的火车；他吩咐开一列专车；可是站长对他说在那个时分开一列专车是危险的，他不能答应。判麦斯吞一定要开，说他在伦敦有要事，不能等。站长，由全体职员一致拥护，继续持异议；他说路局不能负责。“那么**我**负责！”判麦斯吞信口说出，一副独断独行的样子；于是站长下令开车，这位外交大臣准时到伦敦做他的工作，没有发生意外。[4]这个故事十足表现了他处理私事与国务的痛快的勇敢。“英国很强，”他常常说，“尽可以不顾一切。”[5]显然，在判麦斯吞领导之下，英国确乎如此。那些官员尽管抗议，尽管让两脚直抖，他会用一句轻快的“我负责！”把他们挥走，把国家很快的开上他所选定的路线，直达一个顺利的终点，——不发生意外。他的深得人望，一部分是因为他外交上的成功，一部分是因为他为人的和蔼可亲，可是主要是因为那种纯正的热切性，借此他得以呼应国人的感情，维护国人的权利。国民都知道判麦斯吞爵爷不只是一个有气概的主人，而且是一个专诚的仆人——他是，照字面的任何意义讲，一个公务人员。他当首相的时候，有一天他注意到绿园的草地上加了铁栏了，他马上通知负责的大臣，用最严厉的措辞，下令把它们立刻撤去，说它们是“一种不堪的障碍”，说草地的本意原是“为老老少少的国民自由行走的，为了给他们享受才设的公园”。[6]他当外交大臣，就是用这种精神来处处留意海外英国人的权利的。在英国人是觉得再好没有了；可是外国政府却没有这么高兴。他们觉得判麦斯吞爵爷多事，打麻烦，大惊小怪。在巴黎人家低声的讲“ce terrible milord Palmerston〔这个可怕的判麦斯吞老爷〕”；在德意志人家为他编了一支小调——

“Hat der Teufel einen Sohn，
So ist er sicher Palmerston.
〔如果魔鬼有子孙，
第一个就是判麦斯吞。〕”[7]

可是他们的怨语，他们的恐吓，他们的骚动，都毫无用处。判麦斯吞，噘着含讥带嘲的上嘴唇，不顾一切，自己走自己的路。

他复任以后第一个外交危机，虽然与女王夫妇非常有关系的，平安渡过，廷上和大臣没有发生严重的冲突。过去几年里一个奇怪的问题难住了所有欧洲的最高法院。西班牙，从拿破仑时代以来，频年内乱，在母后克利思丁娜同她的女儿伊莎白拉治下比较安定了一些日子。[8] 1846年，伊莎白拉的婚姻问题，本来早就成了外交上观望的目标，突然尖锐化了。许多同她攀亲的候补者都提出来了——其中有她自己的两个表兄弟，另一位西班牙公子，以及萨克思·科堡的利欧波公子，维多利亚的表弟，亚尔培的堂弟；然而，为了各种原因，这些年轻人中似乎没有一个是完全满意的。伊莎白拉还不满十六岁；她的结婚怎见得不可以再延宕几年；可是大家以为这不成问题。"Vous ne savez pas〔你不知道〕，"一位有力者说，"ce que c'est que ces princesses espagneles；elles ont le diable au corps，et on a toujours dit que si nous ne hâtons pas，l'héritier viendrait avant le mari〔这就是那些西班牙公主之所以成为西班牙公主；她们身上有鬼，常言道倘若我们不赶快，继承人要比丈夫先到了〕。"[9] 又怎见得伊莎白拉的婚事不可以由她自己，由她的母亲，由她的政府去解决呢；可是又满不是这么一回事。由于十八世纪各种老套的周期的回复（传说这种现象在今日外交上还没有绝迹呢），这件事居然变成了英法两国外交政策上极重要的问题了。几年来，路易·腓力普同他的首相纪索[10]私底下一直盘算着一个极妙的计策。法国国王的目的是在重现路易十四的盛coup〔举〕，是在放他一个孙子到西班牙的王位上以打消比利纽斯山脉。[11]为的要达到这个目的，他可不敢贸然的提议他的小儿子蒙邦绥公爵配伊莎白拉；那未免太明显了，一定会立刻引起难以克服的反对。所以他提议伊莎白拉配她的表兄加迪斯公爵。蒙邦绥呢，配她的妹妹斐南达公主；请问，这还会有什么反对吗？诡计多端的老国王向纪索纯洁的耳朵里低低的一声吐露了秘密的关键；他有极充分的理由，相信加迪斯公爵不会生孩子，因此斐南达的子息会继承西班牙的王位。纪索抚手自乐，立刻开始转动那些必要的发条；可是，自然，全盘的计划马上泄漏了，人家知道了。英国政府非常重视这件事情；

势力的平衡发生动摇了，法国的阴谋一定得不惜冒一切危险而加以扑灭。接着便来了一番极紧张的外交斗争；有时候简直像快要发生第二次“西班牙继位战争”了。这倒避免了，可是这场奇异纠纷的结果是牵涉到很多，而且与关系各方面所能预料的完全不同。

在那些又长又复杂的交涉中，有一点路易·腓力普特别着重——利欧波公子的候补。西班牙女王同一位科堡公子的结婚，这个形势，他宣称，威胁欧洲势力的平衡，至少不下于蒙邦绥公爵同斐南达的结婚；的确，这一点大有道理可说。拿破仑战争中科堡宗室所受的摧残，显然只有增加了它的生气，这门大家的子息现在出奇的播满了全欧洲了。利欧波王在比利时站稳了；他的甥女是英国女王；一个侄儿是英国女王的丈夫，一个是葡萄牙女王的丈夫；还有一个是符腾堡大公。这要弄到什么地步呢？情形像设了一个“科堡托辣斯”，随时都预备派出一个人员去填补欧洲各王室里的空位置。甚至于欧洲以外也有受这种传染的征兆。一个到布鲁塞尔的美国人曾经对利欧波王断言美国有一种厌弃庶民的恶政而倾向君主政体的强烈感情，并且，弄得陛下满心欢喜，说科堡宗室里的人尽会有获得这个位置的希望。[12]那个危险，也许，还远着哩；可是西班牙危机却近在目前；而且，如果利欧波公子同伊莎白拉女王结婚，法国不免处到了屈辱的地位，即使不是绝对危险的地位。这是路易·腓力普的断言。英国政府也无意援助利欧波公子，显然亚尔培和维多利亚对于这门亲事有几分盼望，有见识的史多克玛劝他们罢了念。这样一来，似乎有门路可以和平解决了：英国不要硬帮利欧波，法国不要硬抬出蒙邦绥。在欧庄内，他们，一方面是国王和纪索，一方面是女王，亚尔培和亚培亭爵爷，[13]经过了几次谈判，终于成立了一个协定。亚培亭，以外交大臣的资格，宣称英国既不承认，亦不援助利欧波公子作西班牙女王的候补婿，一方面路易·腓力普对亚培亭，又对维多利亚，郑重许言蒙邦绥公爵非等到女王结婚而且生子息以后绝不同斐南达结婚。一切进行得很好，危机似乎过去了，整个的问题突然由判麦斯吞重启了，他那时候已经继亚培亭做了外交大臣。在他给驻马德里英国公使的一道文书里，他开了一张名单，举了许多同伊莎白拉订婚的可能的候补者，其中就有科堡的利欧波公子；同时他乘机用激烈的措辞指摘西班牙政府的专暴与无能。这道公文，本来在任何场合都是失检的，因传达给纪索而更加显得太随便。路易·腓力普一见这个机会便抓住了。虽然判麦斯吞的言辞里并无表示他承认或援助利欧波公子的地方，国王却立刻认定英国已经失约了，所以他也可以照样自由行动了。他于是把公文送达西班牙母后，宣称英国正在阴谋给科堡人订亲，请她注意判麦斯吞对于西班牙政府的仇恨，劝她逃避困难，设法确保法国的友谊——嫁伊莎白拉给加迪斯公爵，斐南达给蒙邦绥。母后又惊讶又气愤，很容易的被他说服了。现在只有一个困难：伊莎白拉对她那个从兄看一眼都觉得头痛。可是这个困难马上打破了；宫里开了一个夜宴，闹了一夜，这位年轻的女孩子终被诱导得服服帖帖，要她怎样就怎样了。不久以后，同一天举行了两个婚礼。[14]

这个新闻传到英国政府来仿佛爆发了一枚大炸弹，他们又气又恼，觉得完全被那位狡猾的国王操了胜算了。维多利亚尤其气恼。不但她曾经当面听过路易·腓力普的誓约，而且他曾经得过她的欢心——送太子一匣兵士，又送公主一个美丽的巴黎玩偶，眼睛会一开一闭的。现在伤了感情又加受了奚落。法国皇后写给她一封官样文章的信，泰然的，仿佛报告一件家事，仿佛料定维多利亚必然会感觉兴趣的，她通告了她的儿子蒙邦绥的结婚，说这件事“ajoutera à notre bonheur intérieur，le seul vrai dans ce monde，et que vous，madame，savez si bien apprécier〔将增加我们天伦的幸福，世界上唯一真实的幸福，这一点，夫人，你是知道得清清楚楚的〕。”[15]可是英国女王没有等多久便出了这一口气。不到十八个月，路易·腓力普的朝廷，失去了信用，失去了民心，又因失去了英国的援助而元气大伤，终于被一扫而空，他同他的家小，卑颜屈膝，投奔到维多利亚的脚下来了。[16]

二

在这件事情上女王和亚尔培都太注意路易·腓力普的背信了，以致没有半点气生到判麦斯吞的过失上；而且的确，大体上判麦斯吞的态度和他们自己的完全一致。可是这一次案情是单纯的。在后来几年其他许多严重的外交错综里，皇家夫妇与外交大臣之间意见总不合，总闹得很厉害。为了葡萄牙，他们之间发生了一次激烈的争执，因为那边正有敌对的党派在互相扑斗。皇室方面自然是同情葡萄牙女王及其科堡丈夫的，而判麦斯吞呢，援助那一国的进步分子。然而，直到1848年，形势才当真严重了起来。在这个革命的年头，四面八方，屡见不鲜的，皇冕纷纷从皇族头上掉下来，亚尔培和维多利亚大为惊诧的发觉英国对外——对德意志，对瑞士，对奥地利，对意大利，对西西里——政策总是偏袒叛乱势力。那个局面，的确，正是判麦斯吞心爱的局面。处处是危险与激动，处处需要决断，处处有机会行动。他是一个坎宁的徒弟，[17]心里根深蒂固的种下了英国绅士轻蔑和讨厌外国君主的癖性，民众起义以及那些压迫者被狼狈逐出他们糟蹋了的宫廷，这种种洋洋大观，使他无限的快活，他决定，在全欧洲这种大斗争里，英国站在哪一边，不容有半点的疑惑。并不是他在哲学上有什么过激主义的色彩，他根本没有任何种哲学色彩；他很安于自相矛盾——对内做保守党，对外做自由党。叫爱尔兰人安分守己，是有极充足理由的；可是那有什么关系呢？要紧的是——随便哪一位规矩人读一段关于拿波里[18]政治狱的报告，就会义愤填膺。他并不要战争；不过他明白，如没有战争，巧妙而坚决的运用起英国的威力来，大可以促进欧洲的自由主义。这是一种困难而危险的玩意儿，可是他十分轻快的着手玩起来了。然而，使他非常气恼的，正当他需要用全副精力，需要尽可能的完全自由行动的时候，他觉得处处受阻挠，受打岔于……奥思本那边人。他明白是怎么一回事；他们的反对是有条理的，头头是道的，单是女王自己是不会这样的；主动的是亚尔培。这非常麻烦；可是判麦斯吞忙乱得很，不能等；亚尔培如果硬要干涉，一定得置诸不理。

亚尔培很生气。他大不赞成判麦斯吞的政策，也大不赞成他行动的方式。他是反对专制的；可是在他看来判麦斯吞的办法无非打算为全欧洲代专制以一些不见得较好而大有更坏可能性的东西——党派的紊乱，暴民的横行。这种革命酝酿的危险是严重的；甚至于在英国宪章主义⑲也很嚣张——这一种邪恶的运动尽可以随时推翻宪法，取消君主政体呢。不用说，国内既然有这种危险，万不该挑这个时候去鼓励国外的无法纪行动。他自然而然的特别对于德意志感觉兴趣。他的本能、他的感情、他的成见，是断不了德意志根蒂的；史多克玛极关切德意志政治；并且他在统治德意志的各王公家里有许多亲戚，他们在革命的骚动中，每礼拜写来一封忧惶的长信。从各方面考虑了德意志的前途以后，他在史多克玛的指导之下，得到了这一个结论：每一个爱护德意志者的大目标应该是统一德意志于普鲁士治下。局面是极其复杂，而且随时会发生善果或恶果的可能性是多到不可胜数；然而他张口咋舌的发觉判麦斯吞既不了解，亦无意了解，这个重大问题的微细处，只是一味盲目的横冲直撞，左一拳右一脚，就他所知，简直是毫无条理，甚至于毫无动机——当然，除了对于普鲁士政府的一种全然不可理喻的不信任。

可是他之不赞成判麦斯吞政策上的各种细节，实际只是这两个人性格上基本差异的表征而已。在亚尔培看来，判麦斯吞是一个粗鲁莽撞的自负者，他的傲慢与胡涂的混合脾气必然会引出胡闹与灾难的结果。与亚尔培势不相容者无过于如此缺少忍耐，缺少反省，缺少原则，缺少推理习惯的人了。因为在他是不能容忍仓卒的思量、孟浪的决定、一意凭不可解释的本能而行动的。什么事都得有条不紊，仔细计较地做；论点的前提应当先立稳；正确的结论必须经过了一整套合理的步骤而后下。逢到复杂的问题——恰当的看来，哪一种问题不是复杂的呢？——把头里想的记到纸上是最聪明的办法，虽然这或许很麻烦，却正是亚尔培照例采用的办法。此外，在一桩事件的前后，都得草就一篇有条理的记述；所以，不管发生什么事情，总见到亚尔培作了一个备忘录。有一次他把他同罗伯·庇尔爵士的一场机密谈话在纸上记了六大页内容摘要，对他朗读了以后，又请他加署名字；罗伯爵士，向来不乐意落把柄在别人手里的，显得非常局促；于是，亚尔培，知道对待英国人必须迁就他们那种易感性，非常机敏地把那一个备忘录扔在火里了。至于判麦斯吞，他甚至于连对他读一个备忘录的机会都向不予人的；他大有不喜欢讨论的样子；往往人家还没有摸着头脑，他一声也不招呼，尽自作起轻率而激烈的图谋来了，这种图谋说不定会演成一次欧洲大战呢。也同他这种谨慎的，不辞劳苦的理性息息相关的是他想从各方面彻底考察问题，探本逐源，严守某种明确的定则而行动这一种存心。在史多克玛的监护之下，他不断的致力于扩大目光，致力于既注意理论又讲实际——既确切又深刻——而考虑重要问题。在一个习于如此存心的人看来，根本不知定则为何物的判麦斯吞那些专凭经验的活动，就仿佛惹厌小孩子的胡思乱想了。判麦斯吞懂什么经济、科学、历史吗？他管什么道德、教育吗？他一辈子曾经用多少心思考虑改善劳工阶级的境遇、增进人类的幸福呢？这些问题如何回答是太显然了；然而也不难想象判麦斯吞会怎样下洋洋自得的按语。“啊！殿下是忙于设计出色的计划，作仁慈的打算——丝毫不差呀！唔，至于我呢，我得说我倒挺满意我早上的工作——我已经把绿园里的铁栏给拆去了。”

然而这个可气的人却宁愿不作任何按语，宁愿一声不响，笑嘻嘻，走他无可辩解的路。“置诸不理”的办法不久便使起来了。重要的外交部公文，不是太晚了才呈报女王以致来不及修正，就是压根儿不去呈报；或者，呈报是呈报了，有些地方受了反对，得了改正的批示，结果却还照原文发了出去。维多利亚说抱怨的话；亚尔培说抱怨的话；两人一齐说抱怨的话。毫无用处。判麦斯吞是最会抱歉的——不晓得究竟是怎么一回事——非申斥书记官不可——当然得遵从陛下的意旨，以后一定得不再发生这一类事情。可是，自然，不久又发生了，皇上的抗议乃加倍严重。维多利亚的党派心全然激起来了，她的抗议和亚尔培的不同，灌入了一种个人的激昂性。判麦斯吞爵爷忘记了她是英国女王吗？她怎么能坐看事情弄到这种样子，用她名义的公文送到外国去而不得她的准许，甚至于不让她知道？还有什么会更有损她的尊严如这种事情：不得不接到许多在位的君主得了那些公文而写来的愤慨的信——这种信她竟不知道怎样答复，因为她对于他们的意见是全然一致的。“抗议对于判麦斯吞爵爷毫不生影响，”她说。[20]“判麦斯吞爵爷，”她另一次又对他说，“他照例假装没有工夫在发出以前把草案送来呈阅。”[21]她召见约翰爵爷，[22]倒出一肚子愤慨的话，过后，听了亚尔培的劝告，把经过记入了一个备忘录：“我说我以为判麦斯吞爵爷常常以偏激处理问题而陷英国的声名于危地；说他的笔头总是毒辣，大有害处，这一点约翰爵爷完全承认，又说我常常觉得焦灼坏了，”[23]于是她转而告诉她的舅父。“德意志的情形，”她在广泛而悲观的考量欧洲大势中写着，“实在可怕，为了那个原先确实是那么太平，那么安乐的国度，我们真觉得惭愧。那边还有好人我是敢断言的，可是他们竟甘受可怕又可耻的驱使。在法国似乎有一个危机迫在眉睫了。我们在这个仲裁中多么丢脸哪！实在是不道德，爱尔兰在我们手中蠢蠢思动，随时都预备脱离呢，我们竟强迫奥国放弃它合法的领土。[24]要是加拿大，马尔他，[25]等等，跟我们打起麻烦来，我们将怎样说呢？这使我非常痛苦。”[26]可是判麦斯吞爵爷管得什么？

约翰爵爷越来越感觉为难。他并不赞成他的同僚那样对付女王。当他请他留心一点的时候，他遭遇到这样的回答：外交部一年就发两万八千道公文，如果每一道都呈请皇上批阅，一再延搁，那还了得；事实上，浪费时间，把草案呈请亚尔培殿下过于精细的审查，多招麻烦，叫一个操劳过度的大臣如何受得了；事实如此，为了这个缘故而迁延重要决定，早已引起外交上许多非常不愉快的结果了。[27]这些辩白想必会说服约翰爵爷的，要不是他自己也受了类似的忽略。判麦斯吞连他也往往不给传送最重要的公文哩。外交大臣几乎掌握了一个独立的权柄，随意动作，自行负责调度英国的政策。有一次，在1847年，他当真险些儿要同法国断绝外交关系了，并没有预先征求内阁全体或首相一人的意见。[28]这类事情不断的一再发生。当亚尔培知道了这一点，他认为机会到了。只要他能够尽量拆开这两位政治家，只要他能够联络约翰爵爷，那差不多一定可以抑止或除去判麦斯吞爵爷了。他用了他全副顽强劲儿来着手工作。他和女王双方同时尽量对首相施以压力。他们写，他们大声疾呼，他们转入可怕的沉默。他们想克莱伦敦爵爷，[29]他是内阁的重要分子，可以为他们的不快作传达的渠道。他们请他进宫吃饭，饭一吃完，据他后来说，“女王便爆发了，非常激昂，非常苛刻的列举判麦斯吞的一切举动，对于全世界的一切影响，以及她自己对于这一点所发的一切感观。”她讲完了，亚尔培又接下去，没有那样兴奋，可是一样有力。克莱伦敦爵爷觉得很窘；他不喜欢判麦斯吞的政策，可是他是他的同僚，而且他不赞成皇家夫妇的态度。照他的意见，他们是“妄想不要大臣们而要廷臣们调度国务”，他以为他们“有了奇异的误解，误认外交部是他们特有的一部，误认他们有权利控制——若非指挥——英国的外交政策”。因此，他非常客气的，使他们明白他无论如何，不愿入彀。[30]可是约翰爵爷实际上用不着什么压力。他的君上攻击他，他的外交大臣不理他，他过着苦恼的日子。[31]可怕的雪列司魏格·霍尔斯坦因问题[32]——欧洲全部外交史上最复杂的问题——发生了以后，他的地位，压在上下两块磨石之间，变得绝对的不堪忍受。他现在第一件心事就是赶紧除去判麦斯吞的外交部职司。可是——假设判麦斯吞不肯走呢？

在差不多这个时候亚尔培记述他自己、维多利亚、首相三人某次会见的备忘录里，我们得到奇妙的一瞥：这三位重要人物的心境——约翰爵爷的焦灼与烦躁，维多利亚热辣的刻毒，亚尔培适度的怀恨——仿佛集结在一处，同受荫蔽于一不可见的幽灵，种此天怒的孽障——快活的，神怪的判麦斯吞。在谈话中某一点，约翰爵爷说他相信外交大臣会答应换一换位置的；判麦斯吞爵爷，他说，知道他已经失去了女王的信任——虽然只在公务上，不在私人关系上。可是讲到这个，亚尔培记着，“女王打断约翰爵爷的话，说她在**私人**关系上也不信任他，可是我说判麦斯吞爵爷至少已经是看对了；说他已经使女王不喜欢，并不是为了他本人，而是为了他政治上的作为——这一点女王同意了。”于是亚尔培提示内阁有倒的危险，判麦斯吞爵爷有回任首相的可能。可是这一点约翰爵爷表示无虞：他“以为判麦斯吞年纪太老（已经过了六十五岁了）将来不会有什么大作为。”最后的决定是目前什么也不能办，可是要保守**绝对秘密**；这一场秘密会议便如此完结。㉝

最后，在1850年，似乎就可以有办法了。民众显得厌倦了判麦斯吞大惊小怪的外交；而且当他支持堂·巴喜非珂（Don Pacifico），一个英国属民，同希腊政府争执，眼看要把国家牵入战争的旋涡，不但同希腊，而且同法国开仗，很可能的还会加上俄国来呢，一片不信任，不乐意的浓云，似乎在凝聚，似乎要发作到他的头顶上了。一个反对他的动议以强大多数通过上院。问题下次就要在下院讨论了，另一场拆台的表决是不会无望的，那就会决定外交大臣的命运了。判麦斯吞若无其事的接受这个打击，于是，到最后再也不能放纵下去的一刻，他动了手。用了一篇费时达四小时以上的演说词，解释、抨击、议论、正经道白、家常闲话、响亮的雄辩，混和得绝顶的巧妙，意想不到的恰切，他一下子把他的敌人都消灭了。反对的动议失败了，判麦斯吞又成为一时之雄。同时，阿忒洛朴斯也在暗地里左袒他。[34]罗伯·庇尔爵士坠马而死。因此惨变，判麦斯吞目击唯一足以抗衡他的大敌从他的面前除去了。他认定——也就认对了——他是英国最得人望的人；当约翰爵爷重提旧事，计划把外交大臣和内阁里旁的位置对换的时候，他就绝对不肯动一动。[35]

亚尔培大为失望；维多利亚大为愤慨。"下院，"她写着，"变得很难驾驭，很讨厌。"[36]亚尔培，知道判麦斯吞的位置比一向都更稳固了，断定非用激烈手段不为功。五个月以前，那位有先见之明的男爵，预防发生意外，早已拟就了一个备忘录，细心的摘记大要，搁在手头，以备随时取用。现在意外已经发生了，那个备忘录一定得用出来。女王抄出了史多克玛的话，送给首相，请他把她的信给判麦斯吞看。"朕认为当然，"她写着，"为**预防将来发生任何误会**起见，应简略说明朕**所期望于外交大臣的事情**。朕要求：（一）他得清清楚楚的陈述他在一个既定事件中的企图，以便朕清清楚楚的知道自己裁可的是什么；（二）一切方案，**一经**朕裁可，大臣便不得擅自更改或修正；发生这一种行为，朕得认为对君上无诚意，认为理所当然的行使朕的宪法权利，罢免这位大臣。"[37]约翰·罗素爵爷照办了，把女王的信转送给判麦斯吞爵爷。这一桩公案，于宪政上含有极重大意义的，外边人完全不知道。

如果判麦斯吞是一个感觉灵敏的人，他也许会一接女王的信便自动辞职了。无奈他满不是感觉灵敏的；他爱权力，现在他的权力又比一向都大；一种正确的本能告诉他这不是走的时候。然而，他究竟心绪大乱了。他终于明白他正在同一个不可轻视的敌手挣扎，对方的本领和气力，除非加以软化，恐于他的事业，将有不可弥补的大害。他于是写信给约翰爵爷，简略的依允了女王的要求——"我已经把女王这个备忘录抄出了一份，以后当尽力遵守这里头的训令”——同时他请求谒见亚尔培。亚尔培立刻召他进宫，据他在一个备忘录里说，颇为惊讶的见到判麦斯吞进房间的时候“显得很烦恼，颤抖着，眼眶里包着眼泪，着实感动了我，我在任何场合都从未见过他不带一副温和的笑容。”这位老政治家滔滔不绝的申辩，剖白；那位年轻的冷漠而客气。最后，经过了一番不得要领的谈话以后，亚尔培，站起身来，说为的给判麦斯吞爵爷举“一个女王所要求的榜样”，他要“直截了当的问一个问题”。判麦斯吞爵爷恭恭敬敬地静候着，亚尔培便说出如下的话：——“你知道女王反对关于雪列司魏格的草约，[38]也知道她反对的理由。她的意见被否定了，声明列强愿确保丹麦王国领土之完整的草约是签定了，而且因此丹麦国王便进攻雪列司魏格，这时候战事正在那里猛烈进行。倘若霍尔斯坦因也受攻击（那是很可能的），日尔曼便不能坐视不救，可是俄国已经表示过要武力干涉，倘若雪列司魏格人得到胜利。你说怎么办，倘若这个意外发生了（大有引起一次欧战的可能的），并且说不定就当我们正在巴尔穆拉尔，约翰爵爷正在苏格兰另一处的时候发生呢？[39]女王因为你有先见之明，料想你已经考虑到这个可能性，要求你确切回答你在这个假定的事件中将怎么办。”着实奇怪，对于这个直截了当的问题，这位外交大臣竟似乎不能置答。他只说问题非常复杂，殿下所说的意外未必会发生。亚尔培不肯放过；可是没有用处；整整一个钟头他费尽气力要获得一个确切的答复，可是判麦斯吞一鞠躬走出去了。亚尔培愕然的伸开了两臂：对这样一个人有什么办法呢？[40]

真有什么办法呢？尽管道歉，尽管许诺，不到几个礼拜这个不可救药的无赖又犯了老毛病。奥国海诺将军，[41]向来以严厉镇压匈牙利和意大利的叛乱，尤以鞭打妇女，闻名于世，那时候正来到英国，偶然想参观巴克莱公司的酿酒场。这位“海伊拿（鬣狗）将军”，他到处都被人家这样称呼的，一副狰狞的瘦削脸，两撇椒盐色的八字须，博得了可怕的声名；碰巧那个酿酒场的书记员中有一个从维也纳来的亡命徒，他把将军的特点，以直接知道的资格，给同事的工人作了一番详细的描摹。奥国大使，看势头不对，请他的朋友不要在公共场所露面，或者，一定要露面的话，先把八字须薙去。可是将军不肯听什么忠告。他尽自到酿酒场去，立刻被大家认识了，被一群气愤的运酒夫包围了，推来推去，叫骂，拳打脚踢，拉胡子，赶快逃到一条巷里，后面追来了那群暴徒，挥着扫帚，喊着"海伊拿!"他拼命躲进了一家酒馆，最后由几个警察护送了出去。奥国政府大怒，向英国当局提出质问。判麦斯吞，为了这个意外，心里自然很高兴的表示歉意，可是加上一句说将军也"未免失检，在这个时候来英国"；他这个答复送给大使，预先并未呈准女王或首相。当然，发觉了以后，起了一场严重的风波。亚尔培尤其愤慨；运酒夫的举动，他很嫌恶，很惊讶，认为"一班没有约束的无识之徒无所不为的一点小锋芒"；约翰爵爷要求判麦斯吞撤回公文，另换一个，把批评将军的话完全删去。这样一来，外交大臣以辞职要挟了，可是首相很坚决。有这一个时期，上方的希望升得很高，但无非供敌方残酷的柔顺重打落地下而已。判麦斯吞，一变而柔如羔羊，什么都依应了；公文撤回了，改了，和平又一度弥补起来了。[42]

这样过了一年，到1851年10月，柯苏特[43]来英国又引起了一个危机。判麦斯吞想在伦敦自己的家里接见这位匈牙利爱国志士，约翰爵爷不许可；又一度发生激烈的争斗；判麦斯吞又一度以辞职要挟而终于屈服。可是这位不甘服从的人仍然不能安稳。过了不多几个礼拜，从芬士布里和易兹令屯[44]来的一个过激派代表团在外交部候见大臣，向他请愿，语句中称奥俄两国皇帝为"可憎可恶的凶手"，"不仁的暴君"。外交大臣答复的时候，一方面温和的驳斥这种措辞，一方面以一种最不得宜的 insouciance〔漠不关心〕而流露了他的真感情。谣言马上传出去了，宫廷方面人怒不可遏，肆意唾骂。"我想，"男爵说，“这个人一定疯了些日子了。”维多利亚，写一封气恼的信，敦促约翰爵爷维护自己的威信。可是约翰爵爷觉得在这件事情上外交大臣有民意作后盾，他认为还是待时为妙。[45]

他不用等多久。不到年底，长期的冲突、胁迫，再接再厉，达到了最高点。十二月二日，路易·拿破仑的政变在巴黎发生了；第二天判麦斯吞，没有同任何人商量，尽自在同法国大使谈话中表示了他赞成拿破仑的举动。两天以后，首相遵照女王一封信的意旨，给他一道训令，说英国政府的方针，对于法国国事，确守中立。然而，在发给巴黎英国大使的一道正式公文里，他把他早已对伦敦法国大使口头提过的赞成政变的话，重说了一遍。这道公文既没有呈准女王，也没有呈准首相。约翰爵爷的忍耐，如他自己所说的，“弄到山穷水尽了”。他罢免了判麦斯吞爵爷。[46]

维多利亚大喜若狂；亚尔培知道胜利与其说属于约翰爵爷，毋宁说属于他自己。他愿意格兰维尔爵爷接判麦斯吞的任，这位年轻人他相信容易受他的影响；而格兰维尔爵爷确被选任了。[47]从此以后，似乎亚尔培在外交上可以为所欲为了。经过了多年的奋斗和屈辱，他现在无往而不成功了。在家庭里，他是一个受崇拜的主人；在国内，万国博览会给他博得了尊敬和光荣；现在在隐秘的权位上他又得到了一种新的至尊权。他曾经扑斗过可怕的判麦斯吞爵爷，英国精神中他所最嫌恶的一切的代表，而他这个顽强的对手被打倒了。[48]英国本身就在他们的脚下了吗？竟许会如此吧；然而……人家说英国的子孙有一种讨厌的特性：他们从不知道什么时候才算挫败。那才古怪，可是判麦斯吞显然还得意扬扬呢。当真会这样吗？难道他，在盲目的骄矜中，还相信甚至于他这次不体面的被免职也不妨置诸不理吗？

三

亚尔培的胜利是短命的。过了几个礼拜，由于判麦斯吞的影响，内阁失败，约翰爵爷辞职了。于是，稍隔了一些日子，辉格党与庇尔的附从者两方的联合内阁产生了，由亚培亭爵爷充首相。判麦斯吞又进了内阁。果然他并没有回任外交部；这是好转的现象；在内务部他的活动想必没有那样危险，那样讨厌了。可是外交大臣不再是那个随和的格兰维尔；碰到克莱伦敦爵爷，亚尔培知道又要对付一个大臣，他虽然谨慎，谦恭，却有他自己的主意。

然而这种变迁，却无非是一种更严重十倍的发展的开端而已。事态，从各方面，汇聚到一个大灾难。国家突然笼罩在迫近的战云之下了。一连好几个月，在外交的闪烁不定中，在政治的骚乱不安中，问题越来越模糊，越混沌，一方面国民的感情浮动到了极点。就在这个紧要关头，在这种纠缠不清，风云险恶的交涉中，忽然宣布了判麦斯吞的辞职。于是国民胸中郁积多时的愤激一旦爆发了。他们原先觉得在复杂的可怕的事件里他们受了软弱的，张皇失措的领导；幸而知道中枢还有一个人，有力量，有勇气，有决断，可以信任，他们方安下了心。如今听说这个人已经不在位了。为什么？在愤怒、忧惶、兴奋过后的疲惫中，他们狠命的向四处环顾，捕风捉影，想寻出不可告人的隐情。他们觉得其中必有阴谋，他们穿凿到叛逆的形迹。他们很容易找出发泄愤慨的对象。可不是最高位上有一个外国人，对他们所爱戴的战士素怀敌意，不肯通融，不自掩饰的外国人？听到判麦斯吞辞职的那一刻，全国一致的大声疾呼，愤恨的激情，如狂风急雨，猛烈到无可比拟，一下子都倾注到了亚尔培的头上。

到处都说女王的丈夫是一个卖国贼，说他是俄国的走狗，说他听了俄国的指使逼走了判麦斯吞，又说他为英国敌人的利益而操纵英国外交政策。一连好几个礼拜，这种非难的话充满了报章的篇幅；在公众集会中一再宣扬，在私人谈话中加以渲染，以致传遍了全国，越传越厉害，越不成话。同时有地位的报纸喷发出严重的抨击，半便士一张的传单，在伦敦沿街叫卖，在粗鄙的歪诗中唱和出同样的感观，同样的猜疑。[49]到后来最荒唐的谣言也开始传播了。

1854年正月间，密传亚尔培被捕了，说他犯了卖国罪，将幽禁入伦敦塔。女王自己，有人说，也给抓了，事实上真有人一大群一大群的聚在伦敦塔周围，等看这一对皇犯的下狱。[50]

这些荒诞的错觉实在是战事将临，空气紧张的结果，纯属无稽。判麦斯吞的辞职十之八九原与外交政策完全无关，百分之百原出于完全自发，曾使宫廷方面人和举国上下同样惊讶。[51]亚尔培也并不曾以任何方式影响政府袒护俄国的利益。在这种情形之下，政府往往是摇晃在两种不能两立的政策之间：一方面是不干涉政策，一方面是武力作后盾的威胁政策，不管哪一种，如能够贯彻，满可以获得顺利而和平的结果，可是两种混合在一起，那唯有出于战争的一途。亚尔培，生性审慎，想小心翼翼，穿过欧洲外交的迷宫，结果还是迷失了。可是全内阁都如此；一到发生战事，他反俄感情的热烈全然不下于英国最好战的人呢。

不过，虽然集中到亚尔培身上的具体责难毫无根据，这个局面里自有基本道理可以解释（若不是以辩护），一般人的心理状态。女王的丈夫的确是一个外国人，他从小生长在外国宫廷，头脑里灌满了外国思想，一大批近亲都是外国王公。这种情形，虽然也许是不可避免的，却显然是不受欢迎的；反对的根由也不仅是理论上的；事实上确乎也引起了相当严重的不愉快结果。英国大臣们老是慨叹亚尔培那些德意志癖性；判麦斯吞爵爷，克莱伦敦爵爷，亚培亭爵爷，[52]异口同声，说一样的话；而且每逢国家政策发生严重问题的时候，内阁方面总得抵敌内廷方面的偏见，因为那边德意志见解，德意志感观太占势力了。至于判麦斯吞，讲到这个题目，他的话是容易失去约束的。他被免职，羞恼成怒的时候，他直言不讳，尽自说他做了外国阴谋的牺牲。[53]他后来把这个非难的语气缓和了；可是从这种地方竟可能发出这种暗示，仅仅这一点事实，已十足表示了亚尔培的外国出生、外国教养，会产生怎样不幸的结果。

不仅如此。亚尔培在英国的地位引起了一个最重大的宪法问题。一个旧难题因他的存在而得了新的重要性——国君的职司与权力到底怎样下定义。这些职司与权力实际上已经归了他的掌握；他怎样应用的呢？他对于宪法上国君居何种地位的见解是不难确知的；因为这是史多克玛的见解；恰巧我们有史多克玛就在这个时候，就在克里米亚战争[54]发生以前，写给亚尔培的一封长信，得以详细知悉他对于这个题目的意见。君主立宪政体，据男爵说，自从"改革案"通过以后便遭受了掩蔽，现在"每日都有变成纯粹内阁政府的危险"。老派的托立党，"直接关怀于拥护君主的特权"的，已经消灭了；辉格党是"无非一半自觉，一半不自觉的共和主义者而已，他们对于君主的关系正如狼对羊的关系"。英国宪法有一条规矩，凡国会讨论宪法事件的时候，不得提起"不负责任的君主的名字或本人"；这是"一种宪法上的虚拟，虽然由来已久是无疑的，危险性却很大"；男爵警告亚尔培说"倘若英国元首容许辉格党内阁，一丝不苟，照这条规矩实行，莫怪不久你将见到大多数国民存了一种观念，以为从法律上看来，国王无非是一个坑偶，随大臣的意旨，赞成、点点头，反对、摇摇头，如此而已"。要防止这种事情的发生，最要紧是，男爵说，"一点也不放过维护君主的合法地位的机会"。"这不难做到"，他又说，"而且，事关忠爱如女王夫妇本人者，绝不至于为难大臣"。以他看来，皇权的最低要求也得包含"国王应有当内阁会议的永久主席的权利"。君主应居"终身首相的地位，在内阁的临时首脑之上，而在纪律问题上可以施行最高的权力"。君主"甚至于还可以参与倡导和完成政府的措施；因为国王，他自己和他最好的大臣们同样能干，同样有才有艺，同样爱国，而不许在枢密院的审议中应用这些长处，实在讲不通"。"适当的行使这种权利"，男爵临了说，"那当然需要英明果断，如果办到，则君主立宪政体，不但可以得到最好的保障，而且可以达到有力，稳固，匀称上从未达到过的高度”。[55]

这样的解释宪法也未始不可，虽然不知道怎样才能够符合内阁负责制的基本原理。威廉第三是参加枢密会议做主席的，而他是一个立宪君主；似乎史多克玛心目中就以为君主原该在宪法上占一个类似威廉第三时代占过的地位呢。可是这样一种主张，将使得君主甚至于比乔治第三治下更有权力，显然与英国革命以来整个的政治发展背道而驰的；而且，是史多克玛抱了这种主张，是他灌输给了亚尔培，这一点事实关系重大。因为事实上确有理由可以相信亚尔培不但在理论上抱了这些信条，而且从容沉着，继续不断的企图收实际的效果。君上和判麦斯吞之间斗争的历史供给了骇人听闻的证据，证明了这是实情。那个斗争达到最高点的时候是当女王，依据史多克玛 1850 年的备忘录，要求自己的“宪法权利”，要罢免外交大臣，倘若他擅改她批准过的公文。那个备忘录实际上不啻明白宣言君上想不顾首相，单独行动。约翰·罗素爵爷，不惜牺牲一切，亟欲增加自己的势力来反判麦斯吞，接受了备忘录，因此就等于默允了君上的要求。不仅如此，罢免判麦斯吞以后，约翰爵爷在下院解释罢免的理由中又给了 1850 年的备忘录一个突出的地位。事实很明显，君主不乐意便可以当作理由把一位有势力，得人心的大臣解除了。到这个地步真仿佛，在史多克玛和亚尔培的指挥之下，“君主立宪政体”，一点也不假，直“达到有力，稳固，匀称上从未达到过的高度”。

可是君主地位的这种新发展，本身就十分严重，因周围不寻常的环境而弄得尤其使人心不安。因为实际上现在行使君主职司的是一个宪法所不知的人，他对于国君却有界限不明的无穷的势力。这个人是国君的丈夫，这点事实，虽然解释了他的势力，甚至于辩明了它的不可避免，但决难减削它的奇特而重大的意义。一个权位不明的、法力无边的人物来扰乱了英国宪法上来历很长，很精微，防范得很严密的平衡性。亚尔培当初那样怯生生的开始他的政治生涯，如今意想不到竟做到这个地步。他自己并不想尽量减低他所执行的职司的繁复性或重要性。他在1850年对威灵敦公爵说，他认为这是他的义务："把**自己个人**的存在埋没在夫人的存在里……——对公家不负独立的责任，使自己的地位完全成为她的地位的一部分——补救她以女人身份行使最高职司所不免的一切缺陷——不断的关心全部的公务，以便随时忠告她，帮助她应付各色各样艰难的问题或职务，有时候是关于国际的，有时候是关于政治的，或社会的，或个人的。除了是她的家庭的头目、她的家务的监督、她的私事的管理、她在政见上唯一的**亲信**顾问、她同政府官员函件来往中唯一的助手，此外还是女王的丈夫、皇室儿童的导师、国君的秘书和终身大臣。"[56]史多克玛的学生确乎大有长进，学得很好。史多克玛的学生嘛！——丝毫不差；民众，本来很苦恼的知道亚尔培的占势力，现在又渐渐明白维多利亚的主人自己还有一个主人。一片朦胧里庞然现出了男爵。又是一个外国人！这种局面的确有些地方足以辨明民众的大惊小怪不为无因。一位外国男爵控制了一位外国公子，这位外国公子控制了英国元首。而元首自己也阴森森的在暗中行动；当男爵和公子从她的阴影里露出怒容来的时候，一位国民所爱戴的大臣便倒下来了。这样下去还要闹到什么地步呢？

不出几个礼拜，判麦斯吞打消了辞意，民众的愤激像发作时候一样快的平息了。开国会的时候，上下两院里两党的领袖都作支持亚尔培的演说，断言他对国家有无可指摘的忠心，辩明他在一切国务上有忠告国君的权利。维多利亚高兴了。"我心爱的夫君的地位，"她告诉男爵说，"已经被**断然地**确定了，他的功劳也已经被各方面一致地称道。我们到上院去的时候，人山人海，拥来看我们，民众对我们很亲善。"[57]不久，国家终于投入了克里米亚战争。在嗣后的斗争里亚尔培的爱国心显得毫无疑义了，过去的仇视都忘掉了。可是这次战争另外还有一个结果，没有那么称皇家夫妇的意：它成全了判麦斯吞爵爷的野心。在1855年，约翰·罗素爵爷五年前曾经说过是"年纪太老，将来不会有什么大作为”的那个人，做了英国首相，以后，除了短短地中断过一次，一直做了十年。

附　注

① 莱斯忒郡在英格兰北中部。

② 见马丁，第一卷，第 194 至 196 页；《书信集》，第 510 至 511 页。（原注）

③ 考伯夫人（Lady Cowper，1787—1869），考伯第五伯爵未亡人，1839 年与判麦斯吞爵爷结婚。

④ 见本孙，第二卷，第 152 页。（原注）

⑤ 见达陵，第一卷，第 346 页。（原注）

⑥ 同上，第三卷，第 413 至 415 页。（原注）译者按：绿园介乎海德公园与圣詹姆士公园（St. James's Park）之间，离白金汉宫不远。

⑦ 见阿什莱，第二卷，第 213 页。（原注）

⑧ 克利思丁娜（Christina，1806—1878），西班牙国王斐迪南第七后，1833 年至 1840 年，为其女伊莎白拉摄政。伊莎白拉（1830—1904），1846 年 10 月 10 日与其从兄加迪斯公爵（Francisco de Assis de Bourbon，1822—1902）结婚。1868 年被迫逊位，臣民拥立其子，称阿尔芳索十二（Alfonso XII）。

⑨ 见格累维尔，第六卷，第 33 页。（原注）

⑩ 纪索（Guizot，Francois Pierre Guillaume，1787—1874），法国著名政治家及历史学家。

⑪ 路易十四，雄才大略，屡次征战，最后因其孙安效公爵（Duke of Anjou）腓力普继承西班牙王位，无形中使西班牙与法国并为一家，此所谓“打消比利纽斯山脉”也。此举打破欧洲均势，为各强所反对，而演成之战争（1701—1714）在历史上称为“西班牙继位战争”。

⑫ 见《书信集》，第一卷，第 511 页。（原注）

⑬ 亚培亭爵爷（Lord Aberdeen，George Hamilton Gordon，1784—1860），1807 年被选入上院，1828 年至 1830 年任威灵敦内阁外交大臣，1842 年进庇尔内阁，仍任原职，至 1846 年辉格党胜利时退任。向抱和平的外交政策，庇尔死后，被目为庇尔党领袖。1852 年出任首相，组保守党与自由党的联立内阁。1855 年内阁失败。

⑭ 参阅注八。

⑮ 见《书信集》，第二卷，第 100 至 101 页。（原注）

⑯ 见达陵，第三卷，第七章，第八章；史多克玛，书前第21页。(原注)

⑰ 坎宁（Canning，George，1770—1827)，英国著名政治家，演说家，1794年进国会，1807年至1809年，1822年至1827年，任外交大臣，1827年4月任首相。坎宁的政策，对内对外，都想在两者甚至于两极端之间，寡头政治与民主政体之间，采取均势。例如，1822年复长外交部后，他觉得当时欧洲的自由主义弱于保守主义，他就把英国的全重量加诸前者，以求平衡。对内则相反，他似乎以为两党势力有欠平衡，他乃尽其全力，拥护保守政策。所谓“坎宁的徒弟”，就是学的这一点。

⑱ 拿波里当时为意大利半岛东南部一王国，1860年归并于萨地尼亚(Sardinia)王国，即日后之意大利王国。

⑲ 宪章主义（Chartism)，1837年至1848年之间英国的一种改革政见。抱此政见者大多属工人阶级，主张每年应开议会，全国一般人民应与以投票权，废弃用财产制度限止国会议员等，开列上数项要求之文件即所谓《人民宪章》(People's Charter)。

⑳ 见《书信集》，第二卷，第181页。(原注)

㉑ 同上，第二卷，第194页。(原注)

㉒ 约翰爵爷即约翰·罗素爵爷，当时任首相。

㉓ 见《书信集》，第二卷，第195页。(原注)

㉔ 指威尼斯与隆巴地（Lombardy)。(原注）译者按：隆巴地亦在意大利北部，维也纳会议后属奥地利，1859年合并于萨地尼亚王国。

㉕ 马尔他，意大利南方一海岛，1814年英领以后，为英国地中海舰队之根据地。

㉖ 见《书信集》，第二卷，第199页。(原注)

㉗ 见《书信集》，第二卷，第221页；阿什莱，第二卷，第195至196页。(原注)

㉘ 见格累维尔，第六卷，第63至64页。(原注)

㉙ 克莱伦敦爵爷（Lord Clarendon，George William Frederick Villiers，1800—1870)，1833年至1839年任驻西班牙全权公使，1840年任掌玺官，1847年至1852年任爱尔兰总督，1853年任亚培亭内阁外交大臣，于联合抗俄交涉中大著声名，1855年判麦斯吞组阁时，蝉联该职，1856年巴黎和会中任英国首席代表与俄国议和，1858年判麦斯吞失败时随同去职，1865年至1866年，1868年至1870年，复两任外交大臣。

㉚ 见格累维尔，第六卷，第324至326页；克莱伦敦，第一卷，第341页。(原注)

㉛ 见克莱伦敦，第一卷，第337页，第342页。(原注)

㉜ 雪列司魏格（Scleswig）与霍尔斯坦因（Holstein）原为丹麦与日尔曼之间两公国。雪列司魏格与丹麦在地理上与历史上关系较切；霍尔斯坦因则反是。而雪列司魏格与霍尔斯坦因之间又成难解难分之势。1460年起，丹麦国王兼领两公国，1815年后，丹麦国王代表霍尔斯坦因加入日尔曼联邦。有此双重关系，更兼日尔曼各强的争雄，欧洲各国的利害冲突，尤其是英国的顾虑北部海上的霸权，雪列司魏格与霍尔斯坦因之谁属乃成极复杂的外交问题。问题解决以前，曾两度发生战争。第一次始于1848年，迄于1850年。起因为雪列司魏格-霍尔斯坦因人叛变，丹麦镇压，普鲁士出面干涉。其间曾两度停战。普鲁士因丹麦有列强声援卒未得逞。第二次发生于1864年。普鲁士与奥地利联军北侵，丹麦屈服，割让雪列司魏格与霍尔斯坦因。欧战以后，雪列司魏格北部由公民投票解决，复归丹麦。

㉝ 见《书信集》，第二卷，第235至237页。(原注)

㉞ 阿忒洛朴斯（Atropes希腊原义为“不可转移的”），希腊神话中三命运女神之一，专司生命线之截断。

㉟ 见《书信集》，第二卷，第261至264页。(原注)

㊱ 同上，第二卷，第253页。(原注)

㊲ 同上，第二卷，第238页，第264页。(原注)

㊳ “伦敦草约”（Protocol of London），1852年5月2日所订，所定办法并不彻底．一方面保证丹麦领土的完整，一方面又承认日尔曼联邦在霍尔斯坦因的特权。

㊴ 巴尔穆拉尔（Balmoral），在苏格兰亚培亭州（Aberdeenshire）谛河（the Dee）右岸。地产于1852年为亚尔培购赠女王，堡建于1853年至1855年，为女王离宫之一。女王夫妇在巴尔穆拉尔、约翰爵爷在苏格兰另一处的时候即是年夏日。

㊵ 见马丁，第二卷，第307至310页。(原注)

㊶ 海诺将军（Julius Jakob von Haynau，1786—1853），于1848年至1849年镇压意大利叛变，1849年至1850年率师破匈牙利军队，以残忍著名。1850年被褫夺军职，是年至英国。“海诺”（Haynau）与“鬣狗”（hyena）音相近。

㊷ 见《书信集》，第二卷，第267至270页；马丁，第二卷，第324至327页；阿什莱，第二卷，第169至170页。(原注)

㊸ 柯苏特（Kossuth Lajos，1802—1894），匈牙利起义（1848—1849）的领导者。起义目的为反对奥地利暴政。1849年匈牙利宣布独立，成立共和政体，举柯苏特为总理。其后奥地利借俄国军队之援助，将匈牙利克复。柯苏特亡命

海外，于1851年至英国。

㊹ 芬士布里（Finsbury）与易兹令屯（Islington），伦敦北部两市区及选区。

㊺ 见《书信集》，第二卷，第324至331页；马丁，第二卷，第406至411页；史本塞·渥尔波尔，第二卷，第133至137页；史多克玛，第642页；格累维尔，第六卷，第421至424页。（原注）

㊻ 见《书信集》，第二卷，第334至343页；马丁，第二卷，第411至418页；阿什莱，第二卷，第200至212页；渥尔波尔，第二卷，第138至142页；克莱伦敦，第一卷，第338页。（原注）

㊼ 格兰维尔（Granville，George Leveson Gower，1815—1891），1851年至1852年继判麦斯吞为外交大臣。1859年组阁未成。1868年任格拉德思敦内阁殖民部大臣，1870年至1874年任外交大臣。1880年至1885年复长外交部。

㊽ 见厄奈思，第三卷，第14页。（原注）

㊾ “远远近近的土耳其战争
出了鬼了，你信不信？
小亚尔，那个皇系，
据说已经变成了俄国人；
老亚培亭，大家都看见，
愁眉不展，脸黄肌又瘦，
老牛约翰肚子里装满了
脏透的俄国脂油。

合唱

“我们要送他回家去，叫他呻吟，
亚尔啊！你捣了鬼了，你信不信？
德国小子糟得真是不堪问？
掉过尾巴来跟随俄国人。
……
“上礼拜一，半夜里，吓了一跳，
亚尔从床上直滚下地板。
德国小子疯疯癫癫，梦话连篇，
你听他怎样的狺狺又喃喃！
他哭哭啼啼地对维说：‘我跑了：
到圣彼得堡去，马上，马上！’
听说维从床上跳出来，
用压发帽给了他几个耳光。”

见《可爱的亚尔培!》大英博物馆保存的一种传单；马丁，第二卷，第539至541页；格累维尔，第七卷，第127至129页。（原注）译者按：约翰牛（John Bull）是英国人一般的诨名，此处或专指约翰·罗素爵爷。

⑩ 见马丁，第二卷，第540页，第562页。

“快活的土耳其人啊，现在去工作吧，
给老熊看一看你们的力量有多大。
不列颠岛上处处都传言
亚××已经关进了伦敦塔；
原来是邮差看出了疑窦，
拆开了那两封密函，
可怜，真可怜那个德国小子
不曾更知道得多一点。”

——《可爱的亚尔培!》(原注)

译者按：熊指俄国。伦敦塔当时为国家监狱。

⑪ 见金雷克，第二卷，第27至32页。(原注)

⑫ “亚培亭说了许多关于女王夫妇的话，自然是赞不绝口。他说亚尔培的见解大抵是稳健、明智的，只有一点是例外，就是他那种激烈的，难以矫正的德意志统一主义。他极端袒护普鲁士。”——格累维尔，第六卷，第305页。(原注)

⑬ 见阿什莱，第二卷，第218页。(原注)

⑭ 克里米亚战争的原因是：俄国想在地中海方面得一出海口，夺取君士坦丁堡，借故向土耳其作无理要求；英国怕俄国计划一旦实现，予英国通远东海道以极大威胁，故反对俄国侵略土耳其；法国则因路易·拿破仑新登位，欲借武功以博威望，并借以夺欧陆霸权，一方面想结好英国，乃加入战团。此役起于1853年，迄于1856年，结果于1856年3月30日所订的巴黎条约。

⑮ 见马丁，第二卷，第545至557页。(原注)

⑯ 见马丁，第二卷，第259至六260页。(原注)

⑰ 同上，第二卷，第563至564页。(原注)

第六章　配王的晚年

一

这位意志薄弱的青年，不关心政治，从不看报纸的，已经变成了一个坚毅不拔的人，不倦的精力无时或间的贯注于政府的繁重公务，国家的最高问题。他现在是一早到夜，忙个不了。在冬天，天还没有亮，就可以见到他起来办公，坐在他的写字桌上，点着一盏绿桌灯，这是他从日尔曼带来的，灯上的装置由他独出心裁，改良了许多。维多利亚也早起，不过没有亚尔培那样早；她在寒气袭人的阴暗里，坐到她自己的写字桌上，同亚尔培平排在一起，她照例看见那上面一堆案牍，安排得整整齐齐，预备让她审阅，让她签字。[1]一天的生活，如此开始了，便继续操劳不息。早餐的时候，报纸——原先讨厌的报纸——来了，亚尔培悉心披阅，不回答人家的问话，或者，有一篇评论引起了他的注意，便高声朗读。过后，有大臣们要接见；有一大批函件要料理；有无数的备忘录要写。维多利亚牢记每一句话，保存每一封信，用心唯谨，恭顺不違。有时候亚尔培当真要问问她的意见。他请教她的英文："Lese recht aufmerksam，und sage wenn irgend ein Fehler ist.〔把这个仔细读一遍，里边如有错误，告诉我〕"，他会这样说；或者当他交一篇草案给她签字的时候，他说"Ich hab' Dir hier ein Draft gemacht，lese es mal！Ich dächte es wäre recht so.

〔这里是我给你拟好的一篇草案。读吧。我以为这就行了〕”。勤奋，审慎，全神贯注的时间便如此过去。酬酢的要求减缩到最低限度，即便有，也只是敷衍了事。尽量早睡以便次日准时工作的习惯，不再仅仅是一种乐趣，而是绝对的必要了。[②]

重要而烦难的公务，虽然终于成了亚尔培心上最主要的牵挂，仍然没有损害他旧日的嗜好和兴趣；他照旧热心艺术、科学、哲学；种种公余的活动显出了需要越多，他精力越增加。义务一来，立即响应。孜孜不倦，他去主持博物院的开幕礼、救济院的奠基礼，出席皇家农业学会演讲，参加大英协会的年会。[③]国家美术馆尤其使他感觉兴趣：他起草细心周密的规定，把那些名画依派别排列；他还企图——虽然并未实现——把全部的收藏一起搬到南垦星敦。[④]菲婀杜拉，现在是霍亨洛伊（Hohenlohe）大公夫人了，到英国来了一次以后，写给维多利亚一封信，对于亚尔培大加赞美，说他论公论私，都是一个极可佩的人物。她也不只是全凭自己的意见。“我只要一字不易，”她说，“把克伦卜先生[⑤]不久以前在信上告诉我的话抄出来看看，那是全然对的。——‘亚尔培公了是工公里头极少见的人物，这种人能够为任何原则（一看清是好的、高尚的时候）牺牲一切在别人（或者因为心地的偏窄，或者因为阶级的偏见）无论如何不肯放松的观念（或感情）。’——这里头，”大公夫人加上一句说，“确有些非常严正、同时又非常合乎人情、非常公道的地方，没有比这个更能够宽慰我常常为了所见所闻而气恼的心情了。”[⑥]

维多利亚出自深心的完全同意菲婀杜拉和克伦卜先生的赞词。只是她觉得还说得不够呢。当她看着她心爱的亚尔培为案卷和公务操劳以后，一落空便致力于料理家务，欣赏艺术，探求知识；当她听着他在午餐桌上说笑话，在风琴上弹门德尔孙的名曲，或者指出爱德温·兰德绥[⑦]爵十作画的长处；当她跟着他各处走动，看着他吩咐饲养牲口的事情，或者出主意把甘士卜洛[⑧]的画挂高一点，好让温德霍尔忒[9]的画适当的看到——她觉得毫无疑义，再没有哪一个夫人曾经有过这样一个丈夫了。他的心机显然是无所不能的；所以听说他有了一种重要的新发明，可以化阴沟里的污物为耕田用的肥料，她也不以为怪。他说明这种计划的原理是：由下向上，经过适当的传导体而过滤，留住固体而放出流体的污物来灌溉。“以前的一切设计，”他说，“非费几百万不能实施；我的简直不费一文钱。”不幸，他的发明，由于稍稍算错了一点，事实上不能应用；可是亚尔培的灵思妙想是挫折不了的，他继续向前，用了他固有的全副热忱，经久的埋头研究平版印刷术的初步原理。[10]

可是很自然的，他同维多利亚在私事上最关心的还是儿女们。皇家的育儿房显得一点也没有空出来的样子。1850 年生了亚述亲王，三年以后又生了利欧波亲王；1857 年琵亚忒丽思公主又出世了。有儿女九人，不论在何种环境之下，总是一个重大的负担；而且亚尔培知道得清清楚楚，子息的命运高贵，为父母者尤其要操心。他深信教育的重要，是势所必然的；他自己就是教育的产物；史多克玛造就了他；现在要轮到他做史多克玛——甚至于高出史多克玛一筹——来造就他所生的小东西了。维多利亚会帮助他；史多克玛，她当然没有法子当；可是她能够不断的关心，她能够把严厉和慈爱兼施并用，她能够永远做一个好榜样。这种考虑，自然，特别显著的应用于教育威尔士亲王。造就这位未来的英国国王，每一点细微的影响都含有何等大的重要性！亚尔培意气旺盛的开始工作。可是不久，同维多利亚极其详细的考察孩子们体质上、智力上、道德上的训练以后，他很懊丧，看出长子的发展上有些不满意的地方。大公主是一个极聪颖的孩子；可是褒谛，虽然脾气好，性情温和，似乎显出了一种根深蒂固的坏气质：厌恶一切用心思的事情。这是最可憾的，可是补救方法很明显：为父母的必须加倍的努力，加双倍的教训，一刻都不放松教育的压力。于是，更多的导师选用了，课程改订了，学习时间表重排了，精密详尽、一切能有的意外都讲到的备忘录也做起来了。尤其紧要的是绝对不懈怠："工作，"亚尔培说，"总得是一桩工作"，那的确是一桩工作。这个孩子长大在应接不暇的变化表、造句练习、大事记、世系图、海岬表的圈套里。亚尔培，维多利亚和导师们之间函件往来，川流不息，询问、报告成绩、详细的建议；这种函件都细心的保存，以备将来参考。此外，还有一点很重要，这个王位的继承人应严防受外界的沾染。威尔士亲王不是旁的孩子；他只准偶尔邀几个贵族的子弟，名声好的孩子，到白金汉宫来一块儿玩；可是他的父亲，一丝不苟，监督他们的游戏。总之，一切能用的心都用了，一切能尽的力都尽了。可是，说来奇怪，这个受关怀到这种程度的对象依然不令人满意——实际上简直像越来越坏了。这诚然是古怪极了：功课越多，他越不做；越小心防止他谑浪笑傲，他越专想荒嬉。亚尔培大懊丧，维多利亚有时候非常气恼；可是懊丧也罢，气恼也罢，并不比监督和时间表更有效力。不管怎样，威尔士亲王终于长大成人而一点也不显得如一个备忘录里所说的"坚持墨守"他父亲以这等深谋远虑所设下来的"学业和生活的计划"。⑪

二

逃避政治的烦恼、酬酢的烦腻、隆仪盛典的烦嚣，奥思本是一个好去处；可是不久便显得就是奥思本也同世界隔得太近了。梭仑忒海峡究竟是一个薄弱的界线⑫啊。怎样才可以找一个遥远的，找一个人迹不到的幽深处，好在那里，在真正的家居生活中，过悠闲的日子，就仿佛——至少很近于，很近于——做了另外什么人了！维多利亚，在结婚生活的头几年，同亚尔培上苏格兰去过以后，就一直觉得她的心总在苏格兰高原。⑬几年以后她重新去了一次，她的爱慕更深了。这些地方多么的有浪漫风味！亚尔培也多么的喜欢！他一到那些山丛和松柏丛里，他的兴致简直好得出奇。“看见他就是一种幸福，”她写着。“啊！还有什么可以比自然的美呢！”有一次重来的时候，她在日记里这样的感叹着。“我们在其中可以得到何等的乐趣！亚尔培如此的喜欢；他在这里简直要发狂了。”“亚尔培说，”就在二天她记着，“山景的主要美点是在于多变化。我们回来的时候已经六点钟。”于是她更远的出去了一次——直上一座高峰的绝顶。“十足的浪漫风味。我们在这里只有这个高原人跟在后边，牵着马（我们两次下来步行）……我们回来的时候已经十一点半，——我有生以来最快乐、最富有浪漫风味的一次骑马和走路。我从没有上过这样一座山，而且天气又这样好。”高原人又是这样罕见的人。他们“从不打麻烦，”她说，“总是高高兴兴，说走就走，说跑就跑，说做什么事情就做什么事情。”至于亚尔培，他“大为激赏他们的有礼貌、率直、解事，因为有这种特点，同他们谈起话来很愉快，甚至于很有益。”“我们惯常同高原人攀谈，”陛下说，“我们在苏格兰高原同他们接触得很多。”她爱他们的一切——他们的习俗、他们的衣服、他们的跳舞、甚至于他们的乐器。“堡里有九个吹笛人，”她说，当她在布列达尔彭爵爷家里住了以后；“有时候一个人吹，有时候三个人同吹。他们总在早餐的时分吹一次，早上又吹，午餐又吹，我们走进走出的时候也吹；晚餐以前又吹一次，晚餐的时候大半都吹。我们两人变得很喜欢风笛了。”⑭

要她不想再三重觅这种乐趣是办不到的；1848 年女王租下了巴尔穆拉尔庄、亚培亭郡的荒野里布雷玛附近的一所小别墅。⑮四年以后她把这块地方一起买下了。现在她每个夏天都可以真正的享福了；现在她可以简便，可以自在了；现在她每晚都可以吟味浪漫的情调，成天都可以一点不分心地溺爱亚尔培了。庄里的小局面本身也就是一种趣味。再没有什么有趣如自己占用两三间小起坐室，孩子们塞满一小楼，侍从的大臣在一间小得可怜的寝室里办他全部的公事。还有，你可以随意出入写生，散步，看红鹿直走近身边，上田舍去拜访乡下人！还有，偶尔你可以更冒险一点——你可以到阿尔特·纳·久押莎克（Alt-na-giutha-sach）的“薄积”[16]去住一两夜——孤零零两椽陋室“附一架木棚”，冷清清全部十一个人！还有，还有许多大山可以爬，还有许多纪念石堆可以在礼式庄严中建立。“最后，纪念石堆，我看有七八英尺高吧，差不多做成了，亚尔培爬到顶上去，按下末一块石头；过后，便三呼万岁。这是赏心、悦目、动人的景象；我觉得几乎要哭出来了。向底下那些可爱的山头看去是那样的美；天气是那样的好；一切都那样的 gemüthlich〔适意〕。”[17]晚上还有剑舞和绞丝舞。[18]

可是亚尔培决意把那所旧的小房子拆下，另就原址依自己的设计，改建一座堡。这所新建筑，依照亚尔培事先拟就的备忘录，仪式隆重的行了奠基礼，[19]到 1855 年便可以住人了。内容宽大，材料用花岗石，样式按照苏格兰的男爵府第，配置有一百英尺高的一座谯楼，许多小角楼，许多雉堞形的侧墙，这座堡安排得很巧妙，可以竭尽美观的俯瞰周围的群山和邻近的谛河。在内部的装饰上亚尔培和维多利亚都费尽了心机，墙壁和地板都是用的脂松木，上面罩了定制的格子花呢。亚尔培设计的，用红灰二色的巴尔穆拉尔格子花呢，女王设计的，带一条白纹路的维多利亚格子花呢，在每一个房间里都可以看到：有格子花呢的帏幔，有格子花呢的椅套，甚至于还有格子花呢的油布。偶尔也可以见到司徒亚德皇家格子花呢，因为女王陛下总爱说她是一个热心的詹姆士党人。[20]维多利亚画的水彩写生挂在墙壁上，连同无数的鹿角，一个野猪头，那只野猪是亚尔培在日尔曼猎到的。大厅的一个凹室里张着亚尔培穿苏格兰高原衣服的一尊大小和真身一样的塑像。[21]

维多利亚宣称这是尽善尽美了。“我的心，”她写着，“一年比一年更萦系这个乐园，现在更萦系的多了，现在**一切**都成了我亲爱的业尔培**自己的**创造、自己的作品、自己的建筑、自己的设计；……他的崇高的趣味、他的亲爱的手痕，处处都印遍了。”[22]

一点也不错，她生平最幸福的日子就过在这里。后来，每逢她回顾当日的时候，似乎有一种辉煌，一种超凡入圣的灵光，在这些黄金的时辰上照耀。每一刻都出落得空明，华妙，意味无穷。那时候，在那里所受的每一种经验，不管是动情的，庄严的，或是琐屑的，涌现到眼前来都带一种特殊的鲜明，像许多神灯的一闪耀。亚尔培的大踏步——有一次晚上出去她迷了路——维基[23]坐在一个黄蜂巢上——一场火把舞——这样的事情，千万种类似这样的事情，何等透切的印在她犀利的意识上！她怎样赶急的把它们记到日记里！威灵敦公爵的死耗！怎样的一刻！——当她在幽静的山间野宴以后，坐在一个湖边写生的时候，忽然接到德被爵爷的信，[24]知道那个“**英吉利的**或者不如说**不列颠**的骄傲，她的光荣，她的英雄，她所出的最大的伟人，去世了！”这是她对于从前那个“老造反”的感想。可是那个过去是完全忘却了——一丝的痕迹都没有存留。多年来她就简直尊公爵为神明了。他不是一向赞助好罗伯爵士的吗？他不曾请过亚尔培继承他当总司令吗？当他站在那里给她的儿子亚述（他生在公爵的八十一度生辰）当教父的时候是何等值得骄傲的一刻！所以她现在把日记的一整页都填满了颂扬的悼念。“他的地位是历来臣下所有过的地位中最高的地位——超出党派，——被全体所敬仰，——被全国所尊崇，——君上的朋友……君上从不曾有过，——我怕将来也**绝不会有**——如此一德一心，忠诚无比的臣下，如此可靠的拥护者！他对于**我们**的损失是**无法弥补的**……他以最大的仁爱，极端的信任对待亚尔培……全国将没有一只不湿的眼睛。”[25]这种是严肃的追思；可是它们后边立刻接上来旁的动人处也不差什么的追思——同样不能忘怀的事件——麦克利欧德先生关于尼哥底母的说教，[26]——一条红法兰绒裙子当礼物送法加逊太大（Mrs. P. Farauharson），另一条送老基蒂·基亚（Kitty Kear）。[27]

可是，最可纪念、最快乐的自然还是出游，难得的、兴奋的出游——上遥远的山，过宽阔的河，经陌生的乡野，一连好几天。只带两个“结隶”[28]——格蓝忒（Grant）和白朗（Brown）——做仆从，用种种的假名……不像真实人生而像故事里的样子。“我们已经决定自称‘邱契尔爵爷夫妇一行’——邱契尔夫人充‘斯本塞小姐’，格雷将军充‘格雷博士’！[29]白朗有一次忘记了，当我上车的时候叫我‘陛下’，格蓝忒有一次在车夫座上叫亚尔培‘殿下’，弄得我们大笑，可是没有人注意。”强健，有生气，热心，仿佛身带了好运气——高原人说她有“祥祉”——她对于一切都感觉兴趣——攀登、景致、偶然的故障、简陋的客店、在那里吃粗粝的食品，由白朗和格蓝忒伺候。亚尔培在身旁，白朗在马前，她绝对快乐，尽可以永远，永远地持续下去。无奈回去的时候到了；唉！回英格兰去的时候到了。她简直不能忍受；她抑郁无欢地坐在房间里看下雪。最后的日子！啊！但愿能够被大雪阻断呵！[30]

三

克里米亚战争带来了种种新经验，大多是愉快的经验。这都是愉快的：爱国、拼搏、找出合式的祷告词上教堂念、接获光辉的胜利消息、比什么时候都骄傲的知道自己是英国的代表。依她那种自然流露的特性，维多利亚把她的感情、她的钦佩、她的怜惜、她的眷爱，一起都倾注给了她那些“亲爱的兵士”。当她发他们奖章的时候，她的兴奋达于极点。“何等英勇的弟兄们！”她写信给比利时国王说。“我老实承认我觉得这就是**我自己的孩子们**呢；我的心为了他们跳就好像为了我的**至亲至爱**。他们是那么感动，那么高兴；我听见好些人直哭——要他们放下奖章给他们刻名字，他们不肯听话，因为**怕拿不到**

由我亲手给他们的那一枚，那种光景非常感动人。有几个过来的断肢折臂，很惨。”[31]她和他们完全一致。他们觉得她给了他们一个极大的光荣，她出于至诚的分担了他们的感觉。亚尔培对于这种事情的态度是不同的；他有一种严肃的特性抑止了感情的爆发。威廉士将军死守了喀斯回来，[32]引见于宫中的时候，亚尔培迎他以很快的、老远的、死板的一鞠躬，真像给全场人劈面浇了一盆冷水。[33]他还是一个外国人。

可是他有旁的事情要管，当然比军官和上朝人的个人印象更重要。他是为了使战争抵于胜利结局的艰巨任务而工作——不息的工作。文书、文件、备忘录，从他那里水一样的泻出。1853 年至 1857 年之间，关于近东问题，[34]出自他笔下的评论填满了五十个对折本。[35]什么也不能使他停。疲倦的大臣们在他的忠告之下压得脚步踉跄了；可是他的忠告照旧来，在他们在写字桌上堆积如山，从一只红匣子又一只红匣子[36]里流到他们的面前。这也不是可以忽视的忠告。改组皇宫、筹划万国博览会的办事才干在头绪纷繁的战争事件里也同样露锋芒。一次又一次，亚尔培的提议，先不受置理，在环境压迫之下终于被采取，终于被认为极有价值。招募客籍志愿兵、在马尔他设立一个兵站、制定塞瓦斯托波尔远征军定期的情报和表格的呈复——这都是他那副运用不倦的头脑的谋划和功绩。他还是继续下去：不大一会，他又为全部军事组织草拟了一种根本改革的方案。这是过早的打算，可是他之提议设置“训练营”集中军队加以训练，终于成了奥尔德学忒的伏根。[37]

同时维多利亚交了一个新朋友：她突然喜欢了拿破仑第三。她起初很讨厌他。她以为他是一个不名誉的胆大妄为者，他篡夺了可怜的老路易·腓力普的王位；而且他同判麦斯吞爵爷情投意合。许久以来，虽然他是她的同盟，她一直不愿意会见他；可是最后皇帝皇后来访英国的事情已经商定了。他一到温色，她的心立刻软了下来。她觉得很喜欢他的沉静的举止、他的低而柔的声音、他的爽直的谈话。英国的善意对于他在欧洲的地位是切要的，他决意要博得女王的欢心。他成功了。她的深心里自有些地方可以立刻而且强烈的感应各种和她自己的气质恰好相映成趣的气质。她之敬爱梅尔本爵爷是密切的交织以她之半知不觉的赏识她自己和那位矫揉造作、精灵乖巧、贵族气十足的老人的不相似处。她和拿破仑第三的不相似处，论质，又大不同；论量，却至少一样大。从一大堆威望、因袭、固定的幸福背后，她心里怀了一种奇异的快乐，窥看那个陌生的，恍恍惚惚，在前面流动得如此眩目的外国东西，一个任性和托天命的暧昧动物。而且她很惊讶，在她生怕只有敌对的地方，却只有发现同情。她说他是“如此沉静，如此朴实，甚至于 näif〔天真〕，如此喜欢听人家告诉他所不知道的事情，如此温文，如此机敏，有威仪，谦恭，对我们如此殷勤，没有一句话，没有一种动作，使我不高兴……你见他，自有一种魔力、一种忧郁性、一种动人爱怜处，使你不能不亲近他，不管你对他有任何 prévention〔成见〕，当然也无须外貌的帮助，虽然我喜欢他的面孔。”她注意到他骑马骑得“非常好，坐得很高，在马上看起来很好看”。他跳舞跳得“很有威仪，很有精神”。尤其是，他肯听亚尔培的话；听得最恭谨不过；显得，的确，他多么乐意“听人家告诉他所不知道的事情”；后来又听到他说他从没有遇见过堪与亚尔培比一比的人。有一次，的确——可是只有一次——他似乎稍稍有一点别扭。在一次关于外交的谈话中，“我对于霍尔斯坦因问题稍稍发挥了一点”，亚尔培在一个备忘录里说，“似乎使皇帝烦厌了，认为‘très-compliquée〔太复杂〕’”。[38]

维多利亚也跟皇后很要好，毫无妒嫉心的赞美她的容颜和风度。欧谢妮，[39]的确，在她的美貌的全盛时期，精致的穿了出色的巴黎式衬箍裙[40]，把她那个高而苗条的身段陪衬得恰到好处，论理会使她那位女主人心里不舒服的，她人很短，简直有点矮胖，实在不漂亮，穿了俗艳的中等阶级的衣服，同这样一个人在一起，当无从得意。可是维多利亚没有什么不安。她满不在乎，毫不计较她的面孔热得发红，她的紫色猪肉饼帽是去年的式样，而欧谢妮，冷静，时髦，曳着无数的荷叶边皱裥，飘动在她的身边。她是英国女王，这还不够吗？看来当然是够了；真正的威仪是她的，她也知道。不止一次，两位一同出来的时候，倒是这一位天然和人工都似乎贻惠极少的女人，全凭一种生来的庄严色相，把她那位又美又讲究修饰的伴侣完全掩盖了。[41]

临别的时候大家落了眼泪，维多利亚觉得“十分 wehmüthig〔黯然〕”，看她的客人离开温色。可是不久她和亚尔培回访了法国，那里什么都很有趣，她戴了“一顶普通女帽”微服出游巴黎街市，上圣克卢[42]的戏院里看了一次戏，有一晚，在皇帝为她在凡尔赛宫里开的一个大宴会上，同一位很令人注意的普鲁士绅士谈了几句话，那个人的名字叫俾斯麦。她的房间布置非常合她的脾胃，她说住在那里有一种家乡风味——说如果她的小狗也在那里，她当真以为是在自己家里了。什么也没有说，可是三天以后，当她进房间的时候，她的小狗叫着来欢迎她了。皇帝自己，不惮麻烦，不惜耗费，亲自设下了这个可爱的惊人计。[43]他如此殷勤。她回国的时候比原先更喜欢了。她感叹说：“无意真来得奇怪！”[44]

同盟国顺利，战争快结束了。女王和亚尔培，的确，唯恐讲和得太早。当亚培亭爵爷想开谈判的时候，亚尔培写一封“geharnischten〔武装〕”信对他大施攻击，一方面维多利亚骑在马上来回阅兵。然而，最后把塞瓦斯托波尔占领了。[45]消息在深夜里传到巴尔穆拉尔，“几分钟之内亚尔培和全体官员穿了各色各样的衣服一拥而出，后边跟着全体仆从，渐渐跟上了全村人——看守猎场的；当“结隶”的，做工的——一直走到纪念石堆的顶上”。祝火点起来了，风笛吹起来了，炮也放起来了。“约莫过了三刻钟，亚尔培走下来了，说刚才这种情景狂放兴奋到无以复加。大家喝威士忌祝贺，大喜若狂。”[46]“大喜若狂”，也许，到第二天早上要代以别种感情；可是无论如何战争完结了——虽然，收场似乎同开始一样的难解。天意还是来得古怪。

四

战争的一个意外结果是皇家夫妇和判麦斯吞的关系完全改变。亚尔培和判麦斯吞因反对俄国而互相接近，因此当维多利亚不得不召她的旧敌组阁的时候，她就召了他，并无难色。首相的职位对于判麦斯吞也有一种清醒的功效；他变得不如原先那样不耐烦，那样独断独行；他留意皇上的提示，而且真诚的感服亚尔培的才能和知识。[47]冲突自然还不时的发生，因为女王和亚尔培照旧热心外交，战争以后，他们的意见又和首相的意见不相容了。对于意大利问题尤其是如此。亚尔培，理论上虽是立宪政府的友人，却不信任加富尔，厌恶加里波谛，生怕引起英国和奥国的战争。[48]判麦斯吞却不然，他切望意大利独立；可是他不再在外交部，首当皇怒之冲的现在是约翰·罗素爵爷了。在不多几年之内，局面奇异的换了过来。现在是约翰·罗素爵爷担任那个隶属的，吃力不讨好的职分；可是外交大臣，在他和皇上的斗争中，并不受首相的反对，反而受他的赞助。虽然如此，这种斗争还是很激烈；意大利统一终获成功的主因之一就是英国强有力的同情，而主张这种同情的政策，是公然违背了内廷方面激烈的反对才得以贯彻的。[49]

对于另一个欧洲暴风雨中心，亚尔培的态度照旧和判麦斯吞的态度不一致。亚尔培满望有一个在立宪的，开明的普鲁士领导之下统一的德意志；判麦斯吞并不认为这种打算有什么大道理可说，可是他并不特别关心德意志政治，他甘心情愿，赞同亚尔培和女王竭力拥护的一个提议——英国和普鲁士两个皇室攀亲，由英国大公主和普鲁士太子结婚。因此，当公主还不满十五岁的时候，公子，二十四岁的一个年轻人，过来访巴尔穆拉尔，婚约便订下了。[50]两年以后，在1858年，便举行婚礼。然而，到最后一刻，却似乎会遭受一个挫折。普鲁士方面指出王子照例要在柏林结婚，又扬言这一次也没有理由当作例外。当这种话一传到维多利亚的耳朵里，她气得话都说不出。她下一道手谕，语气即以女王陛下来讲也未免过重的，训令外交大臣告诉普鲁士大使“**不可能考虑**这个问题。……女王，为公为私，**决难**同意，至于认为过**来**和大不列颠的大公主在英国结婚便算**委屈**了普鲁士的太子，说得最客气也得说是**荒谬绝伦**……不管普鲁士王子向来怎样，同英国女王的长女结婚不是**每天**有的事情。因此一定得认为问题已经定了，没有话说了”。[51]的确没有话说了，婚礼举行在圣詹姆士礼拜堂里。各处有盛大的庆祝——挂灯结彩，庄严的演奏，无数的观众，普遍的欢欣鼓舞。温色为新娘新郎在滑铁卢大厅里开了一个大宴会，宴会上，维多利亚在日记里说，“人人都对维基最好最亲切，人人都一致的狂热，巴克克娄公爵[52]尤其给我做了最可喜的榜样，他挤在人堆里，他和身份最低的混在一起。”几天之内她的感情越来越丰富，到这一对年轻夫妇走的时候，她几乎不能自持——可是幸而还没有。“可怜的好孩子！”她后来追述。“我把她抱在怀里，吻她，不知道要说什么话。我也吻好腓立支，[53]把他的手握了又握。他话也说不出，眼睛里注满了眼泪。我在车门口又拥抱他们，亚尔培同他们和褒谛上了车，一辆敞篷车。……乐队奏起来了。我祝判尔篷却一家人（Perponchers）一路平安。雪雷庚斯坦因（Schreckenstein）将军很感动。我握他的手，又握那位教士会长的手，于是很快的上楼去了。”[54]

亚尔培，和雪雷庚斯坦因一样，很难过。他失去一个得意的孩子，她在智慧的开端就早已显得很像他自已——她是一个敬爱老师的学生，本来在几年之内，就会变成一个差不多够资格的伴侣了。一个捉弄人的命运决定了离开他的女儿是生来对于艺术和科学有缘，有才分，有兴趣的，生来极喜欢记备忘录的，而这些特质在留下来的儿子身上是一种也找不出。威尔士亲王当然并不肖乃父。维多利亚的祈祷并未生效，一年比一年更显得褒谛是布伦思威克宗室的正牌后裔。[55]然而这些天性的表露无非使为父母的加倍努力；矫正这条嫩枝，不断的压它，仔细的牵它，使它向正当的方向生长，似乎还不至于太晚。什么都试过了。精选了一批导师陪孩子作一次大陆旅行，可是结果并不圆满。应父亲之请，他作了日记，回国的时候，亚尔培一看，竟贫薄得不堪。试想在"英国太子访教皇"这个标题之下该有多少极有趣的感想可写！可是一点都没有。"Le jeune prince plaisait à toutle monde〔这位青年王子叫谁都喜欢〕，"老梅德涅报告纪索说，"mais avait l'air embarrassé et très triste〔可是显得一副局促不安，很不爽朗的样子〕"。在他的十七岁生日，用女王和配王的名义，起草了一个备忘录，报告他们的长子说他现在开始成人了，劝告他从此以后尽一个基督教绅士的义务。"人生乃义务所组成，"备忘录上说，"真正的基督教徒，真正的军人，真正的绅士，其本色即见于得当、不苟且、甘心情愿的克尽义务。……你就要开始一种新生活，在这种生活里你得领教什么该做，什么不该做，一个需要用功的题日，比你以前所从事过的任何题目都重要。"接读备忘录，褒谛哭出来了。同时另外又拟了一个备忘录，标题是"密件：为指导随侍太子诸先生而撰"。这个精心结撰的长篇文件立下了"几项原则"，作为诸先生"举止和行为"的准绳，"认为有益于太子的"方案，"一位绅士在世面上的特点"，这个罕见的备忘录继续说，这些原则"是——

（一）他的外貌，他的风采和衣饰。

（二）他结交和对待别人的性质。

（三）他在谈话中，或在他所置身的交际场上其他任何事情中，应付得有体面的愿望和能力"。

下面就是这些小标题的一长篇详细的分析，写满了好几页，备忘录便结束以对诸先生一番最后的训诫："倘若他们恰当的明白所处地位的责任，以上边规定的各点为纲要，**在任何场合**都依照这种原则使用他们固有的明达，不以任何细节为琐屑不足道，而坚持墨守一种有恒的操行，则他们对于这位年轻太子必有极关至要的贡献，不辜负皇家父母选拔贤能的美意。”一年以后这位年轻太子被送到牛津去了，又用尽心机，防他在那里同大学肄业生混在一起。不错，什么都试过了——什么都……只除了一点。始终没有试一试让褒谛得到快乐。可是为什么要这样呢？“人生为义务所组织。”一位威尔士亲王的生活里还有一点享乐的余地吗？[56]

夺去亚尔培的大公主的同一年带给他另一个更重大的损失。男爵最后一次来英国。二十年来，据他写给比利时国王的一封信里说，他为公子和女王尽了“艰难困苦的父执兼亲信的职司”。他七十岁了；他心身都疲倦了；现在该走了。他回到科堡的老家，断然放下了欧洲政略的重大机密，换取了一个乡下首府的街谈巷议，家庭琐话。他现在坐在炉边硬板板的椅子上，一边打盹，一边回想种种的老故事——不是关于皇帝和将军的，而是关于邻居和亲戚的，许久以前的家庭故事——他父亲的图书室失火——那只山羊一直奔到楼上他姐姐的房间里，绕桌子跑了两转又奔下楼去。他仍然受消化不良症和忧郁的袭击；可是回顾过去的一生，他并非不满足。他的良心是纯洁的。“我有一天气力就做了一天工作，”他说，“而且为了谁也不能非难的目的。这一点自觉就是我的酬报——我唯一想得到的酬报。”[57]

的确，他的“目的”显然是达到了。以他的智慧、他的忍耐心、他的榜样，他在预定时期完成了他所梦想的那种神奇的变形。亚尔培是他的创造。一个孜孜不倦的操劳者，为了最高的目的，统制了一个大国家的——这是他的造就；他看看自己的作品，并不坏。[58]可是他就毫无忧惧了吗？他不曾想到过也许他完成得不是太少而是太多了吗？命运为最谨慎的人所张下来的网是多么精微，多么危险！亚尔培当然似乎完全遂史多克玛的愿望了——有德性、勤奋、坚忍、明敏。

然而——为什么呢？——他的情况不尽令人满意。他心里老大不舒服。

因为不管怎样，他始终没有达到幸福的境地。他的工作，他终于带了一种近于病态的贪欲来追求的，只是安慰，不是治疗；他的不满足是一条龙，把日夜辛勤而继续增高的贡品，津津有味的吞噬着；可是还饥饿呢。他的忧郁的原因是隐蔽的，神秘的，也许是不可分析的——在他的心性里植根太深，非理智所能窥见的。他的气质里有自相矛盾的地方，使他在一些深知他的人看来成了一个不可解的谜：他是严厉而温和；他是谦恭而傲慢；他渴望感情而自己很冷。[59]他很寂寞，不但以流寓而寂寞，且以自觉而无人认识的才智出众而寂寞。他有空论家的骄傲，消极而自负。然而说他只是一个空论家那又不对；一个道地的空论家总享有内心的满足，亚尔培却满不是如此。他有想要而始终得不到的东西。那是什么呢？一种绝对的、不可名状的同情？一种非凡的、崇高的成功？也许是两种的混合品吧。作主宰而被了解！以同一种胜利的势力征得他人的服从和赏识——这的确是值得的！可是，对于这种想象，他知道清清楚楚，他的实际环境是多么的不相应。有谁真正的赏识他呢？英国谁能够赏识他呢？用内在的优越来软攻既不甚见效，那么用手腕和武力来硬攻会有望吗？他流戍所在的这一块可怕的地方隐现在面前，俨然是坚不可破的一大堆。无疑的，他给过一点小小的颜色：他确乎得到了他的同事的敬重，他的方正、他的勤奋、他的不苟且，确乎为人所共知，他确乎是一个很有势力，极其重要的人。可是这种种离他的大志愿的目标是多么远，多么可惊的远！冲开当前的鲁钝、愚蠢、怠惰、糊涂、混沌的一大座凝结物，他的发奋是多么不中用，多么徒然。他本来有才力，有聪明，可以在这里那里作出一些小小的变更——整顿一些细节，废除一些异状，坚持一些无可置疑的改革；可是这个令人丧气的有机体依然无动于衷。英国仍然照她那条不堪的旧路，顽冥不灵，自满自足，笨牛似的走去。他咬牙切齿，跳到这个怪物的面前，期在必阻，可是被置诸不理了。不错！连判麦斯吞也还没有克服——他还在那里激恼他，以他那种得意扬扬的样子，以他那种颟顸的劲儿，以他那种毫无原则的蛮干。这太够人受了。“天然”和男爵都没有给他一种乐观的精神；悲观的种子，一落到他的心里，便得其所哉，欣欣向荣了。他

“寻根究底，
找不出半点称心如意；
全世界一副冷酷的神气。”

他认为自己失败了，他灰心起来了。

可是史多克玛曾经要他“永远不松懈”，他决不会松懈。他要继续下去，尽量的干，为最高的目的而拼命，到死为止。他的勤奋简直到了发狂的程度。绿桌灯越点越早；函件越写越多；报纸越看越用心；冗长的备忘录越作越仔细，越条理明晰，越精确。甚至于娱乐也变成了义务。他以时间表作消遣，以拘泥的兴味去蹑行捕鹿，在午餐桌上作双关戏语——这是正当事情。这副机械，效力惊人，可是从不休息，从不加油。在干枯的丝毫不苟中无数的齿轮不绝的转动。不，不管怎样，亚尔培决不松懈；他已经彻头彻尾吸收了史多克玛的教训。他知道什么是正当的，不惜牺牲一切，他要去追求。这是确实无疑的。可是唉！我们这个人世里有什么说得上确实无疑的？“对于什么都不要过分热心！”一位古希腊人说。“一切人事以适可而止为最妙。往往一个人热心的向上奋进，纵然他是在追逐一种利益，实际上是被冥冥中一种力量完全导入了迷津，这种力量使他认恶者为善，认有利于他者为恶。”[60]当然，亚尔培和史多克玛满可以从谛阿格尼思的冷隽话里学一点聪明的。

维多利亚注意到她的丈夫有时候抑郁寡欢而且操劳过度。她想使他高兴。心里很不安的明白他仍然被视为外国人，她料想加他以配王

的头衔（1857年）可以增进他在国内的地位。“朕有权利主张朕的丈夫做一个英国人，”她写着。[61]可是，不幸，虽然受了册封，亚尔培照旧是外国人；他的沮丧只有年年加深。她陪他工作，她看护他，她陪他在奥思本的树林里散步，他吹口哨和夜莺的歌唱，像他多年前在罗塞诺一样的吹。[62]到他的生日，她煞费苦心的给他挑他真正喜欢的礼物。1858年，他三十九岁的时候，她送给他“一张琵亚忒丽思的油画像，大小和真身一样，何思莱画的，一整套哥答及其四郊的风景照片，我从裴德福摄取的，还有一个巴尔穆拉尔花岗石和鹿齿的文镇，维基设计的。”[63]亚尔培自然喜欢，他在家庭集会上的快乐比一向都明显：然而……有什么地方不对呀？

自然是他的健康有问题。他为了服务国家而筋疲力尽了；当然他的体质，正如当初史多克玛看出来的，是不能胜繁剧的。他容易烦恼；他常常有小毛病。一看他的样子就知道他的体力虚弱。二十年前一个漂亮青年，眼睛亮晶晶的，皮色柔嫩的，现在已经变成了一个面黄的，形容憔悴的中年人，背有点驼，肌肉很松，十足地表露了一个伏案操劳者的神气，而且头顶全然秃了。冷酷的批评者，从前比他做歌剧团里唱次中音的，现在该说他有点缮司相了吧。陪衬了维多利亚，他更显得可怜。她也胖，可是她的胖是一个茁壮妇人的丰硕；一股旺盛的元气在在可见——在她的富有精力的举止上，在突兀的、锋利的流盼上，在小而肥、而能干，而威风的手上。但愿她能够用一种交感作用的奇术，把她独多的精力和自信力，输送一点给那个浮胖、不结实的身体，那个干枯、委顿的头脑！

可是她突然想起除了疾病以外还有旁的危险。1860年到科堡去的路上马车出事，亚尔培险遭不测。他幸而只受了一点伤；维多利亚的受惊可不小，虽然她掩饰了过去。“事实是当女王感觉最深刻时，他总是最镇静的样子”，她后来这样写着，“她不能也不敢作如何的设想，甚至于不能也不敢（她现在也不能也不敢）置信于整个的危险，因为那样想她的头都要昏了!”超过她的震骇，实在，只有她对上帝的感激。她说她觉得她若“不做些什么事情来纪念当时的感触”她不能安心，她决定要在科堡行一点布施。“一千镑，或者甚至于二千镑，一次给，或者按年摊付，在本人看来，似不为太多。”结果，决定了，一千镑，用科堡的市长和领袖牧师的名义存入一个保管会，叫做“维多利亚慈善基金会”，指令上述两人按年把利息奖励一批下层阶级出身的模范青年男女。[64]

不久以后，女王，生平第一次，真正地尝受了丧失亲人的经验。1861 年初，肯德公爵夫人害了重病，到 3 月便死了。这一场变故给了维多利亚一个莫大的打击。她带了一种病态的激情，在日记里写了好几页，详细描写她母亲的最后的光景、她的寂灭、她的尸首，插满了凄恸的顿呼语，狂风急雨似的沉痛话。在目前的悲哀里，过去的不睦是完全忘记了。是“死亡”的——真切实在的“死亡”的——恐怖和神秘占据了她的想象。她是那么生气勃勃的，一见那个可畏的大力奏凯的惨相，却不由得毛发耸然，心胆俱裂了。她自己的母亲，自己曾经同她生活得如此密切，如此长久，简直自己就成为她的生命的一部分的，如今就在自己的眼前化为乌有了！她想忘掉它，可是办不到。她的哀伤继续下去，多得出奇，顽强得出奇，简直像她已经神秘的，不自觉地预先知道那个狰狞的威力早就给她特别预备好了一个可怖的打击了。

的确，不到年底，她就受了一个更可怕得多的重大打击。亚尔培，犯了多时的失眠症，在 11 月底一个寒冷的阴雨天，出去视察桑德赫思忒[65]新军官学校的建筑工事。回来的时候，他的身体显得很受了劳顿和暴露的折磨。他害了风湿症，他继续失眠，他说他觉得浑身不舒服。三天以后，为了一桩痛心的事情，他不得不上剑桥去一次。威尔士亲王，他是上年被安置到那个大学去的，行为上发出了一点问题，非父母亲自去训诫一顿不可。这位失望的父亲，心身都感受痛苦，总算平安无事的办完了这项工作；可是回温色的路上，他受了致命的寒。[66]第二个礼拜里他渐渐的更没有气力，更可怜了。可是，虽然沮丧，虽然虚弱，他继续工作。恰巧就在那个时候，外交上碰到了一个严重的问题。美国发生了南北战争，英国，为了同北部各州有激烈的纠纷，似乎就要牵入战事旋涡了。约翰·罗素爵爷拟了一道严厉的公文，呈送女王；亚尔培觉得，倘若一字不易的发出去，战争差不多是必然的结果。12月1日早上7点钟，他从床上起来，用一只颤抖的手，写了好几条提示，以备修改草案，遵此改去，可以和缓措辞，可以留下一条和平解决的路。这种更动为政府接受了，战争乃得以避免。这是亚尔培最后的备忘录。[67]

他常常说他想到死总心平气和。“我并不执着生命，”他有一次对维多利亚说。“你是执着的；我可不重视它。”于是他又说：“我敢断言，我一害重病，我会立刻放手，我不会为了生而挣扎。我没有生的强韧力。”[68]他判断得不错。他病了没有多少日子就对一位朋友说他相信他不会痊愈了。[69]他一天不如一天了。然而，如果诊得得当，治得得法，他的有救是可以想象的；可是医生们断不出病征；主要医生是詹姆士·克拉克爵士，这一点更堪注意。有人提示另请人看的时候，詹姆士爵士表示不屑置理：“没有什么值得大惊小怪的地方，”他说。可是这个怪病一天天加重了。最后，经过判麦斯吞写了一封力争的信以后，瓦特孙博士[70]被请来了；他立刻看出他来得太晚了。亚尔培正在伤寒的掌握中。“我认为直到现在一切经过都很良好，”詹姆士·克拉克爵士说。[71]

早期的烦躁和痛楚换了一种固定的麻痹，越来越深的阴郁。有一次委顿的病人要听音乐——“远远的一曲优美的合唱”；隔壁房间里放了一架钢琴，爱俪思公主弹几支路得的赞美歌，弹了以后，亚尔培背诵《万世之磐石》。[72]有时候他神思恍惚；有时候遥远的旧日涌现到他的眼前；他听见清早的鸟声，于是又置身罗塞诺，还是一个孩子。

或者维多利亚来给他读《峰巅的披佛利尔》,[73]他表示他能够领会故事，于是她向他低下头去，他喃喃地说“liebes frauchen〔可爱的小女人〕”和“gutes weibchen〔善良的小妻子〕”，摸摸她的面颊。她的苦恼和骚乱是大的，可是她并未吓坏。被自己注满的精力浮涌得高高的，她不相信他的精力会不克支撑。她不肯正视这样一个可怕的可能性。她不愿意见瓦特孙博士。为什么要见呢？詹姆士·克拉克爵士不是担保她什么事都不会有吗？就在临终前两天，她周围的人都觉得差不多必然的无望了，她还显然极有把握似的写信给比利时国王说：“我夜里并不坐在他身边陪他，因为用不着我；没有什么可以大惊小怪的地方。”[74]爱俪思公主想法告诉她真实情形，可是她满心希望，哪里肯屈从。12月14日早上，亚尔培，正如她所预期的，似乎好了一点；也许危机已经过去了吧。可是当天发生了严重的反复。于是她终于睁开眼睛看自己是站在一个深渊的边缘上了。全家人招来了，一个又一个，孩子们向父亲默默的告别。“这是可怕的一刻，”维多利亚在日记里说，“可是，谢谢天！我还能够自持，还能够非常镇静，照旧坐在他身边。”他喃喃地说一些话，可是她听不出说什么；她以为他是讲的法国话。于是他突然理起头发来了，“就像平日他整装的时候一模一样。”“Es ist Kleines Frauchen〔我就是小女人〕，”她低声地向他说；他似乎听得懂。傍晚的时候，她到旁的房间去一下，可是立刻被叫回来了：她一看便知道已经起了一种可怖的变化。她跪在床边的时候，他呼吸得很长，呼吸得很轻，终于不再呼吸了。他的面目全然僵硬了。她尖叫一声——一声尖叫震彻了惊悸的皇堡——她明白她永远失去他了。[75]

附　注

① 见马丁，第二卷，第161页。(原注)

② 同上，第五卷，第273至275页。(原注)

③　同上，第二卷，第379页。（原注）译者按：大英协会即大英科学促进会（British Association for the Advancement of Science），1831年成立，年会于每年夏日举行一星期，宣读论文。

④　见马丁，第四卷，第14至15页，第60页。（原注）

⑤　克伦卜（Klumpp，Friedrich-Wilhelm，1790—1868），德国教师，生平主张儿童在十岁以下，须完全为本国语教育；将研究古典文化或近代文化者，自十岁至十四岁，仍受同等教育，然后分科。

⑥　见马丁，第二卷，第479页。（原注）

⑦　兰德绥（Landseer，Edwin Henry，1802—1873），英国著名动物画家，1831年被选为皇家学会会员，1850年被封为爵士。

⑧　甘士卜洛（Gainsborough，Thomas，1727—1788），英国著名风景画家，十五岁至伦敦学画，曾为皇家画像，1775年后专致力于风景画。1768年皇家学会成立时，氏为最初三十六会员之一。

⑨　温德霍尔忒（Winterhalter，Franz Xaver，1803—1873），德国画家，受知于英法皇家，曾为维多利亚、亚尔培及法国皇后欧谢妮等画像。

⑩　见马丁，第二卷，第251至252页；布龙斐尔，第二卷，第110页。（原注）

⑪　见《英国人名大辞典》，第二补编，爱德华第七条；《季刊》，第213卷，第4至7页，第16页。（原注）

⑫　梭伦忒海峡介乎奥思本所在之外特岛与罕卜郡（Hampshire）之间，最宽处两岸相去仅四英里。

⑬　苏格兰高原常简称高原（the Highlands），为苏格兰西北部一带山区，居民多为塞尔提（Celtic）种

⑭　见《日记抄》，第18页，第33页，第34页，第36页，第127至128页，第132页注。（原注）译者按：布列达尔彭爵爷（Lord Breadalbane，John Campbell，1796—1862），1848年至1852年，1853年至1858年，任内臣，1840年至1842年任格拉斯哥大学校长。氏以性格，才干，热心公务，苏格兰数一数二的大地主这种种关系，在本乡备受尊敬。1842年女王至苏格兰，幸其居泰茅斯堡（Taymouth Castle）。风笛（bagpipe）有三低音管，现只流行于苏格兰。

⑮　布雷玛（Braemar），在亚培亭州西南部，巴尔穆拉尔庄在其东北。

⑯　“薄积”（Bothie），苏格兰方言，意为小舍。阿尔特·纳·久押莎克（Alt-na-giuthasach）未详，当属苏格兰高原一小地名。

⑰　见《日记抄》，第73至74页，第95至96页；格累维尔，第六卷，第303至304页。（原注）

⑱ 绞丝舞（reels），两对人相向而作8字形进行的一种苏格兰跳舞。

⑲ 见《日记抄》，第99至100页。（原注）

⑳ 苏格兰高原人各族皆服特殊样式的格子花呢（Tarten）。司徒亚德（Stuart），苏格兰皇族，1603年詹姆士第六登英国王位，称詹姆士第一后，创司徒亚德朝，詹姆士党人（Jacobites），詹姆士第二退位后拥护詹姆士及其后裔的党徒。司徒亚德格子花呢，猩红底，深绿纹，黄条。

㉑ 见《私生活》，第209至211页；《季刊》，第193卷，第335页。（原注）

㉒ 见《日记抄》，第103页，第111页。（原注）

㉓ 维基（Vicky）即公主维多利亚。

㉔ 德被爵爷（Lord Derby，Edward-Geoffroy，1826—1893），保守党领袖，1852年，1858年至1859年，1866年至1868年，三度任首相。威灵敦公爵死于1852年，即德被爵爷第一次任首相时。

㉕ 见《日记抄》，第92至94页。（原注）

㉖ 麦克利欧德（MacLeod，Norman，1812—1872），苏格兰神学家，1857年被任为女王的家庭牧师（chaplain），大得女王及皇室人的欢心。尼哥底母，法利赛人，事见《约翰福音》，第三章及第九章。

㉗ 同上，第102页，第113至114页。（原注）

㉘ “结隶”（gillie），昔时苏格兰高原酋长之侍从，现在特指猎人之仆从。

㉙ 邱契尔夫人（Lady Churchill，Frances Anne Emily Vane Tempes），1843年与约翰·温思敦·史本塞·邱契尔结婚。格雷将军（Charles，1804—1870），维多利亚侍从武官之一，1849年起兼任亚尔培私人秘书，亚尔培死后任女王私人秘书。

㉚ 见《日记抄》，第72页，第117页，第137页。（原注）

㉛ 见《书信集》，第三卷，第5页。（原注）

㉜ 威廉士将军（General Williams，1800—1883），1855年率土耳其军队，抵御俄国军队，死守喀斯6月，终以粮尽而屈服。喀斯在土耳其东北部，离俄境不远。

㉝ 据私人报告。（原注）

㉞ 近东问题即土耳其衰弱后欧洲列强对于分割巴尔干半岛的问题。

㉟ 见马丁，第三卷，书前第5页。（原注）

㊱ 红匣子是大臣们的公事匣子。

㊲ 见马丁，第三卷，第146至147页，第168至169页，第177至179页，第190页注。（原注）译者按：奥尔德学忒（Aldershot），伦敦西南34英里

一小镇，以1855年所建永久军营著名。女王于1856年第一次至该处阅兵。

㊳ 同上，第三卷，第242页，第245页，第351页；第四卷，第111页。（原注）

㊴ 欧谢妮（Eugenie-Marie de Montijo de Guzman，1826—1920），西班牙贵族，1853年与拿破仑第三结婚。

㊵ 衬箍裙（crinoline），用鲸骨圈或钢圈张开的女裙。

㊶ 见《季刊》，第193卷，第313至314页；《未婚女士》，第7页。（原注）

㊷ 圣克庐（St. Cloub），在巴黎西郊。

㊸ 见克劳福，第331至332页。（原注）

㊹ 见马丁，第三卷，第350页。（原注）

㊺ 塞瓦斯托波尔的占领为克里米亚战争的最后关头。

㊻ 见《日记抄》，第105至106页。（原注）

㊼ 见马丁，第二卷，第429页。（原注）

㊽ 加富尔（Cavour，Camilto Benso，1810—1861）与加立波谛（Garibaldi，Guisppe，1807—1882），意大利开国功臣。加富尔任萨地尼亚（Sardini）首相，竭力联络英法，参加克里米亚战争，战败奥地利，1860年暗助加立波谛攻占拿波里，意大利得以统一。时奥国占有意大利东北部，为意大利统一的障碍。

㊾ 见《书信集》，第三卷，尤其是1859年7月至12月各函；马丁，第四卷，第488至491页；第五卷，第189页。（原注）

㊿ 见《日记抄》，第107页。（原注）

51 见《书信集》，第三卷，第253页。（原注）

52 巴克克娄公爵（Duke of Buccleuch，Walter Francis，1806—1884），曾任女王在苏格兰的卫队长。巴克克娄家为英国一大贵族。

53 腓立支（Fritz）即普鲁士太子腓特烈（1831—1888），与英国公主结婚于1858年，于普奥、普法二战争中著巨勋，1888年登位，称腓特烈第三，旋即病没。

54 见马丁，第四卷，第160至169页。（原注）

55 英国汉诺威朝出自德国布伦思威克宗室，自乔治第一以下，各君俱庸碌无能。

56 见《英国人名大辞典》，第三补编，第551页；《季刊》，第213卷，第9至20页，第24页；格累维尔，第八卷，第217页。（原注）

57 见史多克玛，第四卷，第44页。（原注）

58 本句学《创世记》上帝造天地的口吻。

⑲ 见厄奈思，第一卷，第140至141页。（原注）

⑳ 见谛阿格尼思，第401页以后。（原注）译者按：谛阿格尼思（Theognis），基督纪元前六世纪希腊哀歌及格言诗作者。

㉑ 见《书信集》，第三卷，第194页。（原注）

㉒ 见格雷，第195页注。（原注）

㉓ 见马丁，第四卷，第298页。（原注）译者按：何思莱（Horsley，John Callcott，1817—1903），英国画家。裴德福（Bedford），英格兰中部郡名及城名。

㉔ 见马丁，第五卷，第202至204页，第217至219页。（原注）

㉕ 桑德赫思德（Sandhurst）在伦敦西南33英里，地属伯克郡（Berkshire）。

㉖ 见《英国人名大辞典》，第二补编，第557页。（原注）

㉗ 见马丁，第五卷，第416至427页。（原注）

㉘ 见马丁，第五卷，第415页。（原注）

㉙ 见布隆斐尔，第二卷，第155页。（原注）

㉚ 瓦特孙（Watson，Thomas，1792—1882），生平著有医学书多种。

㉛ 见马丁，第五卷，第427至435页；克莱伦敦，第二卷，第253至254页："我们不能断言；可是想到这样一条生命会受约翰·克拉克爵士对同行各人自私的妒忌所牺牲，实在可怕。"——克莱伦敦伯爵1861年12月17日致曼契思忒公爵夫人函。

㉜ 《万世之磐石》（The Rock of Ages），赞美歌篇名。基督常被称为"万世之磐石"。

㉝ 《峰顶的披佛利尔》（The Peveril of the Rock），史各德（Walter Scott）所著小说，1822年出版。

㉞ 见《书信集》，第三卷，第472至473页。（原注）

㉟ 见马丁，第五卷，第435至442页；海亚，第二卷，第286至288页；《未婚女士》，第176至177页。（原注）

第七章　孀居

一

配王的死是维多利亚女王的历史上中心的转折点。她自己觉得她的真正的生命已经同她的丈夫的生命一起完结了，她在地上的余年是属于黄昏色彩的——是一出戏演完以后的尾声。为她作传的免不了抱相同的感想。对丁他，那个长生涯的后半段也十分朦胧。女王一生中的前四十二年有许多和各种可靠的根据烛照得清清楚楚。亚尔培一死便罩下了一层幕布。只有偶尔间歇的，不连贯的揭开一两下；一些粗疏的轮廓、一些显著的细节可以辨得出；其余则唯有出诸臆测，含混不清。因此，虽然女工遭受丧偶大事以后又活了和以前差不多一样的年数，那些年的记录绝不能同早年的故事居相当的比例。我们既不知其详，只好止于简略和概括的一述了。

亚尔培的突然去世不仅是于维多利亚有切肤之痛的一件私事，而且是与国家和国际的局面有重要关系的大事。他只有四十二岁，论常理他至少还可以活个三十年。如果他这样活下来了，无疑的，英国政体的整个发展上必定会发生变化。他死的时候早已在英国的社会上占了独一无二的地位；在权要的政治家之间他早已被认为国家的机构上必需而且有用的 分子了．譬如克莱伦敦爵爷，他就称他的死为“重要远非国民所能梦想得到的一件国家的灾难”，他惋惜他的“明知和先见”，在美洲战争时，“他这种长处当比什么时候都更有价值”。[1]而且，时过境迁，亚尔培的势力必大为增加。因为，除了才智和道德的长处，他以地位关系，还享有一种至高无上的优势，为国中其他执掌大权者所没有的：他是终身的。政治家来了去了，配王却永远位居中枢。谁会怀疑，到那一世纪临末的时候，这样一个人，为服务国家而白了头的，德高的，英明的，有了毕生从政的空前经验的，他不会得到一种非常的威望呢？既然，在年轻的时候，他已经能指使国君扑斗凶猛的判麦斯吞，而且较量之下，居然能平分秋色，到老年的时候他有什么事情怕不能呢？哪一位大臣，不管怎样能干，不管怎样得人望，能抵挡这位老亲王的明智，他的毫无瑕疵，他的因时效而获得的极大威权呢？我们很容易想象，这样一个统治者之下，尽可能试图把英国改成了另一种国家，组织得精密，训练得谨严，装备得坚强，统治得专断，一如普鲁士了。那时候，在一个有力的领袖——一个格拉德思敦[2]或是一个布莱忒[3]——之下，国内的民主势力也许会集合起来，接下去也许就是一场斗争，结果君主政体会根本动摇也未可知。或者，相反，狄思雷利[4]的假定的预言要应验了。“埋葬亚尔培亲王，”他说，“我们就埋葬了我们的君主，这位日尔曼公子以我们历来各国王所未曾表现过的明智和精力把英国统治了二十一年。……如果他比我们几个‘老角色’后死的话，他一定会赏给我们以专制政府的福分了。”[5]

英国宪法——那个不可名状的实体——是一个活的东西，同人的生长一起生长，依人性的微妙而复杂的法则而取永远变化的形式。这是智慧和机会的产儿。1688 年的智者把它捏成了我们所知道的这个形状；可是乔治第一不会说英国话的机会给了它一种基本的特质——内阁不受制于君主而隶属于首相的体制。[6]格雷爵爷的智慧救了它，免于僵化，免于毁灭，把它放上了民主的大路。[7]机会又来插足了；一位女君主偶然嫁了一个能干而顽强的男人；似乎它里面一种静止了多年的成分——不负责行政权的成分——快要变成它的主要特性了，快要把它的生长的方向完全改变了。可是机会给的仍然由机会拿去。配王正在壮年，便尔惨折；英国宪法，一抖也不抖的搁下了那具死尸，继续自己的神秘生活，仿佛根本就不曾有过他。

有一个人，只有一个，完全感觉到这种变故的大力量。男爵，坐在科堡的炉边，忽然看见他所创造的那个宏大规模崩溃得干干净净。亚尔培去了，他白活了这一遭。就是他的最深的悲观也从未预见及如此可惨的结局。维多利亚写信给他，看他，安慰他，抱了满腔的确信而断言她一定继续丈夫的工作。他苦笑了一下，凝视炉火。于是他喃喃地说他要到亚尔培那边去了——说他不会活多久了。[8]他缄默起来了。他的孩子们聚到他的周围，竭力安慰他，可是没有用处：男爵的心碎了。他苟延了十八个月，于是，同他的学生一起探索冥世去了。

二

突兀得可惊，维多利亚一下子把辉煌的幸福换了黑暗的愁苦。在最初那些可怕的时辰，她周围的人恐怕她失去理性，可是她身上的铁劲支撑得很坚定，在悲痛停止爆发的间歇期间，人家看到她很镇静。她也记得亚尔培总不赞成过分的流露感情，她现在只剩了一个愿望，就是专做他所愿意的事情。可是有时候她的皇痛也不容许任何节制。有一天她召见塞什兰公爵夫人，[9]领她到亚尔培的房间里，俯伏在他的衣服前痛哭不止，一面苦苦的恳求公爵夫人告诉她是不是从没有人盖过亚尔培性格的优美。[10]还有些时候，她的心上扫荡过一股近于愤慨的感情。“生了八个月便遭父丧的可怜的孤女，”她写信给比利时国王说，“现在四十二岁便做了碎了心，裂了骨的寡妇！我的幸福的生命是完了！万事皆休了！……啊！正在壮年，便受摧折——四十二岁便目睹我们纯洁、幸福、平静的家庭生活，只有这种生活能使我容忍我这个**很**讨厌的地位的，竟横受摧折了——我还曾出自本能的坚信上帝绝不**会**拆散我们，一定会让我们偕老呢（虽然**他**总说生命的短促）——这**太不堪**太残忍了!”[11]女王被触犯的语气似乎溢于言表。她内心里曾怪神明何以敢如此吧?

可是所有旁的感情都让位于一个压倒一切的决心，她决定尽她的余年，绝对不改变的贯彻她的尊敬、她的服从、她的崇拜。“我亟欲重做**一件**事情，”她告诉她的舅父说，“**这一件是我坚定不移势在必行**的事情，就是，**他**关于一切的心愿——计划——**他**对于一切的见解，一定的当**我的法律**。**人力**绝不能使我不遵守**他**所决定、**他**所愿意的**一切**。”一想到插入她和她的愿望之间的任务可能的事情，她就凶猛了，她就狂暴了。她的舅父正要来看她，她忽然想起**他**也许会干涉她，像从前那样的要来“做主”吧。她要给他一个暗示。“我**也决定**，”她写着，“**任何**人——不管**他**在我的臣仆中一向很好，一向很忠心——都不许领导，或是指挥，或是命令**我**。我知道**他**一定**多么**不赞成。……虽然委顿不堪，摧毁无余了，我的精神会立刻兴奋起来，只要一想到别人碰动或改变他的**任何**心愿或计划，或者**强我做**任何事情。”她以哀伤和亲热结束了她的信。她说她是他的“永远可怜、永远忠心的孩子，维多利亚女王。”于是看一看日子：是 12 月 24 日。一阵心酸，她一笔挥下了一条附白——“怎样一个圣诞节呵！我不忍想它!”[12]

最初，在她苦恼得杂乱无章的时候，她宣称不能见大臣们，爱俪思公主，由内库官查理·菲卜思爵士[13]从旁扶佐，尽力执行居间人的职务。然而过了几个礼拜，内阁，由约翰·罗素爵爷出头，大胆的警告女王不能老这样下去。[14]她知道他们是对的：亚尔培一定会同意的，因此她召见大臣。可是判麦斯吞爵爷到奥思本的时候，非常强健，很活泼，新染了胡子，穿了棕色大衣，浅灰色裤子，绿手套，蓝扣子，他并未给维多利亚很良好的印象。[15]

然而，她已经喜欢她的老对头了，想到政府的发生变化，她就满心焦虑。目前的内阁，她知道，随时会倒的；她觉得不能迎对万一；因此，在亚尔培死了六个月以后，她采取了一种空前的行动，以私人资格通知反对党领袖德被爵爷，说她现在身心都很坏，不能经受改组内阁的不安，倘若他把现任的大臣们撵走，那就得不顾牺牲她的生命——或是她的理性。德被爵爷接到通知的时候，他相当惊讶。“好家伙！”这是他的冷评。“我没有想到她原来喜欢他们得**那样**呵。”[16]

虽然她内心的扰乱渐渐的减轻了，她的好兴致并没有回复。许多月，许多年，她一直在固定的阴郁中。她的生活差不多和外界完全隔绝。穿了最厚的绉纱，她愁惨的从温色到奥思本，从奥思本到巴尔穆拉尔。难得进京，拒绝参加各种典礼，谢绝酬酢，她变得简直像东方的什么君主一般的不为臣下所知了。他们会窃窃私议，可是他们不了解。空场面与浮欢于她何有呢？可不是！她全神贯注于极不相同的事情。她是一种神圣信托的忠实保管者。她的位置是在丧屋的最深处的神龛上——那间丧屋只她一人有权利进去，在那里她可以冥冥中感觉一个神秘的存在，可以解释，即使很隐约，一个还健在的灵魂的指示。这个，只有这个，是她的光荣而可怕的义务。的确是可怕的。一年年过去，她似乎愈加抑郁，愈加寂寞。“我是在孤寂的庄严之凄恻的绝顶，”她说。[17]她一再觉得不能再忍受下去了——觉得她要支持不住了。可是，立刻，那个声音说话了：她重新振作起来小心翼翼的奉行她这项可畏而神圣的任务。

她尤其得使自己有亚尔培的生命的原动力——她一定得为国家工作，像他从前那样的工作。他从前搁到自己肩上的那项艰巨重担，现在归她来负了。她接下了那个重担，当然的，她在底下蹒跚了。他在的时候，的确，她也有规律的，勤勉的工作过；然而那是由他的细心、他的先见、他的熟虑、他的把握，点化得轻易了、愉快了的工作。单是他请她给一篇公文签一签名的声音就已经把她激动了；在这样一个人面前她原可以永远高高兴兴的辛苦下去。可是现在有了一番可怕的变更了。现在再没有在绿灯底下堆得整整齐齐的案卷和摘要了；现在再没有困难事情的简略说明了；现在再没有人告诉她什么对，什么不对了。她有秘书的，自然：有查理·菲卜思爵士，有格雷将军，还有托麦斯·比度尔夫爵士；[18]他们也尽了全力。可是他们只是隶属：倡导和责任的重量完全在她一人的身上。因为非如此不可。"我**决定**，"——她没有说过吗？——"**任何人**都不许领导、或是指挥、或是命令我；"一不如此，就得背信了。她在什么事情上都要遵从亚尔培。他一向不肯委托他人；他一向亲自审查每一个细节；他一向抱定宗旨，一篇公文没有看过而且写过批示在上面，决不签字。她也要这么办。她从早到夜，坐在一大堆一大堆文件箱的包围中，看着，写着，靠着她的书桌——她的书桌，唉！现在是单独地放在房间里了。[19]

亚尔培死后不出两年，外交上发生了一个激烈的波澜，使维多利亚的忠信受了一次显本色的考验。那个可怕的雪列司魏格-霍尔斯坦因纠纷，已经闷烧了十年以上，忽然露出要爆发成一场大火的趋势。争执的问题是复杂得无法描述。"只有三个人真正了解过雪列司魏格-霍尔斯坦因问题，"判麦斯吞说，"——配王，他已经死了——一个德意志教授，他已经发疯了——还有我，我已经完全忘记了。"[20]可是，就说配王已经死了，他没有留下一个代理人吗？维多利亚仗一股灵感的气势，投进了沸腾的纠纷。她每天花好几个钟头，悉心研究事件的每一个转弯抹角；可是她在这个迷宫里自有一个线索：每次讨论到这个问题，亚尔培，她记得清清楚楚，总站在普鲁士那一边。她的路线是明显的。她变成了一个普鲁士观点的热心维护者。这是配王的一种遗产，她说。[21]她不知道配王在日的普鲁士已经过去了，一个新普鲁士，俾斯麦的普鲁士，已经产生了。也许判麦斯吞以他那种古怪的先见，早已出于本能的忧虑到未来的危险了吧；无论如何，他和约翰爵爷总是一致的认定必须援助丹麦反对普鲁士的要求。可是一般的意见是截然的分成了两种，不但在国民中，而且在内阁里。争论一直闹了十八个月；女王始终激烈地反对首相和外交大臣。临到最后关头的时候——似乎很可能英国要联合丹麦对普鲁士开战的时候——维多利亚烦乱得非常厉害，近于发热病了。对于她的日尔曼亲戚，她有检点，保持了大公无私的神气；可是她给大臣们的申诉、抗议、告诫，像水一样的倒去。她祈求和平的神圣事业。“保持欧洲和平的唯一机会，”她写着，“即在于不援助丹麦，它完全是咎由自取。……朕感觉很痛苦，神经越来越完全紊乱了。……然而这种焦忧尽管把朕累倒，总不能摇动朕的坚定的宗旨：朕永远反对使本国牵入一种疯狂而无用的战争的任何企图。”她说她已经“准备坚持”，即使外交大臣立刻辞职，亦所不顾。[22]她告诉格兰维尔爵爷说：“朕完全被焦忧和悬虑折磨坏了，非常想念朕心爱的丈夫的帮忙、忠告、支持和爱护。”她为和平奋斗得筋疲力尽了，以致不能“抬头或握管”。[23]英国并未参加战争，丹麦委诸天命了；可是女王对于这种结果有多大贡献，就我们现在所知，实在难言，然而就大体而论，决定这种局面的原因似乎倒是内阁里的有力的和平派，而不是维多利亚的迫切而悱恻动人的敦促。

无论如何，有一点是确实的；女王的热心维护和平的神圣事业，并没有持久。不出数月，她的心意完全变过来了。她睁开眼睛，看清楚了普鲁士的真面目，他们对于奥地利的阴谋在“七星期战争”里表演得差不多达于绝顶了。[24]冒冒失失，从一个极端掉转到另一个极端，她现在逼促大臣们用武力干涉，援助奥地利。可是她白费了气力。[25]

她的热中政治活动，并不比她的谢绝社会活动，较受公众的嘉许。一年年过去，皇忌照旧不解，外边的责难越来越普遍，越严厉了。有人说女王的长期蛰居不但给上流社会投射了一重阴影，不但使豪华受了冷落，而且对于裁缝、首饰、鞋袜各业发生了很有害的影响。后边这一条考虑尤其有力量。最后，到1864年初，传说女王陛下就要除服了，报纸上纷纷志喜；可是不幸，这种传闻竟完全无根。维多利亚亲笔给《泰晤士报》去函更正。“这种观念，”她说，“不便断然加以驳斥。”信上继续说：“朕由衷的感佩臣民要见朕的好意，凡是朕**能**酬答他们这种忠爱的心念的事情，朕**一定做**……可是朕孤独无助，现在除了仅仅是出面的义务以外，还有旁的更重大的义务——那些义务一疏忽即妨害公事，那些义务不断的压到朕身上，带给朕无限的工作和焦忧。”[26]这个辩解本可以服人的，要不是大家知道女王所着重的“旁的更重大的义务”大部分包含的就是：抵制判麦斯吞爵爷和约翰·罗素爵爷的外交政策，国民的一大部分——也许居多数——在雪列司魏格-霍尔斯坦因争执里是激烈赞助丹麦的；维多利亚的支持普鲁士到处受抨击。一股大失民望的潮浪，令人想起二十五年多以前女王未结婚时期的情形的，开始猛涨起来了。报纸很无礼；爱伦卜洛爵爷[27]在上院攻击女王；上流社会里暗传了离奇的风言风语，说她有退位的意思——窃窃私语以后，继以同声惋叹她没有这么办。[28]维多利亚受了凌辱，受了伤害，觉得她被大家误会了。她极其忧闷。爱伦卜洛爵爷演说以后，格雷将军宣称他“从没有看见女王如此气恼过”。“啊，多么可怕呵，”她自己写信对格兰维尔爵爷说，“受人怀疑——而无人鼓励——无人指引，无人进劝——可怜的朕觉得多么孤独呵!”[29]然而，尽管受苦，她照样坚决；她一定要遵循一种最高义务所指出的那条道路，不移分寸；她要忠实到底。

因此，当雪列司魏格-霍尔斯坦因被人忘怀了，甚至于配王的印象也在人的无常的记忆里模糊起来了，这位孤寂的守护者始终全神贯注于她那种特殊的任务。外界的敌对有增无已，可是维多利亚有穿不透的重孝岸然抗衡，屹立不动。人家永远不会了解吗？长使她如此蛰居的不仅仅是哀伤；而且是虔诚，是自我牺牲；是爱的艰巨的遗产。笔头不断的扫过黑边的纸。肉可以减损，那个重担绝不可不负。幸而，即使人家都不了解，还有了解她的忠实朋友呢。有格兰维尔爵爷，有仁慈的提奥多·马丁先生。[30]也许马丁先生，他那么聪明，他会想法使世人瞭悟事实吧。她要给他写一封信，指出她工作的艰苦和奋斗的艰难，那么他也许会写一篇文章给一个杂志发表了。她在1863年告诉他说并非“**哀伤**长使朕足不出户。……是因为**繁重的工作**，因为饱受哀伤所摧残的健康，因为工作和责任的繁剧的积累——朕觉得这种工作真把我拖坏了。爱俪思·赫尔朴斯在朕的房间里大为惊愕；倘若马丁夫人来看看，当可以告诉马丁先生朕周围尽是些什么。朕从起床一直到上床，中间就只有工作、工作、工作，——信箱、问题，等等，都是要人命的——倘若朕晚上不能稍稍休息，稍稍宁静，一定不能**活**了。朕的脑筋老是运用过度。”[31]这是再真实不过了。

三

继续亚尔培的工作——这是她的第一件义务；可是还有一件：重要仅次于上件，然而，如其可能，当更为她所关切——使他的才能和性格的真相深印于臣民的心上。她明白他身前未受真正的赏识；他的力量之大，他的德性之高，过去是不能无所隐讳；可是一死便除去了种种顾虑，现在该让她的丈夫的伟大暴露无余了。她有条不紊地着手工作。她指令亚述·赫尔朴斯爵士[32]编出一本配王的演讲录，那本厚书在1862年问世了。于是她命令格雷将军记述配王的早年生活——从诞生到结婚；她自己定下全书的计划，提供大批的秘密文献，再加无数的注释；格雷将军听命了，那部著作[33]在1866年完成。可是主要的事迹尚未讲到，因此训令马丁先生写配王的全传。马丁先生辛苦了十四年。他要处理的材料浩大得简直不可置信，可是他极其勤奋，而且他始终承受陛下优渥的帮助。第一巨册在1874年出版；其他四册自后陆续刊布；那部巨著直到1880年才出齐。[34]

马丁先生得了爵士位的褒奖；可是事实明显得可怜，提奥多爵士和他的前人都没有达到女王所瞩望的目标。也许她的助手不得其人，可是实际上失败的责任一定得归之于维多利亚自己。提奥多爵士及其他人都忠实的完成她派给他们做的任务——忠实的把她自己心里的亚尔培的真面目公之于世。致命的缺憾是世人不觉得那副面目有什么可爱。维多利亚的感情，以强烈而不以精微见长，丝毫不容洞察或幽默的斟酌，只有绝对的，无条件的才满足。她不喜欢，她就不含糊地把他讨厌的对象扫出考虑的范围；她的爱好也同样的不苟且。对于亚尔培，她之酷爱绝端，更达于绝顶。以为他哪一方面稍有欠缺——不管在道德上，智慧上，美上，一个男子所有的一切光荣和体面上——就是不值一顾的亵渎：他是完善无缺的，一定得表彰他是完善无缺的。亚述爵士，提奥多爵士，以及那位将军都如此描摹下来了。在这种情形、这样的监督之下，要作出一些不同的成绩，非有比这些先生们的才具高出许多倍的才具不可。可是也不就是如此。机会来得乖离，维多利亚也得以征用了另一位作家为她效力，讲才具的优越这一次可无话可说了。那位桂冠诗人，[35]不是为了殷勤，便是出自确信，也学了君上的腔调，同声歌颂，给皇家的套话加上了诗调铿锵的魔力。这样一来，什么都定了。从此以后无法忘记亚尔培曾经佩戴过无瑕疵生活的白花了。[36]

结果有双重的坏影响。维多利亚失望和懊丧之余，不免怀恨国民不管她如何努力，不肯估量她丈夫的真价。她不懂得描画一种“尽善尽美”的化身不合人类大多数的脾胃。其中原故，多半倒不在于嫉妒这个完人，而在于怀疑他的不近人情；因此世人见陈列出来给他们赞叹的人物倒像道德故事书里的糖英雄，而不像有血有肉的同类，耸一耸肩，一笑，或是轻薄的一哼，掉头而去了。然而在这一点上，世人同维多利亚都错了。因为实际上亚尔培是远非世人所能梦想及的有趣人物。仿佛出于一种离奇的捉弄，一个毫无瑕疵的蜡像硬被维多利亚的恩爱镶嵌进了一般人的想象，而蜡像所表现的人物本身——那个真实人物，那么有精力，有拼劲，有熬练的，那么神秘，那么苦恼的，那么容易出错的，那么极近人情的——却消失得无影无踪了。

四

言辞和书本也许是含糊的纪念品；可是谁能误解坚实不移，一见便明的铜和石头呢？在温色附近埋葬了她母亲的佛乐格摩亚，[37]维多利亚花了二十万镑，为她自己和她的丈夫建筑一座宏大而讲究的陵庙。可是这是私家的纪念物，女王希望臣民不管在什么地方聚集，都会想起配王。她的愿望是偿了；全国各处——亚培亭、伯斯、乌尔佛罕普登[38]——都立了配王的塑像；女王破了蛰居的常例，亲自去揭幕。京城也不落人后。配王死后一个月，市长馆里召开了一个会议，讨论纪念他的计划。然而意见不一致。立一个像好呢，还是举办一种公益好？同时开始了募捐；组织了一个有势力的委员会，请教了女王对于这件事情的意向。女王陛下回答说她宁愿建立一座底下有雕刻的花岗石尖碑。可是委员会迟疑起来了：一座尖碑，名实相符，当然一定得用一块独石；而英国哪儿有可以供给那么大一块花岗石的石场呢？的确，俄领芬兰有花岗石的；可是委员会听说那不适于搁在露天。就全盘着想，他们提议建立一座纪念厅，附带一个配王的塑像。女王陛下同意了；可是又发生了一个困难。他们一看捐款不过六万镑——不够开销这双重的费用。纪念厅因此决定不建立了；单单立一个像；请了一批著名的建筑师开始设计。最后委员会手里拿到了十二万镑的总数，因为公众又捐一万镑，国会通过五万镑。几年以后，开了一个股份公司，作为一个私营事业，建造了亚尔培纪念厅。[39]

设计被委员会和女王一致选用的建筑家是吉尔伯·史各德先生，他的勤奋、谨慎、虔诚，早已使他成了一界的泰斗。[40]他毕生对于峨特式的热心更使他超群拔类，他的手迹不但触目的见于无数新颖的建筑物，而且见于大多数英国教堂。的确他的革新也不时地遭遇到抗议；可是他在报章和小册里答复得理直气壮，显得一片的苦口婆心，以致没有一位教堂住持不被折服，而他亦得以不间断的继续他的工作。然而有一次他对于峨特式的专诚欲使他处了一个不愉快的地位。白厅路[41]要翻造政府的部房；史各德先生投标了，他的设计中选了。自然又是峨特式，带“一点四方和平正的轮廓”，配以圆柱形直棂、三角墙、尖顶和突窗；那些图样，据史各德先生自己看来，“好得也许为投标中所未见，或仅见”。经过了照例的故障和迁延以后，工程终于要着手进行了，忽然内阁改组，判麦斯吞爵爷当了首相。判麦斯吞爵爷立刻召见史各德先生。“唔，史各德先生，”他说，照例的神气活现，“我无论如何，不敢采纳这种峨特式。我一定得请你另行设计一种意大利式的图样，我相信你一定会设计得很聪明。”史各德目瞪口呆了；意大利文艺复兴时代式不但是难看，而且是绝对的不道德，他断然拒绝，无论如何，不敢赞同。于是判麦斯吞爵爷摆出了父亲对儿子的腔调。“一点也不错；一位峨特式建筑家我们是不能期望他造一所古典式建筑物的；我得另外找人。”这太难堪了，史各德先生回家以后，给首相写了一封措辞严厉的信，信上他详述他在建筑界的地位，他在两次全欧洲投标中得过标，他是一位 A. R. A.，[42]他得过法国学会的金质奖章，他是皇家学院建筑的演讲人；可是毫无用处——判麦斯吞爵爷连回信都不写。于是史各德先生异想天开，以为他不妨另外作一种设计，适宜的混合起来，骨子里保留峨特式的主要特点，外表上看起来像古典式。他就这么办了，可是对于判麦斯吞爵爷不发生效力。他说这种新设计“非驴非马——十足的杂凑——他还是无论如何，不敢采纳。”[43]过后史各德先生觉得必须到斯卡卜洛休养两个月，“服一个疗程的奎宁药”。他的气色终于回转了，可是以违心作了代价。为家庭起见，他觉得无可奈何，不得不遵从首相；他心里直抖，把政府办公厅造成了严格的文艺复兴时代式。

不久以后，史各德先生依照自己的式样，建造了圣潘克拉思大旅馆，稍稍得了一点安慰。[44]

现在他又有一个更称心的工程了。“设计亚尔培纪念厅，”他写着，“我的意思是建筑一种天盖掩护配王的塑像；特色是天盖带几分古代神社的气息。这些神社是实际上并未成立过的理想建筑的模型；我的意思就是要实现一所理想建筑，用贵重的材料，嵌花，刷釉，等等。”[45]他的意思非常合适，尤其因为凑巧亚尔培自己也有过类似的意念，虽然大小恰好相反，他曾经依照同样的模型，设计而且铸造过几个银调味瓶架。地址出于女王的请求，选定在垦星敦园，离万国博览会的场址越近越好；1864 年 5 月，动了第一块土。工程是费时的，复杂的，困难的；大批的工人以外，还请了几个辅助的雕刻匠和金匠，受史各德先生调遣，每做完一个段落，草图和模型就呈请女王陛下审核，她细心的批评每一个细节，不断地指示改进的地方。单说环绕厅基的腰围已经是一件决非儿戏的工程了。“这从全体看来，”史各德先生说，“也许是历来最繁重的雕刻品之一，包含连贯的一排最精细的雕像，照原大的最高浮刻，长度在二百尺以上，一共一百七十尊，刻在最硬的大理石上。”辛苦了三年以后，纪念厅离竣工还远呢，史各德先生认为该请工人喝一次酒了，“作为赏识他们的本领和精力的实质上的表示。”“两张长桌，”据说，“用建筑架的木板搭起来，排在工场里，用报纸罩好，因为没有桌布。八十多人坐下来了。牛肉、羊肉、葡萄干布丁和奶油，力求丰富，要喝啤酒，每人有三品脱可喝，还有姜味露和柠檬水为绝对戒酒者预备，这种人占很大一部分。……干了几次杯，许多工人讲了话，差不多一开头都说‘多谢上帝，大家都身体很好’；有的提起他们之间流行的戒酒主义，有的议论从没有听到什么发誓赌咒，而大家都说干这么伟大的工程他们是多么高兴，多么得意。”

建筑渐渐的要落成了。腰围上一百七十尊一人高的雕像已经凿好了；花岗石长柱升起来了；寓意的三角楣上的花纹嵌进了；四尊大塑像象征四大教德，另外四尊象征四大天德，都各别升座了；八尊铜像象征重要的学科——天文学、化学、地质学、几何学、修辞学、医学、哲学和生理学——安置到了灿烂的绝顶，高入云霄。生理学的铜像尤其使人称赏。“她的右臂，”据官方的报告说，“挽着一个新生的婴孩，象征生理学上最高最完美的发展；她的手指着一架显微镜，用以观察微小动植物的工具。”最后，镀金的十字架镇住了五光十色，星罗棋布的天使阵，纯白大理石的四大洲站到了台基的四角，开工了七年以后，1872 年 7 月，纪念厅揭幕而公之于世了。

可是还得过四年，那个中心的主像才准备完妥，搁到璀璨的华盖底下。这是出于福莱先生的[46]设计，但在一件事项上这位雕刻家的自由是受了史各德先生的限制。“我选定坐相，”史各德先生说，“取其最能表露帝王的尊严。”福莱先生很巧妙的实现了首领的理想。“在态度和表情上，”他说，“目的是，借形容的特点，表示身份、性格和教养，而且表露善于感应的智力，以志主动的而不是被动的关怀周围那些图像、人物、浮雕所表现的文明的探索。……为的用配王生平最可纪念的大事业之一——1851 年的博览会——以识别起见，右手里放了第一届万国博览会的出品目录。”雕像是铜质而镀金的，差不多有十吨重。人家说得不错；单凭像基上铸的“亚尔培”这个名字已经大可以识别了。[47]

附　注

① 见克莱伦敦，第二卷，第 251 页。（原注）

② 格拉德思敦（Gladstone，William Ewart，1809—1898），1832 年被保守党选入国会；1843 年任贸易局长；1845 年任殖民部长；1846 年拥护庇尔取消“谷类限止法”。与同党人意见不合，一变而成保守自由党或庇尔派，1852 年入亚培亭爵爷的联立内阁，任财政大臣，至 1855 年判麦斯吞任首相时退职。1857 年竭力反对与中国作战。1859 年任判麦斯吞内阁的财政大臣。生性厌战，赞成

自由贸易，自然而然的倾向自由党。以财政家论，为英国最伟大的；以演说家论，在下院中除布莱忒外，可称无匹。判麦斯吞死后，仍任罗素内阁的财政大臣。1874年内阁失败，狄思雷利继任首相，至1880年以外交政策失败，格拉德思敦复任首相，了结南非战争。1885年提国会改革计划失败。1886年再当权，计划为爱尔兰分设国会，又失败。1892年再组阁，翌年使地方自治案（Home Rule Bill）通过下院，但为上院否决。1894年因体弱退休。生平曾有著作多种。

③ 布莱忒（Bright，John，1811—1889），著名演说家及激进政治家，反"谷类限止法"联盟（1838—1846）的煽动者，曾任贸易局长，格拉斯哥大学名誉校长。

④ 狄思雷利（Disraeli，Benjamin，1804—1881），一再候选失败，1837年始入国会。首次演说大失败，入后逐渐成功，1841年顷，成"少年英国"党（青年保守团体，反对自由贸易及激进主义）领袖；1848年公认为保护贸易派领袖。1852年一度任德被内阁的财政大臣。1858年，判麦斯吞失败，复任原职，继续至1859年。1866年反对罗素与格拉德思敦所提选举改革案，托立党得势，狄思雷利复任财政大臣。德被与狄思雷利突然转向，拥护比原先所反对者更激进、更倾向民主的选举改革案，该案于1867年通过。1868年狄思雷利任首相，大选时失败。1873年任格拉斯哥大学名誉校长。1874年复任首相。1876年被封为比肯思斐尔伯爵。1880年退休。狄思雷利亦以小说家著名。

⑤ 见维兹顿，第二卷，第161页。（原注）

⑥ 即所谓内阁制。

⑦ 格雷爵爷是"改革案"的大功臣。

⑧ 见史多克玛，第49页；厄奈思，第四卷，第71页。（原注）

⑨ 塞什兰公爵夫人（Duchess of Sutherand，Georgiana Howard，1806—1868），塞什兰第二公爵之妻，以美貌、才具、慈善名于时，曾任女王的御前侍嫔。

⑩ 见克莱伦敦，第二卷，第251页，第253页。（原注）

⑪ 见《书信集》，第三卷，第474至475页。（原注）

⑫ 同上，第三卷，第476页。（原注）

⑬ 查理·菲卜思爵士（Sir Charles Phipps，1801—1866）1846年任女王侍从武官，1847年任配王秘书，1849年，安孙死后，继任女王内库官，1864年任太子秘书。

⑭ 见李，第322至323页；克劳福，第368页。（原注）

⑮ 见克莱伦敦，第二卷，第257页。（原注）

⑯ 同上，第二卷，第261至2页。（原注）

⑰ 见马丁,《维多利亚女王》,第155页。(原注)

⑱ 托麦斯·比度尔夫爵士(Sir Thomas Biddulph,1809—1878),曾任女王的内库官等职。

⑲ 见克莱伦敦,第二卷,第261页;李,第327页;马丁,《维多利亚女王》,第30页。(原注)

⑳ 见罗伯桢,第156页。(原注)

㉑ 见莫莱,第二卷,第102页;厄奈思,第四卷,第113页:"我知道我们亲爱的天使亚尔培永远把坚强的普鲁士看作必要,所以,为了这一点而工作是我的一种神圣的义务。"——维多利亚女王1863年8月29日致萨克思·科堡·哥答大公函。(原注)

㉒ 见菲兹摩里思,第一卷,第459页,第460页。(原注)

㉓ 同上,第一卷,第472至473页。(原注)

㉔ "七星期战争"亦名"普奥战争",发生于1866年,近因为雪列司魏格-霍尔斯坦因统治问题,最大原因则为普鲁士争日尔曼联邦领导权,结果普鲁士如愿以偿,德国处于统一阶段,意大利(因与普鲁士联盟,攻打奥地利)得威内几亚(Venetia,意大利北部一省区),完成统一局面。

㉕ 见克莱伦敦,第二卷,第310至311页。(原注)

㉖ 见《泰晤士报》,1864年4月6日刊;克莱伦敦,第二卷,第290页。(原注)

㉗ 爱伦卜洛爵爷(Ellenborough,Edward Law,1790—1871),1842年任印度总督,1844年被召回国,1845年至1846年任海军大臣,1858年任印度统辖部长。

㉘ 见克莱伦敦,第二卷,第292至293页。(原注)

㉙ 见菲兹摩里思,第一卷,第466页,第409页。(原注)

㉚ 提奥多·马丁(Theodore Martin,1816—1909),曾译何籁士(Horace)的加塔拉思(Catullus),歌德的《浮士德》,但丁的《新生》等(1860—1862),1866年被其友亚述·赫尔朴斯推荐于女王作配王传,第一卷出版于1875年,第二卷1876年,第三卷1877年,第四卷1879年,第五卷1880年,前后共费时15年。

㉛ 见马丁,《维多利亚女王》,第28至29页。(原注)

㉜ 亚述·赫尔朴斯(Sir Arthur Helps,1813—1875),早年即从事著述,论文、历史、小说、戏剧都写过。1860年起,终身任枢密院书记,因此受知于女王。

㉝ 即《配王的早年》,本书参考书之一。

㉞ 见马丁，《维多利亚女王》，第97至106页。（原注）

㉟ 即丁尼生（Alfred Tennyson）。

㊱ 见丁尼生《国王的牧歌》（*Idylls of the King*）1862年第四版献词："这许多年一直佩带着无瑕疵的生活的白花"（"thro'all this tract of years wearing the white flower of a blameless life"），全篇献词尽歌功颂德之能事，把亚尔培说得尽善尽美。

㊲ 佛乐格摩亚（Frogmore）在温色堡东南一英里。

㊳ 亚培亭郡即巴尔穆拉尔所在地；伯斯郡（Perth）在苏格兰中部，高原边上，多山，风景极佳；乌尔佛罕普登（Wolverhampton）在英格兰史丹福郡，工业中心之一。

㊴ 见《国家纪念册》。（原注）

㊵ 吉尔伯·史各德（Gilbert Scott，1811—1878），英国峨特式建筑的复兴大师，所著《私人的与职业的回忆》（本书参考书之一）为其子所编订。

㊶ 白厅路，伦敦市内特拉法尔加方场至威思明斯德的大街，政府各部的建筑即在其两旁。

㊷ A. R. A即皇家学院准会员（Associate of the Royal Academy）。

㊸ 斯卡卜洛（Scarborough），约克郡北海岸的胜地，游客至此，既可作海水浴，亦可作矿泉浴。

㊹ 见史各德，第177至201页，第271页。（原注）

㊺ 见史各德，第225页。（原注）

㊻ 福莱（John Henry Foley，1818—1874），爱尔兰雕刻家。

㊼ 见《国家纪念册》；达福尼，第43至44页。（原注）译者按：最后一句大约指注36所说的丁尼孙那篇诗中的一语："超过一切名号的一个'王'（Prince），从此后流芳百世的一个家喻户晓的名字亚尔培……"

第八章　格拉德思敦先生与比肯斯斐尔爵爷

一

判麦斯吞爵爷的欢笑——从匹忒[1]和维也纳会议的时代一直响下来的一种古怪的金声玉振的“哈！哈！哈!”——在毕迦迪里再也听不见了；[2]约翰·罗素爵爷垂垂老去；德被爵爷踉踉跄跄的下了台。新场面开始；新主角——格拉德思敦先生和狄思雷利先生——在舞台上的照明中心彼此抗争。维多利亚，居高临下，以她一向对于政治的那种热切的个人关怀，观看着这种种演变。她的偏心是意想不到的。格拉德思敦先生本是她所尊敬的庇尔的徒弟，而且得过亚尔培的称许；狄思雷利先生是穷凶极恶逼倒罗伯爵士的，而且配王说过他“没有半分正人君子气”。[3]然而她与日俱增的不信任、不喜欢格拉德思敦先生，而他的敌手则备受女王的信赖、尊重、爱顾，即梅尔本爵爷也没有这样领受过。

她对那位托立党大臣的态度突然改变也不为无因：她觉得庶政人员中只有他识透她哀悼亚尔培的感情。至于别人，她也许会说“他们只是可怜我，不是可怜我的哀痛”；可是狄思雷利先生是了解的；他的吊慰完全取歌颂亡人的形式。女王断言他是“唯一赏识配王的人”。[4]她特别对他表示宠幸起来了；在威尔士亲王结婚的时候派给他和他的夫人两张尊贵的座位，而且邀他在温色留宿一夜。下院讨论到补助亚尔培纪念厅兴筑费的时候，狄思雷利，以在野党领袖资格，大逞雄辩，竭力拥护。女王酬谢他以一册配王演讲录，白摩洛哥皮封面，御笔题词。他在答谢的信里"大胆的触动一个神圣的题目"，与对方的感情息息相应，详论亚尔培的尽善尽美。"配王，"他说，"是我所知的唯一符合理想的人物。我从没有另外认识过一位谈得上接近理想的。落落大方的优雅与崇高的朴实，豪侠气与雅典学院的文风，在他是打成一片了。英国历史上唯一有几方面近似他的人物是腓力普·西德尼爵士：[5]同样的品格高超，同样的多才多艺，同样的温柔与精力充沛相济，同样难得的合浪漫的生气与古典的宁静而为一。"至于他自己同配王的来往，他说是"生平最得意事之一：留下不少优美的记忆，对于自己日后的生涯谅必有慰藉与发扬之功"。维多利亚大受"这几笔精湛微妙的点触"所感动；从此以后狄思雷利在她的感情里的地位是稳定不移了。[6] 1866年，保守党当权，狄思雷利做了财政大臣和议院领袖，势所必然，他同君上的关系又接近了一步。两年以后，德被爵爷辞职了，维多利亚，非常高兴，特别优渥地欢迎狄思雷利当她的首相。[7]

可是他当权只有骚乱不安的九个月。内阁在下院只获得少数的拥护，被总选举推倒了。可是在这个短时期的结尾，维多利亚和她的首相的结合变得比以前更强固得多了；他们之间的关系现在不仅是感激的女主人与忠心的仆人之间的关系：他们是朋友了。他的公事信，总透露私人气息的，变成了政治消息与社会闲话的兴味浓郁的记录，如克莱伦敦爵爷所说的写成了"他的最好的小说体"。维多利亚快乐了；自称她生平从不曾接过这种信，以前从不曾明了过**一切**。[8]到春天的时候，她回报他以手摘的几束鲜花。他马上以自撰的一套小说送给她，她说她"异常感激，十分看重"。她新近出版了《苏格兰高原乡居日记抄》，据说首相在这个时期，同女王陛下谈起话来，经常说"我辈作家，夫人。"[9]关于政治问题，她是他的坚强的支持者。"的确从不曾有过像反对党这种举动，”她写着。当内阁在议院失败的时候，她“着实震骇于下院所取的行径；他们着实玷污了立宪政府。”[10]她忧惧未来的变动；她生怕如果自由党坚持取消国立爱尔兰教会，她的登极誓言就可能挡路。[11]可是变动势所不免，维多利亚为了失去她得意的大臣，徒然想给狄思雷利夫人[12]加封爵位聊以自慰。

格拉德思敦穿着衬衫在哈渥屯[13]正砍一株树，圣旨传来了。“意义重大，”他说，当他把来信看了，继续砍树。他此际的心思比较明白，而且录在日记里。“万能的上帝，”他写着，“似乎要我奉行天意，我知道自己是非常不配。颂扬上帝呵！”[14]

然而女王并不和这位新首相抱同样的见解。她不相信格拉德思敦先生决意实行的大刀阔斧的改革程序有什么天意可说。可是她能怎么样呢？格拉德思敦先生是势不可当的，他有凶猛的魄力，他在下院有绝对多数的拥护；她觉得受够了骚乱不安的罪，五年间（1869 年至 1874 年）天天闹着改革——爱尔兰教会与爱尔兰土地制的改革、教育的改革、国会选举法的改革、海陆军组织的改革、司法的改革。她不赞成，她奋斗，她生气；她觉得亚尔培若在，事情绝不会闹到这个地步；可是抗议也罢，抱怨也罢，同归无效。单是打发排山倒海而来的大批案卷就已经要命了。接到爱尔兰教会案又长又错杂的草案，附格拉德思敦先生密密的写满十几页四开大纸的说明书，她简直束手无策了。她从草案翻到说明书，又从说明书翻到草案，可不能断定哪一件最叫人摸不着头脑。可是她得尽她的义务：她不但必须看，而且要批注。最后，恰好马丁先生在奥思本，她把全堆文件交给他，要他作一篇摘要。[15]他照办了，她的不赞成比什么时候都显著；可是这是政府的力量，她不得已，只好规劝反对党和缓一点，以免结果闹得更糟。[16]

在这场危机当中，爱尔兰教会的前途正在悬而未决的时候，维多利亚又注意到另一项正在计议中的改革。有人提议海军人员从此以后准许留胡子。“查尔陡斯先生[17]对于胡子问题已有所决定吗？”女王关切地写信问海军大臣。大体上女王陛下是赞成这项变革的。“就我个人而论，”她说，“我赞成留胡子而不留髭须，因为留髭须就像陆军士兵了；可是照这样办，我们所属意的一点又办不到了，就是防止修薙的必需。那么还是照原议办的好，全留，只要留得短，而且很干净。”又考虑了一个礼拜以后，女王写了最后的一封信。她说她想“关于胡子问题再加一条意见，就是，无论如何不许单留髭须。这一点一定得认清楚”。[18]

海军的变革是可以容忍的；碰动陆军可不是随便的事情。陆军和君主向来有一种特别密切的关系；从前亚尔培处理军务的细节，甚至比研究壁绘的技术，比设计供穷苦良民居住的卫生屋舍，还要多用时间，多费心血呢。现在却就得有一番大变动了：格拉德思敦先生发出了号令，把总司令从直隶于君主改为统属于国会和陆军部。一切改革中，这一项使维多利亚最愤懑。她认为这种改革不啻攻击她个人的地位——简直是攻击亚尔培个人的地位。可是她没有办法，首相为所欲为。当她听说那个可怕的人还有一种改革在计划中——说他要废除购买军官级位授与状的制度——她觉得正是意料中事。有过一个时期她希望得到上院的援救；上院议员反对这种改革，出乎意外的激烈；可是格拉德思敦先生，比什么时候都更觉得天意所归，他得心应手，早已设下了一个妙计。购买级位授与状本是敕令所准许的；现在应仍以原法取消。维多利亚进退两难：她讨厌废除；可是废除的方式是由她行使君权，又很使她中意。她并没有踌躇多久；内阁正式劝谏她给敕令签字的时候，她就痛快地照办了。[19]

格拉德思敦先生的政策是如此的不被嘉纳，他另外还有些地方甚至于使维多利亚更不喜欢。她讨厌他个人对她的态度。并非格拉德思敦先生和她交谈的时候礼貌上有什么欠周到。恰好相反，不管他和君上谈话或是通信，他的态度总是非常恭敬。的确，由于一种深沉而热烈的保守精神，直到他那个难以置信的生涯的结尾，一直做了他那种不可解的性格上一种意外的特色的，格拉德思敦先生隔一层近于宗教性质的敬畏的烟雾，把维多利亚看作尊严的传统的一个神圣不可侵犯的象征——英国政体的一点生死所系的成分——国会法令所规定的一位女王。可是不幸女王偏不识抬举。那句著名的怨语——“他对我讲话就像对一个公众集会”——不管可靠不可靠——显然太警练一点，不像维多利亚的口吻——无疑地表明了她的反感的主因。她不反对被认为一种制度；她是一种制度，她知道。可是她也是一个女人呀，只看作一种制度——这才受不了。这样一来，格拉德思敦先生的热心和专诚、彬彬有礼的言辞、低低的鞠躬、丝毫不苟的认真，全然白费了；等到忠爱得过火了，低首下心得不明所以了，他进一步把已有的精明的才智、淹博的学识、严肃的热诚，责之于他所尊敬的对象，他们之间的误会便到家了。真正的维多利亚与格拉德思敦先生想象中的那个神明，两者之间的不符合，产生了灾难性的结果。她的不愉快、她的不喜欢，终于变成了积极的憎恶，虽然她的举止是照旧无可非议，她却从没有宽过一刻；他呢，饱尝了失望、惶惑和屈辱的滋味。[20]

然而他的忠心始终不受摇动。内阁开会议的时候，这位首相，深得天启似的照例先朗读女王为了目前的问题写给他的信件。会众肃静无声，坐在那里倾听一件一件的上谕，满篇加重的语气、猝然的感叹、特别的文法，从格拉德思敦先生庄严的喉咙深处，隆隆地吐露。任何性质的按语，都不敢贸然加一句；全体经过了相当时间的静默，才开始讨论当前的事项。[21]

二

维多利亚虽然不赏识首相对她的态度，她觉得也自有其用处。一般人对于她长期蛰居的不满，积聚了许多年，现在爆发成一种新的、可惊的状态。共和主义到处流布。英国的激进主张，受了法国推翻拿破仑第三建立共和政体的激励，突然变得比1848年以来任何时都更趋极端，而且第一次变得几乎受人尊重起来了。宪章主义完全是下层阶级的事情；现在国会议员、有学问的教授、有爵位的女士都明目张胆地发表最危险的意见。君主政体，理论上，实际上，同受攻击。而且攻击到一个要害：指摘它的糜费太大。大家问国家为君主开销巨大金额，有什么好处。维多利亚的幽居给了他们的论点一个不愉快的把柄。他们指出君主执行仪式的职务实际上已经丧失了；剩下来便是一个棘手的问题：其余的职务究竟值不值三十万五千镑一年。皇家的收支受了寻根究底的盘查。一本叫作《她拿它作什么用?》的匿名小册子出现了，缕陈经济的实情，恶毒而明晰。女王，据小册子说，由皇室费条例规定每年得六万镑供她的私用；她那笔巨大的年金除去这项用途，所余则据条例说供她“开销家用和维持君主的体面和威仪”。事实很明显，自从配王死后，这两项的用途当大为减少，因此免不了有这样的结论：每年必有一大笔金额，从国会所指定的用途，移充维多利亚的私产。这笔私产究竟有多少是无法知道；说是极大却并非无理；也许一共达五百万镑吧。小册子抗议这种情形，而这种抗议又在报纸上，公众集会上，激烈的提了又提。当然，维多利亚财产的估计是夸大了许多，但同样当然，她是一个非常富有的女人。她大概每年从皇室费节下二万镑，兰加斯忒公爵采邑的收入年有增加，她从配王继承到一笔相当大的资产，她又得到约翰·奈尔德先生，㉒一位古怪的守财奴，所遗下的一笔五十万的产业。在这种情形之下，到1871年，请求国会通过三万镑，给路意丝公主同亚吉尔公爵长子结婚㉓的嫁奁，另外再规定给她六千镑的年金，无怪议论哗然了。㉔

为的缓和舆论起见，女王亲自行国会开幕礼，那项金额差不多被全场一致地通过了。可是几个月以后又来了一个请求：亚述亲王成年了，要国家发给一万五千镑的年金。哗然的抗议加倍爆发了。报纸上登满了愤激的评论；布拉德劳对特拉法尔加方场多得少见的群众，抨击“仰给于人的王孙公子”；查理·狄尔克爵士，在纽加塞尔对他的选民演说，鼓吹共和政体。[25]亲王的年金额终于在下院以大多数通过了；可是有五十名的少数赞成把金额减低至一万镑。

格拉德思敦先生对于这个没趣的问题的每一方面都设下铜墙铁壁。他绝对不赞成他的信徒中的极端派。他断言女王的所有的进款当然由她任意处置，说抱怨皇家的节省无非鼓励皇家的奢侈，指出备遭物议的年金额都有先例可援，终于把它们平平安安的通过了国会。1872 年，查理·狄尔克爵士在下院重提旧事，动议彻查女王的费用，冀得连根带枝的改革皇室费条例，首相竭力支持国君，尽了他妙辩与雄辩的能事。他终获全胜；在一场大骚扰中，这个动议惨遭了否决。维多利亚得了救驾；可是她并不从此就喜欢格拉德思敦先生。[26]

这也许是她一生中最可怜的时期。大臣们、报章、民众，全一鼻孔出气，恼她，责她，曲解她的举动，处处不体谅，不恭敬。她是“一个惨遭误会的女人”，她对马丁先生说，苦诉她受种种不公正的攻击；宣称“十年来孤立无助，年事日增，体力不济中所受的极大烦忧和艰苦工作”把她压倒了，“简直使她灰心了”。[27]情形的确可怜。似乎她的一切都不对劲了；似乎女王与国民之间结起了一种不解的仇隙。如果维多利亚死在七十年代初，世人无疑的要说她是一个失败者了。

三

可是天留她享受了极不相同的命运。共和主义的爆发实际上是这一种趋势的回光返照。自由主义的潮流，从“改革案”通过以后着着上升，以第一次格拉德思敦内阁为最高点；到那个内阁的临末，便不可避免的开始退落了。反响一来便完全来了。1874 年的总选举把整个政局都翻过了一面。格拉德思敦先生和自由党人溃败下去；托立党第一次在英国一直占四十年以上的绝对优势。他们的意外成功显然最得力于狄思雷利的本领和精力。他复任的时候不再是一支实力不足的部队的不稳统帅，而是摇旗击鼓而来的一个胜利的英雄。当作一个胜利的英雄，维多利亚欢迎了她的新首相。

以下便是六年的兴奋、迷醉、吉庆、光荣、风流。这个可惊的人物，经过了一生的苦斗，终于在七十岁年龄，实现了童年时代最荒诞的梦想，神奇的做了女王的仆人，兼主人，清清楚楚地知道如何完完全全使自己的心成为她的心。女人的心他向来明白，就如洞悉一本摊开的书。他的全生涯就转在这些奇妙的东西上；越奇妙，他似乎越应付裕如。痴心崇拜的比肯斯斐尔夫人，常穿木底鞋、肥满、拥有遗产的布里及思·威廉士夫人（Mrs. Brydges Williams），都过去了：一个更稀罕的现象代替了她们的位置。他以卓然老手的眼光衡量面前的东西；他不曾有片刻的迷惑。他明了一切——环境和性格交互影响的错综、地位的骄傲与本身的骄矜难解难分的混合、充溢的感情用事、单纯的观点、坚实而艰巨的尊严、非常不谐和的贯穿以渴望富丽和新奇的意气、有限得出奇的智力浸透全身的女性成分居神秘的主要地位。一副笑容浮到他不动感情的脸上，他尊维多利亚为“仙女王”。[28]他喜欢这个名字，因为它以他所心爱的警练的含糊，恰切的表明了他所见的女王。史本塞的典故是可爱的——令人想起格罗莲娜；可是此外还有含义：暗示一个小东西，生来有神奇的——神话的——天赋，还有一种与她一切禀性非常不相称的凶险。他决定从此以后要她专为他挥她的魔棒。[29]超脱总是一种难得的资质，也许在政治家中尤其难得；可是这个老练的沾沾自喜者所具独多。不但他能知，不但他能行；他是在场中又在台上；他以赏鉴家的兴趣来吟味赏心悦目的情景的每一种形势、精美的戏剧的每一种场面、他自己的绝技的每一种细节。

笑容浮起来又隐下去了，他以东方式的庄重、东方式的恭顺，低低的一鞠躬，着手工作。他从头就知道接近仙女王的适当办法是绝对和格拉德思敦式相反的；而这种办法正是他的特长。他不惯于官气十足的慷慨陈词，铺张扬励；他喜欢在公务的路上撒花，把一篇重大的议论压缩成一句轻快的警语，用友谊和亲切的态度曲曲达出他的主意。他若没有私人倾向便不成其为他了；他看出私人倾向正是开启仙心的宝钥。因此他一刻都不让他同她的交际失去私人情调；他谈公事都像家常闲话的娓娓动听；她总是贵夫人，备受尊崇的女主人，他总是忠实恭敬的朋友。私人关系一确立，什么困难都消失了。可是要维持这种关系，使它永远顺利下去，有一点须特别注意：轴承得孜孜不倦的上油。狄思雷利先生也毫不怀疑润滑油的性质。“你听人家说我是阿谀者，”他对麦修·阿诺尔德说，“一点也不错。谁都喜欢阿谀，你若见到皇上，你得一镘一镘的抹上去。”[30]他实行他的说教。他的谄媚源源不绝，而且抹得极厚。“什么光荣，什么酬报，”他对女王说，“于他都不如获得陛下的好意可贵。现在他的一切思绪、一切感觉、一切情义，都集中在陛下身上，他来日的愿望亦唯有侍奉陛下这一项，如果不能侍奉了，则认定侍奉陛下的时期为他一生中最有趣，最可爱的时期而以记忆终他的余年。”[31]“一个人，”他又说，“应有一个贮藏思想的圣源，比肯斯斐尔爵爷不揣冒昧，一向求之于君上女主人。”她不但是他本人唯一的倚靠，而且是国家的独柱。“倘若陛下小有不适，”他在政治上发生一个严重危机的时候，写信给维多利亚说，“他一定立刻就支持不住。一切，真的，全靠陛下。”[32]“他专为陛下而生活，”他郑重宣言，“专为陛下而工作，没有陛下，什么都完了。”[33]到她的生日，他用夸张的恭维制就了一套精致的蜜饯。“今天比肯斯斐尔爵爷本当庆贺君上威加四海，版图辽阔，水陆军容睥睨一世。可是他不能，他有另一种心情。他只想到命运来得出奇，他居然侍奉到这样伟大的君主，仗了她无限的仁慈，仗了她开明的智慧，仗了她坚定的意志，他得以担当本非他所能胜任的艰巨，她在什么事情上都给他一种垂顾的同情，在困难的时候既足以慰勉，亦足以鼓舞。愿万能的上帝赐给这位许多地方许多人心的君主以智者所愿得、有德者所应得的一切福泽吧！"[34]在这双熟练的手里，泥镘似乎成了秘密帮会的崇高的暗号——传达世俗人所不明的真相而用的灿烂夺目的媒介物。[35]

这种献礼是可爱的，可是它们还是在言辞的星云状态中，狄思雷利决意要把他的奉承加上一点确实性。他存心鼓励维多利亚看重自己的地位，她本来就有这样的观念，又兼得过亚尔培的原则和史多克玛的学说双重加固。他扬言信仰君主在政府的会议中居领导地位的一种宪法原理，可是他说得并不清楚；他断言应有"一个真实的王位"，也许心照不宣，意思是这个王位当然会很不真实，要是占这个王位的居然无从听信他的甘言吧。可是他说话的含糊也就给维多利亚增加了一服兴奋剂。巧妙地搅混了女人和女王的观念，他以豪迈的姿势，把英国政府投在她的脚下，仿佛这样一来，他算尽了他私人的孝敬。他复任首相以后第一次觐见的时候，他保证"陛下不管愿意怎样，一定照办"。[36]当内阁讨论复杂的"公众礼拜节制案"[37]的时候，他告诉仙女王，说他的"唯一目的"是"赞助陛下对于这件事情的意旨"。[38]当他对于苏伊士运河取了断然行动的时候，[39]他字里行间，处处暗示唯一受惠者就是维多利亚。"事实完全了结，"他得意的写着："归你有了，陛下……四百万英金，而且差不多立刻到手。只有一个银行办得了——陆士甲尔号。[40]他们做得殊可佩服；以低息贷款，现在'基谛乎'[41]的全部权益都归你有了，陛下。"[42]他也不限于饶有风趣的挤眉弄眼。他以首相的威信，为女王进言，说她有权力解散一个为下院大多数所拥护的内阁；他甚至怂恿她这样办，倘若她认为"陛下的内阁故意的——甚或出于无心的——欺骗了陛下。"[43]而且使格拉德思敦先生大为震骇，他不但把内阁的常务报告女王，而且把每一个阁员在讨论中取何种立场也泄露给她，[44]德被爵爷，[45]故首相的儿子，狄思雷利属下的外交大臣，目睹这种情势，不免惴惴不安。“是不是，”他大胆的写信问首领，“不免有点鼓励她太重视一己的权力，太忽视公众的意向了？我只是问问；由你定夺。”[46]

至于维多利亚她一概接受——恭维，奉承，伊利莎白时代式的大权——并无半点不安。经过了丧偶的长期阴郁，格拉德思敦式循规蹈矩的冷若冰霜，她现在像一朵向阳的花，在狄思雷利的热诚里舒放了。她的处境的变化的确不可思议。她无需再为了头绪纷繁的公事，苦思几个钟头，现在她只要请狄思雷利先生解释一下，他就解释得再清晰不过，再有趣不过了。她不再受种种新花样的滋扰了；她不再觉得自己被一位谦恭的高领子老绅士当作什么先例的化身，认为精通希腊文而动气了。她的救星当然是世间最乖巧的人。江湖气，在拿破仑第三的身上，曾经把她不自觉的迷醉过，到狄思雷利的手里，发生了同样的效力。像一个少量饮酒者，日常生活是过在枯索的清醒里的，她的单纯的理性津津有味地喝下了他的罗珂珂式[47]的蛊惑。她陶醉了，出神了。听了他的一切好话，她完全恢复了原先在亚尔培死后的黑暗时期中失去的自信力。她重新得意而昂扬起来了，他呢，在她的面前凭空架起了光怪陆离的东方景象，她只有在梦里可以依稀瞥见的一种帝皇气，让她看得眼花缭乱。勉强之下，她的风采都变了。短胖的身上裹着黑丝绒的襞裥，披着细棉纱的饰带，累赘的脖项上挂着累赘的珍珠，差不多完全装成了一副威胁人的模样。她的面容上，早已失去了青春的娇嫩，还没有老年的柔和，仍然看得出悲伤、失意、寡欢的痕迹，可是上面盖了傲岸的气色和专横的纹路。只有见到狄思雷利的时候，表情会立刻变更，可憎的面目会满堆笑容。[48]为了他，她什么事情都可以做。顺从了他的劝勉，她开始从幽居中出来了；她轻装简从地在伦敦出现，上救济院和音乐会；她主持国会开幕式；她在奥尔德学忒阅兵，给奖。[49]可是这种公开表露的宠幸比起私下的爱顾来便不足道了。每逢他觐见的时候，她不能遏制兴奋和快乐。“她接见我的神情，”他有一次写信告诉一个朋友说，“无法形容，只有说我当真以为她要来拥抱我了。她满面笑容，一边喋喋不休，一边在房间里像一只小鸟一般的满场飞。”[50]他不在的时候，她老是提起他，非常热切的关心他的健康。“约翰·曼奈思，”[51]狄思雷利告诉布拉德福夫人[52]说，“刚从奥思本来，说仙女王只讲到一个题目，就是她的首相。据他说，她认为我的健康问题值得提出内阁讨论呢。约翰听了她的话，似乎十分惊讶；可是你对于这种感情的激发，已经司空见惯了。”[53]她常常送礼物给他；每年圣诞节他照例会接到温色送来的一本插绘簿。[54]可是最可贵的礼物是一束一束的春天的花，她亲自同侍嫔们在奥思本的树林里采集的，特别表现了她的温情与厚爱。其中，他断言最爱樱草。他说它们是“春之使节”，“自然之珠玉”。“唯其因为是野生的”，他更喜欢它们；“它们似乎是奥思本山林神祇的贡品”。“它们表示陛下的皇笏已经点化了这个瑶岛了”。他设宴的时候，四面都堆了一碗一碗的樱草，告诉座客说：“这都是今天早上女王从奥思本送来的，她知道这是我心爱的花。”[55]

一天天过去，仙女王越来越显得完全入彀了，他的矢言越来越有光彩而无惭色。最后胆敢在奉承里表示一点浪漫气十足的拜倒热诚。他在九转三弯的辞句里通他的款曲。事务的忙迫，他在信上说，“用尽了我的心力，以致发信的时候，头脑糊涂，笔端疲软，不能充分表达我的思虑和实情于最所敬爱的显君，有负她的垂顾。”[56]她送他一些缨草，他回答说，“像这个样子，在这种时候，得自素所崇爱的君王，真可以说是‘比宝玉还珍贵’。”[57]她送他白雪花，[58]他的感情泛滥成诗了。“昨天晚上，”他写信给她说，“在白厅园接到一只精致的盒子，上面由御笔书明送交本人，打开一看，起初我真以为深蒙陛下的洪恩，把最高的宝星赐给我了。这个优美的幻想深印在我的心里，恰巧有一个满座勋章绶带的宴会，我乃情不自禁，不得不佩几朵白雪花在胸前，以表我也叨了恩主的光了。

“后来，在半夜里，我忽然想起莫非完全是着魔了，也许这是仙赐吧，得自另一位女王，蒂妲妮亚：[59]她同她的廷臣，正在一个风光旖旎、柔波环抱的岛上，采集琪花瑶草，散发仙葩，据云得之者必失常态。”[60]

仙赐！他写到这种字句不会含笑吗？也许；可是也不能贸然断定他这些热烈异常的声言，毫无诚意。演员和观众，这两重气质在这个古怪的性格里混和得难解难分，也不能说这一种不如那一种纯正。由于一种，他能够冷静的鉴定仙女王的智能，讶异她有时候也会“非常有趣”，于是继续像煞有介事的运用泥镘；由于另一种，他又能够受年深月久的全副宝祚所压倒，受宠若惊，兴奋过度，想入非非，神往于文治武功，侠骨柔肠。“我在有几分浪漫情调的生活里所曾遭遇的有趣事情，无过于这种通信——同一位高不可攀，感化力无穷的人物互相倾谈”，[61]他对维多利亚说这句话的时候，到底不真挚吗？“我爱女王——也许世间只剩她是我所爱的了”，[62]他写信给一位女士说这句话的时候，他不是为自己从《天方夜谭》里搭起了一座神宫，阴森而灿烂，信以为真吗？维多利亚的心情是单纯得多了；不为虚无缥渺的想象所苦扰，她从未迷失于实感与幻想纠缠不清的星云状态。她的感情，尽管强烈，尽管浮夸，始终保持日常生活的平淡无奇的散文体。她的表白也只合同样的平凡。她在一封公函的结尾，对她的首相自称“你的亲爱的维女王，女皇帝，”她的感情的真迹在这样的措辞里一望便明了。仙女王的脚是踏在实地上；倒是这位诡计多端的玩世者在空中。

然而他总算教了她一课，她学得异常神速。第二个格罗莲娜，他如此称她吗？很好，那么她就显一显颜色，以表她应受如此的恭维。不安的朕兆紧接着来了。1874 年 5 月，俄国沙皇，刚把女儿嫁给了维多利亚的次子爱丁堡公爵，[63]正在伦敦，出于不幸的错误，他的离去安排在女王预定到巴尔穆拉尔去的后两天。女王不肯变动她的计划。大家告诉她说，沙皇一定会动气，也许会发生极严重的结果；德被爵爷提出抗议；索利兹布里爵爷，[64]印度事务大臣，大为不安。可是仙女王不管；她定好在十八日走，到十八日她非走不可。最后狄思雷利，用尽了他的影响力，好容易把她劝服了，答应在伦敦多留两日。“我的头还在我的颈上哪，”他告诉布拉德福夫人。“女大王已经断然延期出发了！原先谁都失败了，就是威尔士亲王也不中用；……我明知自己也并不独得优宠。我没有法子。索利兹布里说我免除了一次阿富汗战争，德被庆贺我无比的胜利。”[65]可是不久，在另一个争端上，胜利却归了仙女王。狄思雷利突然掉头，向新帝国主义航去，发出了一个提示，谓英国女王该做印度女皇帝。维多利亚贪婪地一把抓住了这个观念，便不时地敦促首相实现他的提议。他有难色，可是她是不轻易受摆脱的；终于在1876年，不管自己不愿意，全内阁不愿意，他不得不在一个多事的开会期中，添一项困难，提出修改皇衔的议案。[66]然而他的顺从到底征服了仙女王的心。那个方案在上下两院同受激烈的抨击，狄思雷利不避艰辛地竭力辩护，使维多利亚深深的感动了。她为了他所受的“苦恼和麻烦”，她说，十分疚心；她怕都是为了她的缘故；她要永远不忘记她的受惠于这位“仁慈周到的朋友”。同时，她对反对党大发雷霆。他们的举动，她说，是“离经叛道的，臭名其妙的，完全错误的”，在一句说得特别重的话里，似乎自相矛盾，而且同她以前的步骤完全抵触的，她断言她“乐意世人更普遍的知道这是**朕的**意旨，因为国民**一定要**如此，这在**朕是出于无法**！”[67]事情圆满的解决了，女王的胜利受了恰当的一番庆祝。在德里宣谕日，[68]新比肯斯斐尔伯爵[69]赴温色新印度女皇帝的宴。仙女王，服饰向来朴素的，那一夜却变成了全副披挂，一身闪闪烁烁，一大块一大块未加雕凿的钻宝，这是她的“拉治”[70]下诸侯所奉献的贡品。食事将毕，首相破了朝仪的严规，站起来词藻缤纷的致词，提议举杯祝女王兼女皇帝万寿无疆。他的厚颜很有光彩，他的演说博得了微笑的一屈膝。[71]

这些是关系重大的插曲；可是在第二年，在比肯斯斐尔生平最大的危机中，维多利亚的脾气有一番更重大的表演。他的再接再厉的帝国主义、他的企图扩大英国的势力、增加英国的威信、他的坚持“有生气的外交政策”，使他同俄国冲突起来了；可怕的近东问题庞然显现了；俄国同土耳其一开战，局面的严重乃达于极点。[72]首相的政策充满了困难和危险。明知会引起一次英俄战争的，倘若达到目的，既无他种办法，他甘冒这一个可能发生的事件；可是他相信俄国实际上更不愿意破裂，倘若他应付得相当勇敢，相当灵敏，不费一弹，到时候他们自会服服贴贴，答应他的一切要求。他所择的行径显然是危机四伏，必须有异常的胆量；一失足，不是他自己，就是英国，一定会陷于灾难。可是胆量他从不缺少；他不慌不忙地开始跳他的外交的蛋舞；[73]于是他发觉除了俄国政府，除了自由党和格拉德思敦先生，还有两种乱源他得顾虑。第一是内阁里有势力很大的一派人，以德被爵爷为领袖，这位外交大臣不愿意冒战争的危险；可是他最担心的还是仙女王。

她的态度自始不妥协。她对于俄国的憎恶，发轫于克里米亚战争，现在又冒起来了；她记得亚尔培的持久的敌忾心；她感觉到自己的骄傲心的刺激；她激烈的投入纠纷去。她愤恨反对党——愤恨任何胆敢在俄土争端中同情俄国的人——达于极点。听说伦敦开反土耳其大会，威思明斯德公爵和夏孚慈布里爵爷当主席，[74]格拉德思敦先生及其他激进派重要分子都参加，她就认为“检察长该检举这些人”；她大声疾呼“这是不合法的”。[75]她生平从不曾显得更为偏激过，甚至关于侍嫔问题的那一次也不如。可是她的恼怒并不专供激进派享受；倒退的保守党也同样的领教。她甚至于不满比肯斯斐尔爵爷。完全不了解他的政策的微妙处，她老是强求他取激烈行动，误认每一种手腕都是软弱的表现，到每一个关头都准备放出战争的猛犬。形势一天天变化下去，她一天天焦灼。“朕觉得万分焦灼，”她写着，“深恐再迁延下去会贻误我们，使我们永远堕失威信！朕日夜忧惶。”[76]“仙女士，”比肯斯斐尔告诉布拉德福夫人说，“每天都写信，每个钟头都打电报；这简直一点也没有多说。”[77]她谩骂俄国人。“俄国人对我们说那种话，”她喊着，“那种无礼的话！叫朕的血都滚沸了！”[78]“啊，”她稍后一些又写了，“如果朕是一个男子汉，朕就要去给那些说话无凭信的俄国人那么一顿痛打！我们将永远不再成朋友了，除非先用武力解决。朕确信如此。”[79]

不幸的首相一方面受维多利亚催迫作猛烈举动，一方面又得对付外交大臣，他根本反对任何积极的干涉政策。在女王与德被爵爷之间，他一直走着受左右夹攻的路。的确，他嗾使两方起冲突，亦不无小利——一方面用女王的函件激励德被爵爷，一方面屏斥德被爵爷的意见以和缓女王；有一次他甚至于允女士的要求，草一封信，肆意抨击他那位同僚，女王陛下立刻签字，一字不易地发给外交大臣。[80]可是这种诡计只是暂时的缓解；维多利亚的敌忾心不久便显得决非跟德被爵爷作对所打岔得了的；跟俄国作对才是她所欲，她所期在必行的。现在她不顾一切，断然用一系列非常的恫吓，向她的朋友进攻了。不止一次，不止两次，而是许多次，她向他的头顶上伸出立刻退位的威胁。“倘若英国吻俄国的脚”，她写信对比肯斯斐尔说，“朕决不参与这一种屈辱，朕要脱下皇冕”，她又说首相如认为得当，不妨转告内阁。[81]“这种迁延，”她嚷着，“这种迟疑不定正在使我们丧失海外的威信和地位，而俄国正在步步进逼，眼看就要到君士坦丁堡了！那时候政府一定会受到极可怕的非难，朕一定会受到极大的屈辱，朕想不如立刻退位了。勇敢一点吧！”[82]“朕觉得，”她反复申说，“如朕从前所说的，看一个国家甘心跪下去吻那些大蛮夷，那种阻碍世界上一切文明、自由的蛮夷的脚，朕不能恋栈当这个国家的元首。”[83]当俄军进抵君士坦丁堡近郊的时候，她一天之内，轰出三封信，要求开战；当她听说内阁只决定派舰队到加里波利[84]的时候，她宣称她一意要“脱下这顶有刺的皇冕，觉得戴下去太无意思，倘若这个国家的地位仍然像现在这样。”[85]这种信札使比肯斯斐尔如何不安，是不难想象的。这不再是什么仙了；这是一个魔，被他冒冒失失地从瓶里召出来的，现在要给他显一显神威了。[86]不止一次，苦恼着，沮丧着，为疾病纠缠着，他想干脆不闹这个玩意儿了。只有一件事情，他苦笑着告诉布拉德福女士说，使他不能遽然罢手。“只要我不怕看我辞职后中枢一定会发生的那一幕，”他写着，“我就立刻辞职了。”[87]

然而他坚持下去，终于得胜了。女王和缓了；德被爵爷换了索利兹布里爵爷；在柏林会议上，[88] der alte Jude〔这个老犹太人〕[89]无往而不利。他得胜归来，担保欢欣的维多利亚马上就做——倘若她不是早已做了——“欧洲女独裁”。[90]

可是不久便发生了一个意外的逆转。国民不信任保守党的激进政策，又受了格拉德思敦先生的雄辩所感动，在1880年的总选举上把政权归还了自由党。维多利亚大为震骇，可是不出一年她又受了更厉害的打击。一篇大传奇结束了。比肯斯斐尔爵爷，被衰老和痼疾折磨坏了，可是，像一个孜孜不倦的木乃伊，仍然从宴会到宴会，来去走动，突然不再走动了。她知道他无望了，似乎由于恻隐的本性，卸除了皇仪，轻轻地缩到他的身边去，纯粹是一个女人，什么架子都没有了。“我送一些奥思本樱草给你，”她写信给他，率直而动人地说，“我本想这个礼拜内来看你一次，可是我想不如不来搅扰你，不让你讲话的好。我要你好好的，要你听从医生的嘱咐。”她会来看他的，她说，“当我们从奥思本回来的时候，也很快了。”“谁都为了你身体不好而苦恼着，”她又说；她永远是“你的极亲密的维女王，女皇帝。”这封御书交给他的时候，这个古怪的喜剧家，在死榻上伸直了身体，把信放平在手里，似乎深思了一会儿，于是对左右低声说：

"这封信应该由枢密顾问官读给我听。"[91]

附 注

① 匹忒（William，1759—1806），24岁即任首相，至1801年始退职。最初八年的任期为其全盛时代，1804年复任首相，1805年拿破仑大败英俄奥联军，匹忒精神上颇受打击，翌年逝世。

② 见亚丹士，第135页。（原注）译者按：毕伽迪里，伦敦著名大街，华厦，大商店，俱乐部林立两旁，长约一英里。

③ 见克莱伦敦，第二卷，第342页。（原注）

④ 见巴克尔，第四卷，第385页。（原注）

⑤ 腓力普·西德尼爵士（Sir Philip Sidney，1554—1586），文人兼军人，多才多艺，深得伊利莎白女王的宠幸。

⑥ 见巴克尔，第四卷，第382至395页。（原注）

⑦ 同上，第四卷，第592页。（原注）

⑧ 见克莱伦敦，第二卷，第346页。（原注）

⑨ 见巴克尔，第五卷，第49页。（原注）

⑩ 同上，第五卷，第48页。（原注）

⑪ 同上，第五卷，第28页。（原注）译者按：国立爱尔兰教会，全名为United Church of England and Ireland（英爱联立教会），立于英爱称联合王国以后，可说是英国国教的分会。据1861年调查，爱尔兰总人口5,798,976中，4，505,265人信仰天主教，仅693,357人属国教，故自由党主张撤销国立。撤销案由格拉德思敦提出，于1869年通过。英国君主登极誓言，照例以"英爱联合王国王（或女王）"名义，声明愿维护国教，不稍侵犯国内教会的一切权利，故与撤销案抵触。

⑫ 狄思雷利于1839年娶韦丹·留易士（Wyndham Lewis）夫人，一个有钱的寡妇，除获得财产外，又得同情、鼓励，据说夫人是一个贤妻良母。

⑬ 哈渥屯（Hawarden）在利物浦南16英里，附近的哈渥屯堡是格拉德思敦的住处。

⑭ 见莫莱，第二卷，第252页，第256页。（原注）

⑮ 见马丁，《维多利亚女王》，第50至51页。（原注）

⑯ 见泰忒，第二卷，第一章。（原注）

⑰ 查尔陡斯（Hugh Culling Eardley Childers，1827—1896），1860年至1871年任海军大臣，1880年至1882年任陆军大臣，1882年至1885年任财政大

臣，1886年任内务大臣。

⑱ 见查尔陡斯，第一卷，第175至177页。（原注）

⑲ 见莫莱，第二卷，第360至365页。（原注）

⑳ 同上，第二卷，第423至428页，克劳福，第356页，第370至371页。（原注）

㉑ 据私人报告。（原注）

㉒ 约翰·奈尔德（John Neild，1780？—1852），曾在剑桥得过硕士学位，1814年继承全部父产，计25万镑，自后渐成一吝啬人，后半生的30年完全致力于积蓄。平日住一所大宅，但设备极其简陋，有时甚至无榻可睡；所穿衣服从不许拂拭，因为怕毁坏绒毛。1828年曾一度自杀被救。1852年死后，全部遗产，约计50万镑，依照所立遗嘱，赠与女王。

㉓ 路意丝公主（Princess Louise），维多利亚女王第四女，1871年嫁亚吉尔公爵（George Donglas Campbell，1823—1900）的长子。

㉔ 1889年官方宣布女王从皇室费中共节下824,025镑，但这个数目里已经用了许多去招待外宾（见李，第499页）。列入兰加斯忒公爵采邑的收入，每年6万镑以上（见李，第79页），配王的积蓄，奈尔德先生的遗产，到她死的时候，维多利亚的私产，似当及200万镑。（原注）

㉕ 布拉德劳（Charles Bradlaugh，1833—1891），英国激进政治家，长于演说，曾一再被选入国会，因不肯宣誓，一再被摈，直至1886年始入下院。曾编辑《国家改革者》（National Reformer）多年。特拉法尔加方场，伦敦最大方场之一，中立纳尔逊纪念碑。狄尔克（Sir Charles Wentworth Dilke，1810—1869），共和派，激进政治家，1868年进国会，曾任地方行政委员会长。1868年起，刊行政治论著多种。纽加塞尔，英格兰北部诺桑伯兰郡首府，位居他因（Tyne）河口，工业颇盛。

㉖ 见莫莱，第二卷，第425至426页；李，第410至412页，第415至418页；介洛尔，《丧居生活》，第153至157页，第162至163页，第169至171页。（原注）

㉗ 见马丁，《维多利亚女王》，第41至42页。（原注）

㉘ 《仙女王》，史本塞著名长诗，述仙女王格罗莲娜廷上十二骑士（代表十二种德性）出外效力的事迹。格罗莲娜代表光荣（Glory）亦代表伊利莎白女王。

㉙ 魔棒原文wand亦指皇笏。

㉚ 见巴克尔，第六卷，第463页。（原注）译者按：“一镘一镘地抹上去”原文lay it on with a trowel系成语，意为谄媚。

㉛ 巴克尔，第六卷，第 226 页。（原注）

㉜ 同上，第六卷，第 445 页中间。（原注）

㉝ 同上，第六卷，第 254 至 255 页。（原注）

㉞ 同上，第六卷，第 430 页。（原注）

㉟ 秘密帮会指 Freemasons，原为砖石匠能手所创，散处世界各地，互以暗号相通。

㊱ 见巴克尔，第五卷，第 286 页。（原注）

㊲ “公众礼拜节制案”，坎忒布里大主教泰忒博士所提出（1874），意在节制英国天主教派在英国国立教会内的违犯礼节，依狄思雷利的说法，意在“打倒仪式主义”，在取消“戴假面做法事”（The mass in masquerade），狄思雷利声称该案的成功全靠“君上的私人意志”。

㊳ 见巴克尔，第五卷，第 321 页。（原注）

㊴ 苏伊士运河原为法国人（Ferdinand de Lesseps）所开凿。资本分 40 万股，每股 500 法郎。埃及总督逐渐积至 17,7000 股，至 1875 年，因负债过重，拟全部出售。狄思雷利得悉较早，立即用内阁名义向陆士甲尔银行借款 400 万镑，候国会通过其大举，因此运河大权落英国人手中。这可算是狄思雷利多年从政的最大功绩。

㊵ 陆士甲尔银行，十八世纪后半期犹太人梅伊·安塞姆·陆士甲尔（Mayer Aselm Rothscild，1743—1812）首创于德国佛朗克府（Frankfort）自后分设于英法等国，成为金融界的权威。

㊶ 基谛孚（Khedive）是土耳其封的埃及总督。

㊷ 见巴克尔，第五卷，第 448 至 449 页。（原注）

㊸ 同上，第二卷，第 246 页。（原注）

㊹ 见莫莱，第二卷，第 574 至 575 页。（原注）

㊺ 德被爵爷（Lord Derby，Edmund Henry Smith Stanley，1826—1893），1866 年至 1868 年，1874 年至 1878 年，两度任外交大臣；1882 年至 1885 年任殖民部大臣。本为保守党，自 1880 年至 1886 年与自由党取一致行动，加入自由联治派（Liberal Unionists）反对格拉德思敦的地方自治主张。

㊻ 见巴克尔，第五卷，第 414 页。（原注）

㊼ 罗珂珂式（rococo）本为路易十五时法国流行的，至十八世纪时为意大利日尔曼铺张至极端的一种建筑装饰的风格，日后即用以称一切繁缛、花巧的风格。

㊽ 见《季刊》，第 193 卷，第 334 页。（原注）

㊾ 见李，第 434 至 435 页。（原注）

㊿ 见巴克尔，第五卷，第339页。(原注)

51 约翰·曼奈思（John Manners，1818—1906），“少年英国”运动领袖之一，曾任劳工部长（1858—1859，1866—1868），总邮务长（1874—1880）。

52 布拉德福夫人，名伊利莎白，爱德华·谷尔本·布拉德福（Edward Ridley Colbourne Bradford）之妻，爱德华·纳伊忒（Edward Knight of Chawton House）之第三女，死于1896年。

53 见巴克尔，第五卷，第384页。(原注)

54 同上，第六卷，第468页。(原注)

55 同上，第六卷，第629页。(原注)

56 同上，第六卷，第248页。(原注)

57 同上，第六卷，第246至247页。(原注)

58 白雪花（snowdrops），一种球茎植物，开下垂之白花，雪留地上时即开放。

59 蒂妲妮亚，莎士比亚《仲夏夜之梦》剧中的仙后。

60 见巴克尔，第六卷，第464至467页。(原注)

61 同上，第六卷，第238页。(原注)

62 同上，第六卷，第462页。(原注)

63 爱丁堡公爵（Duke of Edinburgh，1844—1900），于1874年在圣彼得堡与沙皇亚力山大第二之女玛丽·亚力山德罗芙娜大公夫人（Grand Duchess Marie Alexandrovna）结婚。

64 索利兹布里爵爷（Salisbury，Roben Cecil，1830—1903），1854年进国会；1866年至1867年任德被内阁印度事务大臣；1874年至1876年狄思雷利内阁期内，复任原职；1878年任外交大臣，参加柏林会议；狄思雷利死后，任上院保守党领袖；其后曾四次任首相（1885—1886，1886—1892，1895—1900，1900—1902）。

65 见巴克尔，第五卷，第414至415页。(原注)

66 同上，第五卷，第456至458页；第六卷，第457至458页。(原注)

67 同上，第五卷，第46至89页，第473页。(原注)

68 1877年1月1日维多利亚被宣称印度女皇帝于印度首府德里。

69 狄思雷利于1876年被封为比肯思斐尔伯爵。

70 “拉治”(Raj) 原为印度语，意为君权或统治。

71 见哈弥尔敦，第120页；《季刊》，第139卷，第334页。(原注)

72 第二次俄土战争时期为1877年至1878年。

73 蛋舞（egg-dance）是蒙住了眼睛在鸡卵之间跳的舞，这里意思是艰难复杂的工作。

⑭ 威思明斯德公爵（Duke of Westminster, Hugh Lupus Grosvenor, 1825—1899）与夏孚慈布里爵爷（Lord Shaftsbury, Athony Ashley Cooper, 1801—1885）皆著名慈善家。

⑮ 见巴克尔，第六卷，第106至107页。（原注）

⑯ 同上，第六卷，第144页。（原注）

⑰ 同上，第六卷，第150页。（原注）

⑱ 同上，第六卷，第154页。（原注）

⑲ 同上，第六卷，第217页。（原注）

⑳ 同上，第六卷，第157至159页。（原注）

㉑ 同上，第六卷，第132页。（原注）

㉒ 同上，第六卷，第148页。（原注）

㉓ 同上，第六卷，第217页。（原注）

㉔ 加里波利，君士坦丁堡西南达达尼尔海峡（Dardanelles）北口的要塞。

㉕ 见巴克尔，第六卷，第243至245页。（原注）

㉖ 瓶里跳出魔来的故事见《天方夜谭》。

㉗ 见巴克尔，第六卷，第190页。（原注）

㉘ 柏林会议举行于1878年7月，7月13日签定柏林条约，欧洲在世界大战前版图于此完全确定。

㉙ "犹太人"指狄思雷利。狄思雷利与索利兹布里爵爷为柏林会议中英国代表。

㉚ 见李，第445至446页。（原注）

㉛ 见巴克尔，第六卷，第613至614页。（原注）

第九章　老年

一

同时维多利亚的个人生活也有了许多变化、许多发展。年长的子女陆续结婚，把家族扩大了；孙辈出世了；新的牵挂纷至沓来了。1865年利欧波王一死，独一无二的老前辈便失去了；当日尔曼、英国大批亲戚的中枢和顾问的职司传给了维多利亚。她孜孜不倦地克尽这种职司，应接不暇地和各方通信，全神贯注地、周密地关怀那些永远在枝分的从表。她尝尽了天伦的快乐和痛苦。她特别喜欢孙辈，以儿辈所不常享受的宽容来对待他们，虽然，必要的时候，即使对待孙辈，她也会很严厉。孙辈中最长者，普鲁士的小威廉皇子，[①]是一个很倔强的孩子；他甚至于对外祖母也胆敢不恭；有一次，在奥思本，她叫他向一位来客鞠躬，他公然不听话。这可不行：严厉的重申前令；顽皮的孩子，看出温和的外祖母突然变成了一个最可怕的老太太，只好屈服了，深深的鞠了躬。[②]

如果女王的一切家累都可以这么容易地对付过去倒好了。她有更大的麻烦，其中之一即是威尔士亲王的行为。这个年轻人现在独立了，成家了；他摆脱了父母的羁绊；他断然开始随心所欲地自由行动了。维多利亚十分烦恼，到1870年她所最担心的事情似乎都实现了，他在一件上流社会的离婚案中出头当证人。显然这位太子已经同她全然不赞成的一批人混在一起了。怎么办呢？她觉得不能单怪自己的儿子——要怪全社会；因此她赶快写一封信给德兰先生，《泰晤士报》的主笔，[③]问他可不可以“时常**写**评论指出上流社会生活、见解都轻佻浮薄的**极大的**祸患。”五年以后，德兰先生当真写了一篇评论讲这个题目。[⑤]然而仿佛是收效甚微。

啊！但愿上流社会也能够学她在巴尔穆拉尔隐居中所过的清淡生活呵！她越来越觉住到苏格兰高原去大有慰藉和颐养的功效；每年两次，春天和秋天，松了一口气，她便驱车北指，不愿顾大臣们的婉言劝阻，他们徒然低声地向她说远隔六百英里处理国务使政府添许多麻烦。她的侍嫔们有时也不无难色，因为长途跋涉，尤其在当时，不免有种种困难。多年来女王的保守观念不准引长铁路至谛河流域，因此最后一程势必坐马车走。可是坐马车究竟有坐马车的好处；譬如容易上下，这是很值得计较的，因为御用列车久不受新式设备的沾染，当它停在边地的旷野上，远离月台的时候，那些娇生惯养的太太小姐们就得直接从危险的踏板跨下地去，只有陛下的那节花车上备有折叠的阶梯。在流行裙箍的时代碰到这种场合有时候很狼狈；往往用得着召约翰思敦（Johnstone）先生，这位短小精悍的苏格兰铁路局长不止一次，冒急风骤雨，很费气力地把一位可怜的白兰什女士（Lady Blanche）或亚迦撒女士（Lady Agatha），如他自己所描摹的“推上”车厢去。[⑤]可是维多利亚一点也不留意这种事情。她是一心想越快越好地赶回她那所神堡，那里的每一个地点都堆满了记忆，那里的每一种记忆都是圣洁的，那里的日子就完全过在琐细而愉快的常务上。

不但她爱那个地方；她同样地喜欢那些“朴实的山民”，她说她曾经从他们“学到许多乐天和虔诚的教训”。[⑥]史密士、格兰忒、洛斯、托姆孙——她对他们全很热心；可是她所最信赖的是白朗。配王的“结隶”现在变成了女王的随身侍卫，寸步不离，陪她出游，白天服侍她，夜里睡在她邻近的房间。她喜欢他的强壮、他的结实，在他旁边所感觉的身体的安全；她甚至于喜欢他的野蛮的举止、粗鄙的言语。她准许他在旁人是梦想不到的对她不客气。威逼女王，驱使她，斥责她——谁敢如此？然而，她受到约翰·白朗这样的待遇，倒似乎很高兴呢。这仿佛古怪得出奇；可是，究竟也不见得怎样稀奇，一位专权的未亡人常常会准许一个自己所信任、所必需的仆人，对自己取一种居高临下的态度，为亲友所无缘享受的：给一个下属的权力，由于心理的把戏，仍然变为自己的权力，即使对自己行使。维多利亚服服贴贴地听从她那个跟班突然的命令她下马或披披肩的时候，是不是她表现了自己的意志力，而且表现到了最高的地步？人家尽管诧异；她没有法子；她喜欢这样，而且也有一个限制。由儿子或大臣为她出主意当更为合适，更为自然；可是如果她这么办，她出于本能的觉得，她当真失去独立性了。然而她又满想依赖一个人。她的日程里堆满了治国的繁剧。当她静静地在旷野上驾车的时候，她靠到后边去，委顿而疲乏；可是何等轻松呵！——约翰·白朗在后边的随从座上呢，当她下车的时候，他那只有力的胳臂准会伸在那里给她靠呢。

而且，他在她的心目中，同亚尔培特别有一种连带关系。从前他们向山野远行的时候，配王对他比任何人都信任；这个粗犷、亲切、毛发浓密的苏格兰人，她有点神秘的觉得是死者的一笔遗产。她最后甚至于相信——或者似乎相信——接近白朗的时候，亚尔培的精神分外切近。常常，逢到什么复杂的政治或家庭问题，想得些灵感的时候，她就全神贯注的凝视亡夫的胸像，可是有时也看到女王陛下在这种迟疑的时分，就出神地凝视约翰·白朗。

结果，这个“朴实的山民”几乎变成了一位国家要人。他的影响是不容忽视的。比肯斯斐尔爵爷是小心的，在写给女王的信上不时地问候“白朗先生”。法国政府在英国元首来访的期间煞费苦心地招待他。他在皇家的老辈人之间不得人缘是再自然不过的；也无怪他的缺点——他有缺点，虽然维多利亚从不注意他的太喜欢苏格兰威士忌酒——得了廷上人的酷评。可是他忠心的服事他的女主人，为她作传的不提他该算是失敬的表现。因为女王，不但不掩饰她的感情，而且存心要公之于世。她前后发给他两个金质奖章；在 1883 年他死的时候，《宫廷通报》上登了一篇备加赞扬的长讣告；女王陛下亲自设计了一种白朗纪念胸饰——一边刻故“结隶”的头像，一边刻皇号的花字——送给苏格兰高原的仆人和田舍居民，叫他们在他的周年忌日，连同黑纱佩戴在身上。女王在 1884 年所刊布的高原日记第二卷选录里，她这个“热心的亲随和忠心的朋友”差不多在每一页上都见到，而且实在是这部书中的男主人翁了。放弃了她那种身份的人所特有的缄默态度，维多利亚似乎要在这件微妙的私事上得到全国人的同情；然而——世人就是这样的！——真有些人把他们的君主和她的从仆之间的关系当作了随意糟蹋的资料。⑦

二

忙碌的年头匆匆过去；经过时间的那种玄妙的点触的痕迹渐渐显著了；老年，凑近来，轻轻地抓住了维多利亚。灰色的头发转白了；成熟的面容变柔和了；短小坚实的身体宽大了，走动得更慢了，撑着一根手杖。同时，女工的全生涯都起了一种非常的蜕化。国民对她的态度，多年来一直是挑剔的，甚至于敌对的，完全变了；维多利亚的脾气也同样地改了。

这个结果有许多成因。其中之一是：女王在短短的几年之内一连遭受了许多不幸的打击。1878 年，爱俪思公主，她在 1862 年嫁给赫司·达姆斯大德的路易公子的，在悲惨的境遇中死了。⑧第二年，法国皇子，欧谢妮皇后的独子，自从 1870 年的惨变以来，一直为维多利亚所眷爱的，在组鲁战争里阵亡了。⑨两年以后，1881 年，女王失去了比肯斯斐尔爵爷，1883 年，又失去约翰·白朗。1884 年，利欧波亲王，亚尔本尼公爵，他生来就虚弱，在结婚后不久便夭折了。维多利亚盛哀痛的杯子确乎满溢了；世人目击这位孀妇哭子女，哭朋友，表露了日有增加的同情心。

1882年发生的一桩事端显示和突出了国民的感情。女王在温色下火车上马车去的时候，一个名叫罗德立克·马克连（Roderick MacLean）的青年从数码之外开手枪打她。子弹还没有放出，一个伊东[10]孩子用一把伞打开了马克连的手臂；没有发生什么损害，犯人立刻被捉去了。这是女王前后七次受狙击的最后一次。四十年内所发生的这七次很古怪的彼此相似，除了一次，各次的犯人都是二十五岁以下的青年，他们的动机显然并不在杀害，因为，除了马克连那一次，他们的手枪里都没有装子弹。这些不幸的青年，买到了廉价的武器，装了火药和纸团，明知会当场破案的，偏去向君王面前扳动那么一下，供给了心理学家一种奇异的问题。可是，虽然每次的行为和目的似乎都如此相仿；他们的命运却颇为不同。其中第一个，爱德华·奥思福（Edward Oxford），在女王结婚后数月内向她开枪的，受了危害国家罪的审讯，被称为神经不健全，发送疯人院监禁终身。然而亚尔培似乎不满意这一种判决，因为，两年以后，约翰·法朗歇思（John Francis）作了同样的行为，受了同一种罪的审讯，配王便声言这种举动上并无神经错乱的地方。“这个下贱的东西，”他对他的父亲说，“并非神志不清，而是十足的无赖。”“我希望，”他又说，“特别从严法办。”显然是如此法办的；无论如何，陪审官总是赞同了配王的意见，神经不健全的辩解是搁开了，把法朗歇思定了危害国家罪，判处死刑；可是，因为并没有存心杀人或伤人的证据，经内政部和裁判官之间再三商酌以后，判决减为终身流徙。因为有法律在，这种狙击，虽然不要紧的，却只能以危害国家论罪；实际的行为与所受的重大责罚太不相称；而且，陪审官知道定为有罪即须判处死刑，别无他法，显然会倾向于断为无罪而神经不健全——这种结论表面上自然显得较为合理了。因此1842年通过了一项议案，规定伤害女王未遂的一切行为都是轻罪，可以判处七年的流徙，或者三年以下带苦役或不带苦役的监禁——犯此轻罪者，由法庭斟酌办理，“加以公开的或私下的鞭笞，次数与方式由法庭指定，不得超过三次。”[11]嗣后的四次都是照这条新法律办的；1842年，威廉·比安（William Bean）被判处18个月的监禁；1849年，威廉·哈弥尔登（William Hamilton）被判处七年的流徙；1850年，照上项办法判决了罗伯·派忒（Robert Pate）中尉，他在毕迦迪里用手杖打女王的头。这些犯人中只有派忒年纪大一点；他是一个上级士官，穿得像一个花花公子，据亚尔培说“显然是狂乱的”。[12]1872年，亚述·奥孔诺（Arthur O'Connor），一个17岁的青年，在白金汉宫外向女王开未装子弹的手枪；他立刻被约翰·白朗抓住了，被判处一年的监禁，附加二十桦木杖的鞭笞。白朗得到两个金质奖章，一个就是为了这一次的忠勇。在这些案件中陪审官都拒绝神经不健全的辩解；可是罗德立克·马克连这一次却得了不同的结局。这一次发现手枪里是装了子弹的，公众的义愤，因为维多利亚的人望日增而特别激烈。或者为了这一点，或者为了其他的原因，过去四十年的老办法废弃了，马克连受了危害国家罪的审讯。结果是在意料中的：陪审官判定他“无罪，只是神经不健全”；犯人发送疯人院，监禁年数由女王陛下随意规定。[13]然而他们的判决却引起了一个颇堪注意的后果。维多利亚，心里显然记着亚尔培从前不赞成以此项办法判决奥思福，十分气恼。她不服：陪审官说马克连无罪到底是什么意思呢？他明明有罪——她亲眼看见他放出子弹。女王陛下的法律顾问徒然提示她，说遵照英国法律的原则，除非证明有意，不能判为有罪。维多利亚完全不服。“如果这是法律”，她说，“这法律非改不可”；法律果真改了。1883年通过了一项议案，更改神经不健全案件中判决的方式，那种纠缠不清的变例直到今日还留在成文法典上。[14]

可是不但因对于个人的同情——怜悯或义愤——而女王与国民接近起来的；他们终于在国事上渐趋永久的一致了。格拉德思敦先生的第二任内阁（1880 年至 1885 年）着着失利，结果是一败涂地；自由主义在英国丧尽了声名，维多利亚私心快慰，觉得臣民中同她一样不信任内阁的人数一天多似一天。在苏丹危机中，⑮一般人的感情就是她的感情。她是一个首先主张出兵喀土穆⑯的分子，戈登将军⑰惨死消息传来的时候，她领头带众口，同声唾骂了政府。盛怒之下，她给格拉德思敦先生打了一个大发雷霆的电报，不用照例的密码，用明码；⑱她在慰问戈登小姐的信上攻击大臣们不守信用，而且让那封信到处发表。谣传她曾经召见陆军大臣哈丁敦爵爷，⑲大大地把他申斥了一顿。“她斥骂我，”据说他对一位朋友这样说，“好像我是一个听差。”“为什么她不召见管家呢？”他的朋友问说。“噢，”他回答说，“管家碰到这种时候照例设法躲开了。”⑳

可是无法再躲开的日子到了。格拉德思敦先生失败了，辞职了。维多利亚在最后一次接见他的时候，照例对他很客气，不过，除了在这种场合所应有的老套以外，她对他只说了一句关于私人的话，意思是她料想格拉德思敦先生现在需要休息休息了。他抱憾地记起 1874 年同样觐见的时候，她曾经表示信任他是拥护君上的；可是他看到这个变化，不以为奇。“她的心、她的意见”，他后来在日记里说，“从那天起，大为乖离了”。㉑

这是格拉德思敦先生的见解；可是国民的大多数并不同意；在 1886 年的总选举中，他们把地方自治的策划者——这种冒渎神境者——一下子扔到了九霄云外去，把索利兹布里爵爷捧上了台，十足地表明了维多利亚的政见就是他们的政见。维多利亚深为满意。一股新的、不习惯的乐观，涌到了她的心上，以意外的大力激励她的生气。她的生活习惯突然改变了；长期的深居简出，狄思雷利的婉劝也只能使她暂时破戒的，现在完全放弃了，她精神抖擞的投身种种社会的活动。她会见宾客，上音乐会，阅兵；她主持奠基礼；她到利物浦去主持万国博览会的开幕礼，在大雨里，在欢呼的群众里，坐了敞篷车通过街市。因为到处受欢迎，非常高兴，她热心工作。她巡视爱丁堡，重见利物浦的盛况，而且更热烈。在伦敦，她到南垦星敦耀武扬威的主持殖民地及印度博览会开幕礼。这一次的典礼特别堂皇；一阵雄壮的喇叭响报告女王陛下的来临；国歌唱起来了；女王，坐在一个用黄金打成的绚烂夺目的宝座上，亲口答谢代表的致词。于是她站起来，一边以帝皇的仪态向台前走去，一边频频屈膝，答谢满场会众的欢呼，温雅而威风。㉒

第二年是她登极五十周年，6月里举行庄严、盛大的庆祝。维多利亚，左右是济济跄跄的当朝显贵，前后是赫赫奕奕的各国王公，在人山人海、欢腾狂热的京华道上，驾车往威思明斯德教堂行感恩礼。在这个举国若狂的时辰，过去的不相容、过去的不和，扫荡得连一点残余的痕迹都不留了。女王既被称为国民的母亲，又被视为帝国威风的象征；她以全副的热诚来感受这双重的感情。英国及英国人民，她知道，她觉得，看来很出奇，然而十分简单的，是**她的**。欢欣、钟爱、感激、深长的报答心、无限的得意感——这是她的感情；此外还有一种，使其他各种都添了颜色，增了力量。经过了如许岁月，幸福——也许是片断的，而且是严肃的，可是不见得因此就不是真实的——终于回到她身边来了。这种生疏的感觉浸澈了、温暖了她的意识。当冗长的典礼完了，回到白金汉宫的时候，人家问她觉得怎么样，她说："我觉得很累，可是很快乐。"㉓

三

经过了一天的辛苦与风暴，一个悠长的黄昏接上来了——柔和、恬静、一片金黄的光华。一种空前的成功与崇拜的氛围罩上了维多利亚的晚年。她的胜利概括了、代表了一种更大的胜利——一个国家的登峰造极的繁荣。维多利亚登极五十周年至六十周年这十年间确凿的灿烂在英国历史上是无可比拟的。索利兹布里爵爷贤明的主见似乎不仅带来了富强，而且带来了安全；国家安顿下来，稳定的享受一种既得的隆盛。维多利亚——这是再自然不过的——也安顿下来了。因为她是建立物的一部分——似乎是主要的部分——一种固定的装置——国家大厅里的一个富丽堂皇、摇撼不动的食器架。没有她，1890 年的盛筵当失去了特色——安排得层序井然的一碟碟丰富的肴馔，连同迷人眼目的浓重背景，多半看不见了。[24]

她自己的生活同周围的环境越来越融洽了。渐渐地，不知不觉地，亚尔培离开了。不是说他被忘记了——那是不可能的——是说他去世后所留下的空虚变得不大难堪，甚至于不大明显了。维多利亚终于能够埋怨坏天气而用不着立刻反省到她的“亲爱的亚尔培总是说我们不能改变它，一定得由它去”；她甚至于能够享受一顿好早点而用不着思量“亲爱的亚尔培”当如何喜欢那些奶油鸡蛋。[25]那个影子既然慢慢的消退了，它的位置势必由维多利亚自己占据了。她的生命，多少年来一直绕着一件外物旋转的，现在改变了动向，以自己为中心。非如此不可：她在家庭里的地位、忙迫的公务、不屈不挠的义务心，使其他一切都成为不可能了。她的自我中心观出头了。她的年龄更增加了周围对她的尊敬；她的魄力，终于登峰造极，以自觉的意志力，确实不移的镇住了环境。

亚尔培身后的统治势力外观上渐渐地显出了破绽。宫廷里严格的居丧松起来了。当女王带着高原人，坐着敞篷车，在温色园里经过的时候，照管小孩子的婢女们热烈地议论着那个低垂的小头所戴的嵌黑玉的帽子上那块紫罗兰天鹅绒渐渐地大起来了。

维多利亚的权势达到最高点是在家庭里。她的子女全都结婚了；后裔的数目迅速增加；第三代里也已经有许多人成了家；在她死的时候，她已经有了三十七个曾孙曾外孙。从当时的一幅画上我们看到皇家老小聚在温色的一个大房间里——五十多人簇拥着他们的女族长。她以最大的威力统治了他们全体。最幼的孩子的一点小事会引起她热切的关怀；她把最大的俨然当作小孩子看待。威尔士亲王尤其怕他的母亲。她始终一点也不准他参与政务；他有旁的事务。也不能说他不快乐自在——背着她的时候；可是，当着她的时候，他的旺盛的大人气十分可怜地收敛了。有一次，在奥思本，宴会迟到了，并非由于自己不守约，他站在一根柱子背后，一边擦额上的汗，一边准备鼓足勇气来见女王。最后他真的去见了，她板板地向他点了一点头，他立刻退到另一根柱子背后，直等到散席。发生这件事故的时候，威尔士亲王已经过了五十岁了。[26]

女王办家事有时候势必牵涉到重大的外交问题；尤其是当她的长女普鲁士太子夫人的权利危在旦夕的时候。太子素来抱自由主义的见地；他很受夫人的影响；夫妇两人同受俾斯麦的憎恶，他曾经粗俚的断言这个英国女人和她的母亲是对于普鲁士政府的一种威胁。老皇帝[27]死了（1888)，太子即位的时候，争执愈趋激烈。一件家庭的纠葛引起了一场重大的风波。新皇后把一个女儿许给了巴登堡的亚力山大公子，他新近因为遭沙皇的敌对，被逐下了保加利亚的宝座。[28]维多利亚，同皇后一样，非常赞成这门亲事。亚力山大公子的两个弟兄，哥哥已经娶了她另一个外孙女，[29]弟弟是她女儿琵亚忒丽思公主的丈夫；[30]她很钟爱这个漂亮的年轻人；她满心欢喜，眼看第三个——她认为三个中最漂亮的——也快要成为她的亲戚了。然而不幸，俾斯麦偏偏反对。他觉得这件婚事将危害德国和俄国的友谊，于他的外交政策将大为不利，因此他声明不可出此。皇后和大臣之间起了一个激烈的争斗。维多利亚怀恨她女儿的敌人达于极点，来到夏洛登堡[31]加入战团。俾斯麦，衔着烟管，喝着啤酒，哼出了警报。英国女王的目的，他说，显然有政治作用——她想离间德国和俄国——大概她要为所欲为的。“在家庭事务上”，他又说，“她素来不甘受阻挠的”；她会把“牧师带在提包里，新郎带在皮箱里，婚事会就随时随地立刻解决”。可是这个铁血人不是这么容易挫折的，他请求同女王秘密会谈。他们的谈话不得其详；可是毫无疑义，维多利亚在这次必定不得不认清了，反抗这个顽强的人物是无谓的，必定答应了竭力设法阻止这一门亲事。那项婚约解除了；第二年亚力山大公子娶了罗莘格小姐（Fräulen Loisinger），达姆斯大德宫廷剧院的女优。[32]

可是这种苦恼的小事件是不常有的。维多利亚变得很老了；没有亚尔培指导她，没有比肯斯斐尔鼓动她，她甘愿把危险的外交问题委诸高明的索利兹布里爵爷，而集中精力于更为切近、可以自由处置的事务。家室——宫廷——巴尔穆拉尔的纪念物——温色的家畜——约会的安排——繁缛的日常琐事的监督——这种项目现在占了甚至于比从前更重要的地位。她的生活过得非常严正。每一刻都预先有了计划；连续的许多约会是排好了，不会变动的；行程的日期——哪一天到奥思本，哪一天到巴尔穆拉尔，哪一天到法国南部，哪一天到温色，哪一天到伦敦——年复一年，难得更改。她要求左右留心细节，丝毫不苟，她出乎常理之外的敏于觉察极小的差池。她的个性有如此不可抗的威力，所以除了绝对服从她的意旨，什么都仿佛不可能；可是有时候有人不确守时间；不确守时间便是罪大恶极。于是她的不高兴——可怕的不高兴——表现得不免太明显了。在这种时际，说她是一个“马抵奈”的女儿，似乎没有什么可怪了。[33]

可是这种雷霆，发起来虽然凶，很快就消的，而且渐渐地少见了。上了年纪的女王因幸福的恢复而流露了一股慈祥气。她的微笑，原先是不大光顾这副愁眉苦脸的稀客，如今掠来掠去，蹁跹自在了；蓝眼睛满呈喜色；整个的面容，忽然从漠然无表情中惊起，光亮了，柔和了，对于观者施展一种不能忘怀的吸引力。维多利亚晚年的和蔼可亲中有一种甚至于为年轻活泼时代所未有的妩媚。接近她的人全都——

或者差不多全部——感受到一种特殊的魔力。她的孙辈崇拜她；她的侍嫔们敬爱的侍奉她。服事她的光荣抹去了千百种不舒服——宫廷生活的单调、久立的疲倦、人力所难及的小心周到，丝毫不苟。尽一种了不起的义务，当可以忘记两腿在温色无穷无尽的重廊里拖得酸痛了，或者裸露的胳臂在巴尔穆拉尔寒冷的空气里冻得发青了。

似乎尤其使这种差使显得可爱的，乃是女王周密的关心她的左右的私事。她对于家庭生活中舒适的常套、细小的风波、反复的悲欢，那种深切的嗜好，不断地需要扩大它的用武之地；她自己的家族范围，虽然如此广大，还是觉得不够；她变成了侍嫔们家务上的心腹；她的同情广被及于宫中的家仆；甚至于使女和厨役——看来——也受到她寻根究底的探询，也受到她出于至诚的挂虑，当她们的意中人被派驻外国某地了，或者他们的姑母发了风湿症，比往常都厉害。[34]

然而上下之分仍然严谨。只要女王在，已确保无虞了；何况朝仪的统治权力高于一切。那种精密的法典，曾经使梅尔本爵爷直挺挺坐在沙发上，曾经使旁的来客以尊卑为序，沉默的围绕在圆桌四周的，不稍苟且，一如往昔。每天晚餐以后，那方炉边地毡，供奉皇仪的，照例以不可近的光华，庞然显现在那些凡俗的眼前，或者，在一两次可怖的时际，着实把他们受磁力作用似的招引前去，直到深渊的边上。女王，在适当的时分，向来客走去；一个又一个，他们被领到她的面前；局促不安的一番对话又一番对话接下去的时候，全堂人不动地站在那里，一声也不响。[35]峻严的朝仪只有一点得了通融。在维多利亚一朝的大半时期中，大臣们必须站着听训的规矩一直是绝对遵守的。当德被爵爷，那位首相，大病以后觐见女王陛下的时候，他后来，当作荣宠的证据，自鸣得意地告人说，女王曾经说“她很抱歉，不能请他坐”。后来，狄思雷利，发了一场痛风症以后，恰好维多利亚方面又正是感情横溢的一刻，得以豁免站礼；可是他认为不如婉谢这个特殊的恩典为得宜。然而在晚年女王照例请格拉德思敦先生和索利兹布里爵爷坐了。[36]

有时候晚上的庄严空气受一点调节：来一次演奏会，来一场歌剧，或者来一出戏剧。维多利亚从居丧中解放出来，最显著的形迹之一就是她恢复了那个断了三十年的旧例，从伦敦召戏班子到温色的廷上表演。逢到这种场合，她兴致很高。她爱好演艺；她爱好巧妙的情节；她尤其爱好滑稽剧。全神贯注到台上的一切经过，她以小孩子的天真，悉心领会故事的转弯抹角；或者扮一副比别人高明的神气，得意扬扬地喊着“瞧！你没有料到**这样**吧，可不是？”当结局分晓的时候。她对于谐趣的感觉力非常强烈，虽然是幼稚。极少人能领略配王的玩笑，她倒是一个；那种玩笑不再发了的时候，她仍然会哈哈大笑，在家庭中，听了小小的戏谑——某一位大使的古怪脾气，或者某一位不懂事大臣的 fauxpas〔失态〕。戏谑变得微妙起来，她的兴会便差了；若濒于不得体，则不是儿戏的事情了。稍一随便立刻招陛下最严厉的见怪；说一句不适当的话，那是最不可恕的随便。那时候御嘴角一落，御眼睛一张，那副御容变得极度的可怕。有过者惶恐而无声了，可怕的一句“我们不觉得有趣”扑灭了全座。过后，女王会在亲随之间提起那个人，说她很担心他是“不知检点的”；这个罪状一判决便无从上诉。[37]

就一般而论，她的审美观念，自从门德尔孙、兰德绥、拉布拉协时代以降，迄未变更。她仍然喜欢意大利歌剧的华彩过门调，她仍然讲究钢琴二重奏的技艺。她对于画的见解是确实不移的；爱德温爵士，她断言，是全才；她很佩服雷顿爵爷的作风；她非常不信任瓦慈先生。[38]她不时地指令版画家为皇家人制像；她总要送草样给她看，仔细地审查以后，她给作图者指出瑕疵，同时指示他们如何修正。他们照例看出陛下的指教极有价值。她对于文学的兴趣，范围较窄。她专好丁尼孙爵爷；因为配王曾经称赞乔治·艾略忒，她读了《密特尔马契》：[39]她很失望。然而，有一点可以相信：另一位女作家[40]的传奇，在女王陛下的庶民阶级中曾经风行一时的，获得了女王陛下相当的嘉纳。另外她就不曾读过多少书。[41]

然而有一次女王注意了一种出版物，那是她所不能忽视的。《格累维尔回忆录》，其中有许多非常重要的史料，然而其中也有不少描写乔治第四、威廉第四及其他皇家人物处，绝非恭维备至的，书由黎符先生[42]整理刊行了。维多利亚读了这部书，大为震骇。这是，她断言，一部“可怕的，实在无耻的书”，她看到格累维尔“对于友人的不慎重、不体贴、不义，对于君王的背负亲信、不忠，”她说不出“多么**惊骇**多么**愤慨**”。她写信告诉狄思雷利说她认为“对此书严加指摘，痛予申斥，**至为切要**”。“他讲到君王的语气”，她又说，“太不成体统，即在历史中亦所未见，不可恕之极”。她的愤怒差不多同样激烈的发到黎孚先生的身上，因为他刊行了“这样一本可憎的书”，她托亚述·赫尔卜思爵士向他传达她的不满之意。然而黎孚先生很顽梗。听了亚述爵士对他说女王认为“这部书有伤君上的尊严”，他回答说：“一点也不；倒是因它使过去和现在的情形成一对照而发扬光大了君上的尊严。”可是这个灵巧的辩护一点也不能使维多利亚感服；黎孚先生告老退休的时候，并未受封照例会得到的爵士位。[43]倘若女王知道了黎孚先生曾经不作声的删去了回忆录里多少讥讽她自己的话，也许她简直要感激他了；可是，这样一来，她对于格累维尔当作何语呢？实在不堪设想。至于较为现代的讲到这种题目的文章，女王陛下恐怕会品评它们为“不知检点”吧。

可是忙碌以后的余暇普通都用在比研究文学、欣赏艺术容易捉摸一点的消遣上。维多利亚是一个不但有极大的财产，而且有许多的收藏的女人。她继承到无数的家具、陈设、磁器、杯盘、各色各样的贵重物品；她又在悠长的一生中陆续买进了一大批；再加从全球各处，不断地向她涌来珍奇的礼物。她不绝的，周到的管理着这么一大堆东西，详尽地安排它们，审视它们，使她非常称心满意。收集的本能是植根于人性的深处的；在维多利亚，这种本能是得力于她的两种主要的动机——她之素来尊重自己的存在，以及她之与年俱增，老来简直像着魔似的醉心固定、醉心确实、醉心于树立触摸得到的壁垒以防范嬗变与时光的侵袭。当她较量到成千成万属于她的东西，或者，更进一步，当她随意挑出了其中一部分，确切地体会到它们千差万别，各呈奇观的富丽，她就看见自己赏心悦目地反映于恒河沙数的小平面，觉得自己出神入化的发扬光大而普照于茫无涯际的区域，十分高兴。这是理所当然；可是一转念就不免扫兴了——一切都会逸去的，崩溃的，消失的；塞佛尔[44]磁的杯盘会破的；甚至于金盆也会莫名其妙地出毛病的；甚至于自我，尽管有多少回想、多少经验造成了自己的存在，也会动摇的，灭亡的，解体的。……可是不！不能如此，不应如此！不得有嬗变，不得有丧失！什么都不得动一动——过去也不，现在也不——她自己尤其不！因此这位不屈不挠的女人，蓄藏她的宝物，以最大的决心判定它们的不朽。她绝不遗失一点记忆或是一枚针。

她命令什么都不要丢掉——果然什么都没有丢掉。那边，一架一架，一抽屉一抽屉，躺着七十年的衣服。可是不仅衣服——皮裘，斗篷以及附属的缘饰，暖手筒，阳伞，女帽——都按照年代编列，注明日期，完备无缺。一座大橱专放玩偶；温色的磁器室里特备一桌，搁她在童年时代用的杯子，还有她孩子们用的杯子。过去的纪念物密密的积累在她的周围。每一个房间里桌上都满堆着亲戚的照片；他们的画像，从小起各时代都有的，挂满在墙壁上；他们的塑像，用坚实的大理石雕的，矗立在台座上，或者，小型的，用金银铸的，闪耀在托架上。死者，以各种形态——缩绘的、磁的、照原大小油画的——不绝的现身在她的左右。约翰·白朗的金身站在她的写字台上。她所钟爱的那些马、那些狗，得了一种新的、长的寿命，拥挤在她的足前足后。夏卜，镀银的，居高临下，控制着大餐桌；博仪和博兹，铜的，一块儿躺在不凋谢的花间。[45]单把金属的或大理石的坚固，赋予过去的每一个分子，还是不够的：全体的安排，要一定不变，一如单独的实体。可以增添，而绝不可以更动。一块印花布、一幅地毯、一张帷幔，都不许换；或者，用得太久，非换不可了，那么一定得照原来的质地和款式仿制，要使最锐利的眼睛都看不出差别。任何新书都不能挂在温色的墙壁上，因为早就挂在那里的是亚尔培指定的，他的决定是万世不易的。自然，维多利亚的也如此。要保证它们永远如此，乃求助于照相机，女王所有的每一件物品都有从数方面照下来的照片。这些照片都送呈女王陛下，经过她仔细的审查了，认可了以后，便贴在一套装潢极富丽堂皇的照相簿上。每一张照片的对面，都加以登记，标明物件的号码，保藏它的房间的号码，它在房间里所处的正确的位置，以及它的一切主要特色。每一件东西，经过了这番手续，从此命运就不可挽回的注定了。全部家私，斩钉截铁的各就各位，稳定不移。维多利亚，身边总搁着厚厚的一两本目录，浏览、考虑、谈论，可以感觉到双重的满意，尘世的无常被她的大力所留住了。[46]

如此，那种收藏，永远地增加，永远地侵占到新的意识界，永远地植根到本能的更深处，变成了主宰那个古怪生命的势力之一。这不仅仅是物品与思绪的集成，而且是心情与生活方式的积聚。各种周年纪念变成了它的一个重要分支——生日、结婚日、忌日，每一个都需要一种适当的感情，每一种感情又必须表现于一种适当的形式。形式呢，——庆祝或哀悼的礼仪——自然同其余的一切打成一版：这是收藏的一部分。譬如，某一天，一定得撒鲜花在巴尔穆拉尔约翰·白朗的墓碑上；每年出发苏格兰的日期即因此事而确定。势所必然，是在死——死，人世无常的最后见证——这个中心事实的周围，纪念的热心簇聚得最为繁夥。难道我们不能甚至于把死都凌辱吗，如果我们能够回忆？——如果我们能够热切而再接再厉，一口咬定了爱的永久性？因此，维多利亚所睡的每一张床上，或在背部，或在右边，或在枕头上方，都有亚尔培死后所照的肩首像，顶上绕一圈万年花。[47]在巴尔穆拉尔，记忆来得非常稠密，记忆的坚实表记也层出不穷。方碑、尖塔、圆冢、铜像、石堆，有铭刻的花岗石座，昭告维多利亚对于死者的供奉。那里，一年两次，在她到后数日内，举行一回视察和默想的庄严巡礼。那里，每年 8 月 26 日——亚尔培的生日——在他的高原装铜像脚下，女王，同她的家属、她的廷臣、她的仆从、她的佃户，聚在一起，默默地举杯以吊死者。在英格兰，纪念物也不差什么，到处萌发。重重叠叠的积累上没有一天不添一点东西——吹笛人罗斯的一个金的小塑像——维多利亚和亚尔培的一组中古装，原大小的大理石合像，像基上刻一句“引往更光明世界并作先导”——一块花岗石板，安置在奥思本的灌木林里，告寻访者以“瓦尔特曼：维多利亚女王心爱的小獚狗；于 1872 年 4 月自巴登[48]携归；死于 1881 年 7 月 11 日。”[49]

佛洛格莫亚的大陵寝，不断的加以增饰，女王在温色的时候，差不多每天都去看。[51]可是另外还有一所几乎同样神圣而更为秘密的庙堂呢。亚尔培在温色堡里所住的一套房间，除了最受优遇的，任何人都不得参观。那个范围以内，一切都保持配王死日的旧观；可是出于一种神秘的偏见，维多利亚命令每晚给她的丈夫重新铺被，每晚盛水在盆里，当他仍然活着一般；这种可怪的仪式，丝毫不苟的差不多一直执行了四十年。[51]

内心的崇拜是如此；而肉体仍然服从精神；每日的辛勤也仍然昭告维多利亚的献身于义务，于死者的理想。不过，自我牺牲的观念是一年一年地淡漠了；天生的一股旺盛的精力十分称意的发泄在公务上；好事心，从少年时代起一直很强烈的，重新元气十足地抬头了，在老年时代，离绝案卷函件，在她是痛苦，而不是宽慰。因此，辛苦的大臣们尽管叫苦叹气，政府的全部程序继续经过她的手，一直到最后。不仅如此；依照旧例，一大批的政令，非经御笔签字，不能生效；女王的一大部分工作时间就用在这种机械的职司上。她一点也没有想减轻的意思。恰好相反，她自愿的恢复为军官委任状签字的义务，本来已经由国会明令豁免，而且她在中年时代已经不过问了。她绝不嘉许请她用印戳代签字的提议。可是，到后来，事务愈加忙迫，这一种旧制的延误时间因之而不堪忍受，她只好答应某数类公文只要得到她口头的裁可就行了。每篇公文都朗读给她听，她到临了说一声"照准"。往往她一坐好几个钟头，面前放着亚尔培的胸像，嘴里不时地发着"照准"。这两个字说得威严而宏亮；因为现在她的声音——变得和少年时代银声的最高音多么不同了！——是一种女低音，酣畅而有力。[52]

四

最后的几年是奉为神明的年头。在臣民眼花缭乱的想象中，维多利亚穿过一片最纯净的光华而上升灵界了。一切的批评都归于沉默了；种种欠缺，如在二十年以前，当为举国上下所公认的，现在为举国上下所忽视了。这个国家的偶像是一个不充分的国家的代表，这一点事实简直没有人留意到，然而实在是昭彰得无可讳言。把 1837 年的英国造成 1897 年的英国，中间所经过的极大的变迁，似乎不曾使维多利亚发生什么影响。这一时期巨大的工业发展，亚尔培深知其重要意义，维多利亚却不感到怎样。惊人的科学运动，亚尔培同样重视，维多利亚却始终无动于中。她对于宇宙、对于人在宇宙中的地位、对于自然与哲学上各种大问题，终身没有变更过她原有的观念。她的教义是她从莱纯男爵夫人和肯德公爵夫人所学来的教义。在这一点上，人家一定以为亚尔培的见解对她总有影响吧。因为亚尔培，在宗教观念上，向来是先进的。彻底不相信恶鬼的存在，他怀疑迦岱伦猪群的奇迹。[53]史多克玛在他论教育威尔士亲王的一篇颇堪注意的备忘录中，甚至于提示说，虽然孩子“必须毫无问题的在英国国教的信条中教养成人”，但不妨遵从时代精神，在他的宗教课上，摈除“基督教的神异观念”的教诲。[54]然而这未免离谱了；结果所有的皇家儿女全十足的受了正宗的陶养。不如此维多利亚一定不欢，虽然她自己的正宗观念不见得如何严谨。可是她生来是想象力不丰富，感觉不精微的，她遇见高派国教那种迷离恍惚的狂热，唯有却步；她似乎最喜苏格兰长老会的单纯信念。[55]这是意料中事；要知道莱纯是路德派牧师的女儿，路德派和长老会颇有相同处。诺曼·马克利欧德博士，一位热心的苏格兰牧师，多年来一直是她的主要的宗教顾问；他去世以后，她在巴尔穆拉尔同乡民闲谈生死中得到不少慰藉。[56]她的信念，绝对纯正，在老约翰·格兰忒持重的箴言中，在法加孙太太虔诚的谚语中，得到它所需要的一切。它们具有她在十四岁时候，读契思忒主教《马太福音解》所感服得五体投地的那种种特点；它们是“明白了畅，字里行间，满是真理和善意”。女王从没有更进一步，虽然穆勒和达尔文时就用了她的名字。[57]

当时的社会潮流与维多利亚同样的隔得很远。对于最小的变更，亦不下对于最大的变更，她始终毫不通融。她在青年和中年时代是一向不许体面人吸烟的，她一辈子也不愿意撤销她的厉禁。哪怕国王们持异议，哪怕被邀至温色的主教们、大使们弄得偷偷的在寝室里伸躺在地板上，透到壁炉的烟突底下去吞吐，禁令还是施行。[58]人家一定以为一位女君当优容她的时代所发生的一种大改革——妇女解放——可是，相反，一提起这个运动，她的头里立刻冒火。1870年，她的眼睛碰见了一次拥护妇女选举权大会的记载，她盛怒之下，写信对马丁先生说：“朕亟欲招集每一个能说能写的人，一齐来声讨这个疯狂的，邪恶的‘女权’要求，这个愚行的前途不堪设想，而我辈巾帼弱质竟执迷不悟，完全忘记了女人的天性和本分。×××女士该受**一顿痛打**。说到这个题目，朕气得不能自制。上帝造人，男女有别——那么就让他们各安其位。丁尼孙在《公主》一诗中有好些佳句讲男女之分。[59]女人如果不做女人了，那一定变成了人类中最讨厌，最忍心，最可憎的东西，而且怎能还得到男人的保护呢？朕敢说马丁夫人一定与朕同意的。”[60]这个议论是不能辩驳的；马丁夫人同意了；无奈溃疡却扩散了。

在另一方面，维多利亚的理解时代精神向来为世人所称道。有礼的历史家、客气的政治家，照例都恭维女王对于宪法的态度正当。可是这种称誉似乎与事实不大相符。维多利亚在晚年，不止一次，提及她在那次侍嫔问题中的举措，表示歉意，而且使人家明白她从那一次以后已经明达得多了。[61]然而，她一生中，不管在理论上或在实际上，对于宪法事项有什么根本的改变，却实在难说。同一种专制的、一意孤行的精神，早先使她断然停止和庇尔谈判，后来也同样明显地见于仇视判麦斯吞，以退位威迫狄思雷利，想检举威思明斯德公爵，怪他不该参加反对保加利亚大惨杀[62]的大会。她的智力实在说不上能够捉摸那些复杂而精微的宪法原理；在她那个朝代中宪法的实际发展上，她是处于被动的地位。从1840年至1861年，君权在英国是步步上升；从1861年至1901年是步步退落。第一个过程归功于配王的影响；第二个过程是由于一批出色的大臣立了功德。第一期中维多利亚实际上只是一个附从者；第二期中，那些权力的线索，亚尔培生前辛辛苦苦集起来的，不可避免地从她的手里落到格拉德思敦先生，比肯斯斐尔爵爷，索利兹布里爵爷强有力的掌握中了。也许，因为她全神贯注在例行公事上了，又因为她根本不容易辨得清琐屑与紧要之分，她对于这种演变只是朦胧的感觉到吧。事实却是：到她那一朝的末年，君权变得比英国历史上其他任何时期都薄弱。说来奇怪，维多利亚备受颂扬，说是她容纳了一种政治的演进，而其实，倘若她完全明白了这一种演变的重要含义，她一定非常不乐意。

然而切勿以为她是第二个乔治第三。[63]她本是不为任何道理所节制的切欲推行自己的意志，无奈被一些狡猾手段所阻挠了。她尽管非常激烈的反对大臣们，她尽管毫不为理论与请求所动，尽管她的决心似乎是百折不回的，到最后一刻，她终于会顺从了。因为她天生尊重本务，有尽本务的能力，更兼她也许想起亚尔培素来有分寸，避免极端行动的，她永远不至于进入 impasse〔绝路〕。她出于本能的到时候自会知道事实非她所能挽回，她照例便服服贴贴了。到底，她还有什么办法呢？

不过，即使女王和她的时代如此的分道扬镳，他们之间的接触点也并不少。维多利亚很懂得权力和财产的意义和可爱处，而在这一门学问上，英国国家也越来越精通了。这一朝的最后十五年间——1892年短时期的自由党内阁只是一场插曲罢了——帝国主义是国家最主要的信条。这也就是维多利亚的信条。朝这个方向，如果不朝别的方向，如曾经允许她的心思有所进展。在狄思雷利教导之下，她对于海外的英国领土比一向都重视了，她尤其恋慕东方。印度使她很动心；她念念不忘，而且学一点印度官话；她用了几个印度仆人，他们变成了她所不能分离的随从了，他们中有一个孟喜·阿白度尔·加黎姆后来几乎接替了约翰·白朗的位置。同时，国家的帝国主义气质使她的职位加了一种重要意义，与她自己最深处的癖性非常调和。英国政体大体上是一个常识的机构；可是其中有一个角落是不为常识所能达——普通度量是不能适用的，普通规矩是并不应用的。我们的先人就如此安排下来了，极有见识，为那种神秘成分——似乎在人事中是永不能断根的——留下了余地。自然而然的，英国政体的神秘性是集中在皇冕上——皇冕有悠久的历史，有神圣的联想，有威严的壮观。可是，几乎有两世纪之久，常识主宰了这一所大建筑，那个小小的，未经开发的，不可解的角落一直不大受人注意。于是，因帝国主义的得势，而发生了一种变化。因为帝国主义是一种业务，也是一种信仰；它一天天发达，英国公众生活里的神秘性随之而一天天发达；同时皇冕上渐渐加了一种新的重要性。需要一个象征——象征英国的威力，象征英国的价值，象征英国的非常而神秘的命运——这一种感觉空前的迫切了。皇冕就是这个象征：而皇冕正在维多利亚的头上。结果到这一朝的末期，君主的权力虽是显著地低落了，君主的威望却大大地增加了。

然而这种威望不仅是国家社会发生变化的结果；这与个人也极有关系。维多利亚是英国女王，印度女皇帝，为整个堂皇的机构所绕着旋转的枢轴——可是此外还不知有多少哩！譬如，她有高龄——这差不多是在英国得人望所必备的资格。她已经证明了这个民族最佩服的特点之一——坚忍不拔的精力。她已经当朝了六十年，她还没有完结呢。其次，她是一个不平常的人。她的本性的轮廓很确凿，甚至于隔了笼罩皇仪的烟雾，还很分明。在一般人的想象里，她的熟稔的身影，很自在的，占了一个清晰的，不可磨灭的地位。而且这又是一种自然而然会唤起国民中极大多数景仰的同情心的身影。他们在一切人性中最看重善良；维多利亚在十二岁时候曾经说过她一定要好，她并未食言。义务、良心、道德——不错！女王向来生活在这些明证的光芒里。她把日子过在工作上，不在享乐上——为国家尽职，为家庭操劳。许多年前在奥思本天伦的幸福中所树起的坚实德行的标准，从不曾有过一刻的降低。足有半世纪以上，没有一个离过婚的女士接近过内廷的范围。维多利亚，的确，热心于妇道的贞节，立下了一条更严厉的法令：她嫌恶任何重婚的孀妇。[64]想到她自己就是一个孀妇重婚后所生的，这条禁令当视为乖僻了；然而，无疑的，这是正当的乖僻。中产阶级，板起了三重尊严的铁面皮，特别欢快的庆幸这位女王中最可尊敬的女王。的确，他们几乎认她为他们当中的人了；可是这当然是夸张过甚了。因为，她虽然有许多特性是最习见于中产阶级的，在旁的地方——譬如在举止上——维多利亚是贵族气十足的。而在很重要的一点上，她既非贵族的，亦非中等阶级的：她对自己的态度只是帝王的。

这种特性是明显而重要的；可是，在个性的冲击中，真正奏功的还是一种更深沉的东西，一种基本的，全部特性所共通的东西。在维多利亚身上，是很容易认清这一种潜在成分的性质的：这是一种特殊的真诚。她的信实、她的专心致志、她的感情强烈以及不能节制的感情表现，都是这一种中心的特性所取的各种形式。使她予人以深刻的印象，使她可爱，使她可笑的，就是她这种真诚。她以一种威严的确实性通过人生，在她掩饰是不可能的——无论对人或对己。她就是那样，毫无所隐——一位英国女王，完完全全，明明白白；任世人取舍；她没有什么炫耀，没有什么表白，没有什么修饰；她以绝世的仪态，堂堂正正地走自己的路。不但掩饰是不成问题的；缄默、忌讳、有时候似乎连威严，都尽可以不要。据黎德尔敦夫人说："她的真诚有一种透明性，非常显著——形容感情或描摹事实不带一丝夸张的痕迹；我生平所知的人极少有如此者。尽有许多是同样真实的，可是我以为总常常带一点保留。她把一切都说出来；恰如其分，不多也不少。"[65]她把一切都说出来；她也把一切都写出来。她的信札，从表情的喷发上看来，每令人想起一个转开的龙头。内部所有的一切都非常痛快的一泻而出。她那种完全不讲究文章的笔调至少有传达她的思想和感情，恰到好处的功效；甚至于她措辞的落套也很古怪地带了一种个人的风味。无疑的是由于她的写作她才触动了公众的心。她不仅在温和的《高原日记》中不带一丝做作或拘束的痕迹，赤裸裸记述了她的个人生活，而且她常常在报纸上发表昭告国民，颇堪注意的咨文，使她的臣民读起来觉得她和他们很接近。他们出于本能的感觉到维多利亚不可抗御的真诚，他们也作出了反应。这诚然是一种可爱的特性。

人与地位——那种奇妙的混合——也许是最后的一种魔力。这位小老太太，一头白发，一身朴素的丧服，坐在轮椅或驴车上——人家看见她如此；接着——紧随在后边——令人立刻会油然生古怪、神秘、权威之感的——跟了一群印度仆人。这是习见的光景，这是可佩的；可是，在适当的时机，这位温色的孀妇自当挺身而出，俨然摆出女王的气派。这种时机的最后而最光荣的一次是 1897 年的登极六十年纪念。那时候，当辉煌的仪仗，护送维多利亚经过拥挤的、哄动的伦敦街市，前往圣保罗教堂行感恩礼的时候，她的王国的伟大、她的臣民的崇仰，一齐放出光芒来了。眼泪涌到了她的眼中；当群众在她的周围欢呼的时候，"他们对我多么好！他们对我多么好！"她说了又说，说了又说。[66]当夜她的答谢词传遍了帝国："我衷心感谢我所热爱的人民。愿上帝给他们赐福！"长程差不多完结了。可是旅人，来自那么远的地方，身受了那么些奇异的经验，仍然以稳定的步伐进行下去。少女，夫人，老妇，始终如一：有生气、有责任心、骄傲、率直，永远是她的特色，一直到最后。

附　注

① 威廉皇子即德国皇帝威廉第二（1888 年即位），生于 1859 年，死于即位后不久。

② 见哈雷，第 296 页。（原注）

③ 德兰（John Thadeus Delane，1818—1879），1841 年任《泰晤士报》总主笔，1877 年退职。

④ 见《注解与质疑》，1900 年 5 月 20 日刊。（原注）

⑤ 见尼尔，第 476 至 478 页，第 487 页。（原注）

⑥ 见《日记续抄》，书前第 5 页。（原注）

⑦ 同上，各处；克劳福，第 326 至 331 页；私人报告。（原注）

⑧ 路易公子（Prince Louis）即日后的赫司·达姆斯大德（Hess-Darmstadt，日尔曼一公国，创于 1567）大公路易第四。爱丽思（Alice）生子女五人，二子三女。长子三岁时坠楼因伤死。1878 年，家中人几全患白喉。爱丽思遵医生嘱，于侍奉丈夫子女时，谨防传染。但幼女死后告知幼子时，幼子竟悲痛欲绝，夫人怜之，情不自禁，抱入怀中，乃受其所谓"死吻"。

⑨ 法国皇子（Prince Imperial），拿破仑第三与欧谢妮所生，名拿破仑·路

易，死于 1879 年。1870 年的惨变指拿破仑于普法战争中在塞唐（Sedan）被俘，法国成立共和政体，欧谢妮皇后逃亡英国。南非洲组鲁民族起义于 1878 年至 1879 年，1887 年后其属地始完全归英国统治。

⑩ 伊东（Eton），温色对岸的村镇，在伦敦西 22 里。

⑪ 见马丁，第一卷，第 88 页，第 137 至 143 页。（原注）

⑫ 见马丁，第二卷，第 285 页。（原注）

⑬ 见《泰晤士报》，1882 年 4 月 20 日刊。（原注）

⑭ 见赫伯·史悌芬爵士（Sir Herbert Stephen）1920 年 12 月 15 日致《泰晤士报》函。（原注）

⑮ 英埃治下的苏丹于 1883 年造反，大败英将所率的埃军，势不可当，英政府派戈登将军往喀土穆撤退军民，1843 年 3 月被围，因援军迟发，1885 年城破，遇难。此后苏丹完全在土人治下，直至 1898 年始被英埃军占领。

⑯ 喀土穆位于英埃苏丹中部，蓝尼罗河与白尼罗河合流处，今苏丹国都。

⑰ 戈登将军（General Gordon，Charles George，1833—1885），曾参加克里米亚战争（1854—1856），英法联军破北京之役（1860）；在江南率领“常胜军”抗太平天国立功，受清帝诰封（1863—1865）；任埃及基谛孚治下赤道省总督（1874—1876），苏丹总督（1877—1880）。

⑱ 见莫莱，第三卷，第 167 页。（原注）

⑲ 哈丁敦爵爷（Lord Hartington，Spencer Compton Cavendish，1833—1908），德文郡第八公爵，1851 年入国会，为自由党员，1866 年任陆军大臣、1868 年总邮务长、1871 年爱尔兰事务大臣、1880 年印度事务大臣。1880 年被女王召请当首相未就，自由党分裂后为联治派自由党领袖。1882 年复任陆军大臣，1895 年任枢密院长。

⑳ 私人报告。（原注）译者按：管家指首相格拉德思敦。

㉑ 见莫莱，第三卷，第 347 至 348 页。（原注）

㉒ 见介洛尔，《孀居生活》，第 344 页；私人报告。（原注）

㉓ 见李，第 487 页。（原注）

㉔ 1890 年是英国权威登峰造极的时候。

㉕ 见《日记续抄》，第 23 页，第 29 页。（原注）

㉖ 见艾克德斯坦因，第一卷，第 184 至 187 页。（原注）

㉗ 老皇帝即威廉第一。

㉘ 亚力山大公子（1857—1893）1879 年至 1886 年为保加利亚大公。沙皇指亚力山大第三。

㉙ 亚力山大之兄路易士娶爱丽思公主之女维多利亚。

㉚ 亚力山大之弟与琵亚忒丽思结婚者名亨利（死于1896年）。

㉛ 夏洛登堡在柏林西三英里，其地有皇宫一所，晚辈霍亨索伦皇室陵寝。

㉜ 见格兰忒·罗伯桢，第四卷，第458至459页；巴什，第三卷，第174至188页；李，第490至492页。（原注）

㉝ 见《季刊》，第193卷，第305至306页，第308至310页。（原注）

㉞ 同上，第193卷，第315至316页；史米士，第97页（《伦敦信使》，1920年11月）；私人报告。（原注）

㉟ 见《季刊》，第193卷，第325页；史米士，第104至105页（《伦敦信使》，1920年11月）。（原注）

㊱ 见巴克尔，第五卷，第339页；莫莱，第三卷，第347页，第514页。（原注）

㊲ 见《季刊》，第193卷，第315页，第316至317页，第324至325页，第326页；《未婚女士》，第268至269页；李，第504至505页。（原注）

㊳ 爱德温爵士（Sir Edwin）即兰德绥。雷顿爵爷（Frederick，1830—1896）所画多属古典的，圣经的，中世纪的题材，1878年任皇家学院院长，1896年受封（Lord Leighton of Stretton）。瓦慈（George Frederick Watts，1820—1904）亦为名画家。

㊴ 《密特尔马契》（“Middlemarch”），乔治·艾略忒著名小说，出版于1871至1872年。密特尔马契系一村镇。

㊵ 另一位女作家指夏洛蒂·布隆悌。

㊶ 见《季刊》，第193卷，第322至324页；马丁，《维多利亚女王》，第46至49页；私人报告。（原注）

㊷ 黎符（Henry Reeve，1813—1895），1837年任枢密院司法委员会上诉书记官；1843年升任主簿官，在职50年，又，1855年起主编《爱丁堡评论》40年。《格累维尔回忆录》陆续出版于1875年，1885年，1887年。

㊸ 见巴克尔，第五卷，第349至351页；拉乎敦，第二卷，第226页。（原注）

㊹ 塞佛尔在凡尔赛附近，以所制磁器著名。

㊺ 夏卜、博仪、博兹（Sharp，Boy，Boz）皆犬马名。

㊻ 见《私生活》，第13页，第66页，第69页，第70至71页，第151页，第182页。（原注）

㊼ 见《私生活》，第19页。（原注）译者按：万年花（immortelles），瓣虽枯干而形态颜色俱不变之花。

㊽ 巴登原为日尔曼南部一公国，1871年并入德国。巴登市为一有名避

暑地。

㊾ 见《私生活》，第 212 页，第 207 页。（原注）

㊿ 同上，第 233 页。（原注）

51 私人报告。（原注）

52 见李，第 514 至 515 页；克劳福，第 362 至 363 页。（原注）

53 见威尔伯福士、桑谟哀尔，第二卷，第 275 页。（原注）译者按：耶稣在迦岱伦人的地方，将附在人身的污鬼送入猪群的故事见《马可福音》第五章。关于此奇迹，格拉德思敦与赫胥黎曾在杂志《十九世纪》（1890—1891）上著文辩论。

54 见马丁，第二卷，第 185 至 187 页。（原注）

55 见《季刊》，第 193 卷，第 319 至 320 页。（原注）

56 见克劳福，第 349 页。（原注）

57 穆勒（Mill，特指小穆勒）和达尔文的时代是自由思想、实验哲学、女权运动、进化论的发轫时代，这时代在历史上称“维多利亚时代”。

58 见艾克德斯坦因，第一卷，第 177 页。（原注）

59 《公主》，出版于 1847 年，述一公子自幼与邻国公主订婚，但公主既长，渐醉心女权，不愿结婚，自立大学，提倡其理想，公子乃化装偕伴混入大学，经过若干波折，因男女各有所长，终得与公主成眷属。

60 马丁，《维多利亚女王》，第 69 至 70 页。（原注）

61 见《少女时代》，第二卷，第 142 页。（原注）

62 1876 年（俄土战争前一年）5 月，保加利亚农民暴动，杀死土耳其官吏甚多，土耳其人，于北讨塞尔维亚途次，实行报复，造成历史上有名的恐怖。

63 乔治第三持极端保守主义，竭力要“be a king（做一个国王）”，素以执拗闻名。

64 见李，第 555 页。（原注）

65 见黎德尔敦，第 331 页。（原注）

66 见《季刊》，第 193 卷，第 310 页。（原注）

第十章　终结

黄昏是辉煌的；可是，白昼到底还得在风云里结束。帝国的需要、帝国的野心，使国家卷入南非洲战争。[①]阻扼、逆转、惨重的伤亡，层出不穷；有一个时期国家震动了，女王很关切地感觉到公众的苦难。可是她的精神是振作的，她的勇气、她的信心，不曾有过一刻的动摇。一心一意的投到了战争里，她以加倍的精力操劳不息，关怀战事的每一个细节，想尽了千方百计为国家效力。1900 年 4 月，81 岁的时候，她下了非常的决心，破了每年上法国南部的惯例，改上爱尔兰，当时爱尔兰供给了特别多的新兵补充战场上的军队。她在都柏林住了三星期，常常不听劝告，不带一个武装护卫，乘车上街；这一次巡幸完全顺利。可是，在巡幸中，她开始第一次露出了老体疲乏的征象。[②]

因战争而起的长期的紧张与不断的焦虑终于发生影响了。天生就一副茁壮的体格，维多利亚，虽然在消沉的时期有时候自以为虚弱，实际上一生都很强健。老来她患了一种风湿性关节僵硬症，因此不得不用手杖，最后又用了轮椅；另外再没有什么毛病，直到 1898 年她的目光开始受了初期白内障的影响。此后她觉得阅读渐渐地困难了，虽然她还能够签字，甚至于勉强写信。然而，到 1900 年夏天，较为严重的病症发现了。她的记忆力，她多年来一直以其强而正确为得意的，现在常常不济事了；她有一种失语症的趋向；虽然没有什么特殊的病症发作，到秋天确实的露出了身体趋于总衰颓的形迹，不过即在最后几个月，浑身的铁劲还撑持得很坚定。每日工作仍然继续下去；不，当真是加重了；因为女王有一种惊人的顽强性，坚持要亲自与大批因战争而蒙受损害的日有增加的男女群众通信往来。③

到年底，她残存的气力差不多也完了；在新世纪开初的那些日子，她的气力显然只有靠一股意志力来维系了。1 月 14 日，她在奥思本接见罗伯茨爵爷，他几天以前刚从南非洲得胜归来。她非常关切地详询战事的一切经过；她似乎很能够承当这一场兴奋；可是，一个钟头以后，觐见完了的时候，她支持不住了。第二天，她的侍医们看出她是无望了；可是不屈不挠的精神又挣扎了两天；她又尽了两天英国女王的职务。然而此后工作就有一个完了；直到那时候，她的左右才放弃了乐观。脑力不济了，生命正轻轻的逸去。家人聚到她的周围；她又稍稍挨延了一下，不说话，显然没有什么知觉；到 1901 年 1 月 22 日，她死了。④

当两天以前危殆的消息传布出去的时候，全国都惊讶而哀痛。仿佛有一种违反自然规律的事情要发生了。她的臣民中极大多数从不知有维多利亚女王不统治他们的时候。她已经变成了他们全盘的生活中不可分离的一部分，他们简直无从想起他们就要失去她了。她自己呢，当她目不见，口不语，躺在那里的时候，在看护她的人看来，似乎脱卸了一切的思维——早已不知不觉的，逸入了忘乡。然而也许，在知觉的密室里，她也有她的思绪亦未可知。也许她那个渐渐衰息的心灵重新唤回了过去的影子，浮现到眼前，最后一次，回溯那篇长历史的种种消逝了的光景——穿过岁月的云雾，返到更旧更旧的往日——奥思本春日的树林，满是樱草，可以摘给比肯斯斐尔爵爷——判麦斯吞的古怪衣服，得意神气；亚尔培在绿桌灯下的面孔；亚尔培在巴尔穆拉尔第一次猎获的牡鹿；亚尔培穿一身蓝色和银色的制服；男爵从一个门道里进来；梅爵爷在温色一边沉思，一边听乌鸦在榆树上叫；坎忒布里大主教在黎明中跪在地上；老国王雄火鸡似的吆喝；利欧波舅父在克莱里蒙的柔和的语声；莱纯拿了地球仪；母亲的羽毛拂到她的头上；父亲的装在玳瑁匣里的一只巨大的老自鸣表；一块黄地毯；一些织有小枝形花纹的亲切的细纱裙荷叶边；垦星敦的树木和草地。

附　注

① 英国兼并荷兰农民（Boers）在南非洲自建之两共和国德兰士瓦（Transvaal）与奥兰治（Orange），因垂涎其矿产，并完成非殖民地之统一，演成之战争，称南非洲战争。血战四年（1899—1902），英国卒如愿以偿。

② 见《季刊》第 193 卷，第 318 页，第 336 至 337 页。（原注）

③ 见李，第 536 至 537 页；私人报告。（原注）

④ 见李，第 537 至 539 页；《季刊》，第 193 卷，第 309 页。（原注）

参考书目

〔按原西文字母先后为序；中文音译，因过去未加统一，特别因若干已有通行译名，此单不能按汉语拼音另行排列。——译者〕

亚丹士（Adams）。《亨利·亚丹士的教育：自传》。1918。

阿什莱（Ashley）。《H. J. 特姆普尔，判麦斯吞子爵的生平与通信》。A. E. M. 阿什莱编。二卷。1879。

布隆斐尔（Bloomfield）。《宫廷与外交生活回忆录》。乔吉亚娜，布隆斐尔女士著。二卷。1883。

布鲁敦（Broughton）。《漫长岁月的回忆》。布鲁敦爵爷著。多切斯特（Dorchester）女士编。六卷。1909—1911。

巴克尔（Buckle）。《本杰明·狄思雷利，比肯思斐尔伯爵传》。W. F. 莫尼便尼（Monypeny）与 G. G. 巴克尔著。六卷。1910—1920。

布罗（Bulow）《盖卜里埃尔·奉·布罗（Gabrielle von Bülow），1791—1887》。柏林。1893。〔德文原本〕

本孙（Bunsen）。《本孙男爵回忆录》。其未亡人法兰西丝（Frances），本孙男爵夫人著。二卷。1868。

布什（Busch）。《俾斯麦：生平史的若干秘页》。莫里兹（Moritz）·布什著。（英文译本）三卷。1898。

查尔陡斯（Childers）。《休·C. E. 查尔陡斯的生平与通信》。二卷。1901。

克莱伦敦（Clarendon）。《克莱伦敦第四伯爵生平与书信》。赫伯特（Herbert）·麦克思威尔爵士著。二卷。1913。

《康希尔杂志》(Cornhill Magazine)，卷 75。

克劳福（Crawford）。《维多利亚女王》。爱米丽·克劳福著。1903。

克里斐（Creevey）。《克里斐杂录》。赫伯特·麦克思威尔编。二卷。1904。

克乐可（Croker）。《克乐可杂录》。L. J. 靳宁斯（L. J. Jennings）编。三卷。

1884。

达福尼（Dafforne）。《亚尔培纪念馆：建筑历史与建筑面貌》。J. 达福尼著。1877。

达陵（Dalling）。《H.J.特姆普尔，判麦斯吞子爵传》。达陵爵爷著。三卷。1871—1884。

《英国名人大辞典》（*Dictionary of National Biography*）。

狄思雷利（Disraeli）。《乔治·本庭克（Bentinck）爵爷：政治传记》。B.狄思雷利著。1852。

艾卡德史坦因（Eckardstein）。《生活回忆与政治随想》。艾卡德史坦因男爵著。二卷。莱比锡。1919。（德文原本）

厄奈思（Ernest）。《萨克思·科堡·哥达大公厄奈思第二回忆录》。四卷。1888。（英文译本）

菲兹摩里思（Fitzmaurice）。《格兰维尔伯爵传》。菲兹摩里思爵爷著。二卷。1905。

盖思凯尔（Gaskell）。《夏洛蒂·布朗谛传》。盖思凯尔夫人著。二卷。1857。

《少女时代》。《维多利亚女王的少女时代》。艾修子爵著。二卷。1912。

郭莎尔（Gossart）。《阿道尔夫·葛德莱与萨克思·科堡的亚尔培公子》。比利时王家学院，布鲁塞尔。1919。（法文原本）

格兰维尔（Granville）《格兰维尔伯爵夫人哈丽叶书信集》。二卷。1894。

格累维尔（Greville）。《格累维尔回忆录》。八卷。（银色丛书本）1896。

格雷（Grey）。《配王的早年》。查理·格雷将军著。1867。

哈雷（Hallé）。《查理·哈雷爵士生平与书信》。其子编。1896。

哈弥尔敦（Hamilton）。《国会回忆与思考》。乔治·哈弥尔敦著。1917。

海亚（Hare）。《生平际遇》。奥古斯都·J.C.海亚著。六卷。1896—1900。

海顿（Haydon）。《本雅明·罗伯·海顿自传》。三卷。1853。

海渥德（Hayward）。《著名政治家与作家记略》。A.海渥德著。二卷。1880。

胡喜（Huish）。《威廉第四生平与当朝史》。罗伯·胡喜著。1837。

亨忒（Hunt）。《老宫廷边缘：垦星敦王室评论掌故回忆录》。二卷。1855。

介洛尔（Jerrold），《早期宫廷》。《维多利亚女王的早期宫廷》。克雷亚·介洛尔著。1913。

介洛尔，《孀居生活》。《维多利亚女王的孀居生活》。克雷亚·介洛尔著。1916。

金雷克（Kinglake）。《入侵克里米亚》。A.W.金雷克著。（内阁版）1877—

1888。

纳以特（Knight）。《考奈丽亚·纳以特小姐自传》。二卷。1861。

拉孚敦（Laughton）。《亨利·里夫（Reeve）生平与通信回忆录》。约翰·拉孚敦爵士著。二卷。1898。

《日记抄》。《高原生活日记抄，1848—1861》。维多利亚女王著。A. 赫尔普斯（Helps）编。1868。

李（Lee）。《维多利亚女王传》。西德尼（Sidney）·李著。1902。

列思梨（Leslie）。《故查理·罗伯·列思梨自传回忆录》。托姆·泰勒（Tom Taylor）编。二卷。1860。

《书信集》。《维多利亚女王书信集》。三卷。1908。

黎也文（Lieven）。《黎也文·多乐蒂亚公主客居伦敦书信，1812—1834》。莱奥奈尔·罗滨孙（Lionel G. Robinson）编。1902。

《伦敦信使》（*The London Mercury*）。

《可爱的亚尔培！》（*Lovely Albert*！）传单。

黎德尔敦（Lyttleton）。《黎德尔敦夫人，莎拉·史本塞（Sarah Spencer）通信集 1787—1870》。休·温达姆（Hugh Wyndham）夫人编。1912。

马丁（Martin）。《配王殿下传》。狄奥多（Theodore）·马丁著。五卷。1875—1880。

马丁。《我所知道的维多利亚女王》。狄奥多·马丁爵士著。1908。

麦克思威尔（Maxwell）。《查理·墨累爵士纪念册》。赫伯特·麦克思威尔著。1898。

《日记续抄》。《高原生活日记续抄，1862—1882》。维多利亚女王著。1884。

莫莱（Morley）。《威廉·爱渥特（Eward）·格拉德思敦传》。约翰·莫莱著。三卷。1903。

墨累（Murray）。《1803 年至 1837 年回想录》。爱弥丽亚·墨累著。1868。

《国家纪念册》。《配王殿下国家纪念册》。1873。

尼尔（Neele）。《铁道杂忆》。乔治·P. 尼尔著。1904。

奥文（Owen）。《罗伯·奥文传》，自著。1857。

奥文，《杂志》。《奥文理性季刊与杂志》。

巴南（Panam）。《一位日尔曼公子及其牺牲者》。取自宝林（Pauline）·巴南夫人回忆录。1915。

《私生活》。《女王的私生活》。陛下一侍从著。1897。

《季刊》（*The Quarterly Review*），卷 193 与卷 213。

罗伯桢（Robertson）。《俾斯麦》。C. 格兰特（Grant）·罗伯桢著。1918。

史各德（Scott）。《私人与职业回忆录》。乔治·吉尔伯特（Gilbert）·史各德著。1879。

史密士（Smith）。《维多利亚女王陛下传》。G. 巴奈特·史密士（Barnett Smith）编自所有能获得的资料。1887。

未婚女士。《一位未婚女士的笔记》。1919。

史坦因（Stein）。《德国宪法随想录》。G. H. 裴兹编。六卷。1848。

史多克玛（Stockmar）。《克利思清·腓特烈·史多克玛男爵文稿选录》。厄奈思·奉·史多克玛编。布劳斯威克。1872。

泰忒（Tait）。《坎特布里大主教阿吉波尔德·喀姆贝尔（Archibald Campbell）·泰忒传》。二卷。1891。

《泰晤士报》（*The London Times*），《维多利亚女王传》，重印自《泰晤士报》。1901。

托伦思（Torrens）。《梅尔本第二子爵威廉·兰姆回忆录》。W. M. 托伦思著。（智慧神丛书本）1890。

维兹顿（Vitzthum）。《1852 年至 1864 年的圣彼得堡与伦敦》。维兹顿·奉·艾克斯达特（Eckstädt）男爵卡尔·腓特烈。什图特加特。1886。

渥尔波尔（Walpole）。《约翰·罗素爵爷传》。史本塞（Spencer）·渥尔波尔著。二卷。1889。

威尔伯福士（Wilberforce），萨缪尔（Samuel）。《萨缪尔·威尔伯福士传》。其子 R. C. 威尔伯福士著。二卷。1881。

威尔伯福士，威廉。《威廉·威尔伯福士传》。五卷。1838。

温（Wynn）。《贵妇日记》。法兰西丝·威廉士·温小姐著。1864。

图书在版编目(CIP)数据

维多利亚女王传/(英)斯特莱切著;卞之琳译.—北京:商务印书馆,2013(2019.8重印)
(世界名人传记丛书)
ISBN 978-7-100-09481-8

Ⅰ.①维… Ⅱ.①斯…②卞… Ⅲ.①维多利亚女王(1819～1901)—传记 Ⅳ.①K835.617=43

中国版本图书馆CIP数据核字(2012)第226268号

世界名人传记丛书
维多利亚女王传
〔英〕里敦·斯特莱切 著
卞之琳 译

商 务 印 书 馆 出 版
(北京王府井大街36号 邮政编码100710)
商 务 印 书 馆 发 行
北京市白帆印务有限公司印刷
ISBN 978-7-100-09481-8

2013年8月第1版 开本787×960 1/16
2019年8月北京第3次印刷 印张16 插页1

定价:40.00元